불렛저널

불렛저널

초판 1쇄 발행 2018년 11월 19일
초판 11쇄 발행 2024년 10월 28일

지은이 라이더 캐롤 / **옮긴이** 최성옥

펴낸이 조기흠
총괄 이수동 / **책임편집** 유소영 / **기획편집** 박의성, 최진, 유지윤, 이지은, 박소현
마케팅 박태규, 임은희, 김예인, 김선영 / **제작** 박성우, 김정우
원서표지디자인 라이더 캐롤 / **한국어판 표지디자인** 필요한 디자인 / **내지디자인** 박정현

펴낸곳 한빛비즈(주) / **주소** 서울시 서대문구 연희로2길 62 4층
전화 02-325-5506 / **팩스** 02-326-1566
등록 2008년 1월 14일 제25100-2017-000062호

ISBN 979-11-5784-297-1 13320

이 책에 대한 의견이나 오탈자 및 잘못된 내용은 출판사 홈페이지나 아래 이메일로 알려주십시오.
파본은 구매처에서 교환하실 수 있습니다. 책값은 뒤표지에 표시되어 있습니다.

🏠 hanbitbiz.com ✉ hanbitbiz@hanbit.co.kr 🅵 facebook.com/hanbitbiz
Ⓝ post.naver.com/hanbit_biz ▶ youtube.com/한빛비즈 Ⓞ instagram.com/hanbitbiz

---

THE BULLET JOURNAL METHOD
Copyright © 2018 by Ryder Carroll
Korean translation rights by arrangement with Park & Fine Literary and Media, New York,
through Danny Hong Agency, Seoul.
Korean language edition © 2023 by Hanbit Biz, Inc.

지금 하지 않으면 할 수 없는 일이 있습니다.
책으로 펴내고 싶은 아이디어나 원고를 메일(hanbitbiz@hanbit.co.kr)로 보내주세요.
한빛비즈(주)는 여러분의 소중한 경험과 지식을 기다리고 있습니다.

불렛저널

Bullet Journal Method

과거를 기록하고
현재를 정리하며
미래를 계획하라

라이더 캐롤 지음 | **최성옥** 옮김

Ϊ⅜ 한빛비즈
Hanbit Biz, Inc.

TO MY PARENTS FOR JUST ABOUT EVERYTHING

TO THE BULLET JOURNAL COMMUNITY
        FOR DARING

THANK YOU,

    RYDER

모든 것을 주신 부모님, 그리고 용감하게 도전한
불렛저널 커뮤니티에 이 책을 바칩니다.
감사합니다.

라이더

색인

제4부 기법

제5부 끝맺기

목차 vs. 색인 : 불렛저널은 노트 내용을 체계적으로 정리하고 쉽게 접근할 수 있도록 목차와 기존 색인을 결합하였다. 색인은 139페이지에서 자세하게 확인할 수 있다.

아무것도 미루지 마라.

하루하루 주어지는 삶을 헛되이 보내지 마라…….

매일을 마지막처럼 사는 자에게는 절대 시간이 부족하지 않다.

− 세네카,

〈루킬리우스에게 보내는 편지〉 중에서

제1부

준비

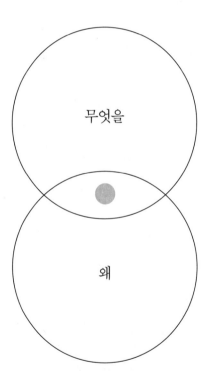

여는 글

어느 날 예고도 없이 불쑥, 의문의 상자가 도착했다. 희한하게도 주소를 보니 어머니가 보낸 게 분명했다. 깜짝 선물인가? 특별한 일이나 이유도 없이? 그럴 일은 없을 텐데.

일단 상자를 뜯어보니, 안에는 낡은 노트들이 수북이 쌓여 있었다. 순간 당혹스러웠던 나는, 표지가 그라피티로 장식된 오렌지 색 노트를 꺼내 들었다. 페이지마다 조잡한 그림이 가득했다. 로봇, 괴물, 전투 장면, 맞춤법이 엉망인 글자들……. 그 순간 등골이 오싹해졌다. 세상에, 이 노트들은 내 것이었다!

후우, 나는 숨을 깊이 들이쉬고 본격적으로 살펴보았다. 이것은 그리웠던 옛 시절을 되돌아보는 단순한 추억 여행이 아니었다. 그 이상이었다. 이제는 모두 잊은 나라는 존재를 다시 들여다보는 것 같았다. 또 다른 노트를 집어 들고 휙휙 넘겨보는 순간, 접힌 종이

한 장이 툭 떨어졌다. 호기심에 펼쳐 보니 어딘가 기괴하게 그려진, 화가 머리끝까지 난 남자의 모습이 드러났다. 그 남자는 너무 크게 소리를 꽥꽥 질러댔고, 눈은 툭 불거져 나온 채 축 늘어진 혀를 날름거렸다. 페이지에는 단어 2개가 적혀 있었다. 수줍은 듯 귀퉁이에 작게 자리 잡고 있던 단어는, 화가 치밀어 졸도할 지경인 그 남자의 정체가 누구인지 알려줬다. 바로 나의 선생님이었다. 그리고 들쭉날쭉하게 크게 적혀 있던 또 다른 단어는 선생님이 격렬하게 화를 내고 있는 대상이었다. 바로, 내 이름.

내가 가진 문제들은 일찍이 초등학교를 다닐 때부터 시작되었다. 형편없는 성적, 얼굴을 붉힐 정도로 화가 난 선생님들, 얼마 못 가 그만둔 과외선생님들. 학업성과는 어찌나 놀라운지 여름이면 특수학교와 심리상담소에서 많은 시간을 보내기 일쑤였다. 결국 나는 ADD라는 주의력결핍장애Attention Deficit Disorder 진단을 받았다. 이 장애는 1980년대에 등장하기 시작한 탓에, 내 상태에 대해 제대로 이해하는 게 힘든 시절이었다. 그나마 이용할 수 있는 소수의 정보도 너무 복잡하거나 금지된 것이라 도움이 되지 않거나, 나한테는 적합하지 않았다. 설사 있더라도 상처에 소금을 뿌리는 격으로 사태를 더욱 악화시켰다. 그 무엇도 내 마음이 움직이는 방식을 이해하지 못했다. 그래서 나는 주로 혼자 알아서 할 수밖에 없었다.

가장 큰 문제는 집중을 통제할 수 없다는 것이었다. 아예 집중할 수 없었던 건 아니었다. 단지 적절한 때에, 적절한 대상에 집중하는 게 어려울 뿐이었다. 어떤 대상에 관심을 쏟다가도 머릿속에 뭔가가 떠오르면 바로 쏜살같이 관심을 옮겼다. 산만하고 어수선한 상태를 끊임없이 되풀이했고, 책임져야 할 일들은 나를 짓누르는 수준까지 차곡차곡 쌓였다. 스스로 부족하거나 뒤처지고 있다는 생각을 자주 했다. 날이면 날마다 그런 감정과 마주하며 나 자신에 대한 깊은 불신과 두려움을 느끼곤 했다. 자기 자신에게 가혹한 것만큼 집중을 방해하는 건 없었다.

그랬던 나였기에, 흔들림 없이 집중력을 발휘하며 성공한 동료들을 보면 존경심이 절로 들었다. 그들의 노트는 세세한 기록으로 가득했다. 나는 정리와 자제라는 개념에 온통 사로잡혔다. 이런 자질들이 내게는 너무 훌륭해 보였고 그만큼 생소했다. 그래서 이러한 수수께끼를 풀고자 나의 마음이 움직이는 방식을 포용할 수 있는, 체계적인 정리기법을 궁리하기 시작했다.

숱한 시행착오 끝에 여러 형태를 하나로 결합하여 효과적인 시스템을 만들었다. 바로 훌륭하지만 낡은 방식인 노트에! 이것은 플래너, 일기, 투두리스트to-do list, 스케치북을 혼합한 형태였다. 이 시스템은 실용적이지만 포용성 있는 도구가 되었고, 나는 초조하고 조급한 마음을 정리할 수 있었다. 산만했던 정신은 점차 안정을 찾았고, 압박감 역시 서서히 줄어들었으며, 나는 훨씬 더 생산적인 사람으로 변모했다. 그때부터 문제를 해결하는 것은 전적으로 나 자신에게 달려 있다는 사실을 알았다. 더욱 중요한 점은, 드디어 깨달았다는 것이다. 나도 할 수 있다는 것을!

2007년, 나는 어느 대형 패션 브랜드의 본사에서 웹디자이너로 일했다. 회사는 번쩍거리는 네온사인으로 둘러싸인 뉴욕 타임스퀘어에 본사를 두고 있었다. 거기서 일하는 친구를 통해 일자리를 얻을 수 있었다. 그 친구는 코앞에 닥친 결혼식을 준비하느라 전전긍긍하던 터였다. 책상은 수북하게 쌓인 노트며 포스트잇, 종잇조각들로 어질러져 있었다. 흡사 범죄드라마에서나 볼 법한, 정신없이 음모를 꾸미는 작전상황실처럼 보였다.

나는 일자리를 준 그녀에게 보답을 하고 싶어 방법을 찾고 있었다. 그래서 어느 날 그녀가 또 다시 어딘가에 적어 둔 메모를 찾으려고 우왕좌왕하고 있자, 나는 주춤주춤 그녀에게 다가가 노트를 사용하는 방법을 보여주겠다고 말했다. 그녀는 돌아서더니 눈썹을 추켜올렸다. 놀랍다 못해 오싹할 정도로 그녀는 내 제안을 덥석 받아들였다. 헉. 이런, 내가 무슨 짓을 한 거지? 사실 노트를 공유한다는 건, 내 머릿속을 완전히 들여다보도록 허용한다는 뜻이었다. 음…… 진짜 그렇다.

며칠이 지난 후, 우리는 커피를 마시러 갔다. 그렇게 시작된 나의 어설픈 강의는 시간이 제법 걸렸다. 나는 생각을 정리하는 방법을 드러낸다는 사실에 매우 예민해졌다. 기호, 시스템, 템플릿, 작성주기, 목록 등은 불완전하게 느껴지던 머릿속을 지탱하기 위해 개발된 여러 가지 버팀목이었다. 설명이 끝날 때까지 되도록 눈을 마주치지 않으려 했다. 왠지 자괴감이 들던 나는 이윽고 고개를 들었다. 입을 다물지 못하고 있는 그녀의 모습을 보자, 불안감이 더욱 커졌다. 고통스러운 정적의 시간이 흐른 후, 마침내 그녀가 입을 열었다. "이건 말이죠. 반드시 사람들과 공유해야 해요."

어색했던 설명이 끝난 후, 나의 시스템을 공유하기까지는 훨씬 더 많은 자극이 필요했다. 그러나 수년 간 디자이너와 개발자, 프로젝트 매니저, 회계사들은 나와 줄곧 함께해 온 노트에 대해 이것저것 질문을 하였고, 나는 쑥스럽지만 막힘없이 대답하였다. 어떤 이들은 일상생활을 정리하는 법을 물었다. 그래서 나의 시스템을 이용해서 해야 할 일, 이벤트, 메모를 재빨리 작성하는 방법을 보여주었다. 목표 설정에 대해 질문하는 사람들도 있었다. 그래서 미래의 목표를 위해 실행 계획을 수립하는 방법을 보여주었다. 단지 조금 더 정돈되기를 원하는 사람들도 있었다. 그런 사람들에게는 모든 메모와 프로젝트를 노트 한 권에 깔끔하게 옮기는 법을 보여주었다.

지금껏 내가 만든 이러한 솔루션이 광범위하게 적용될 수 있으리라 생각해본 적이 없었다. 누군가가 구체적으로 필요한 사항이 있으면, 나의 기법 중 하나를 수정하여 도와주는 일은 쉬웠다. 그런데 문득 궁금해지기 시작했다. 공통적으로 겪는 어려움, 즉 체계적으로 정리하는 문제를 해결하기 위해 내가 생각해낸 솔루션을 공유하면 어떨까? 그렇게 하면 다른 사람들이 일찍이 내가 겪었던 좌절을 피하거나 적어도 완화하는 데 도움을 줄 수 있지 않을까?

그것도 좋겠구나 싶었다. 그렇지만 내가 다시 입을 연다면, 더 이상 서툴고 즉흥적인 방식은 아니리라 생각했다. 그래서 제대로 된 형식을 갖추도록 시스템을 개선하고, 수년 동안 개발했던 기법들 중 가장 효과적인 기법만 남겨 최대한 간소화했다. 여태껏 이 시스템과 동일한 형태는 존재한 적이 없었다. 그래서 나는 고유한 용어를 가진 새로운 표현을 개발해야 했다. 그 표현 덕분에 시스템을 상당히 쉽게 설명할 수 있었다. 그리고 사람들이 좀 더 쉽게 배울 수 있기를 바랐다. 이제 그 시스템은 속도, 효율성, 특징, 목적을 아우르는 새로운 명칭을 필요로 했다. 마침내 나는 이를 불렛저널Bullet Journal이라 불렀다.

그다음으로 나는 대화형 튜토리얼과 영상을 갖춘 웹사이트를 개설했다. 웹사이트를 통해 사용자들에게 새로 탄생한 불렛저널 시스템, 줄여서 부조BuJo를 상세히 보여줄 생각이었다. 사이트 순방문자 수가 100명을 돌파하자 내심 흐뭇했다. 드디어 미션 성공! 그런데 이후 예기치 않은 일이 일어났다. 불렛저널 사이트가 라이프 스타일에 관한 각종 정보를 제공하는 웹사이트 라이프핵lifehack.org을 장식

했던 것이다. 이어서 생활정보 사이트인 라이프해커Lifehacker.com, 〈패스트컴퍼니Fast Company〉에 속속 등장했고, 그때부터 입소문이 나기 시작했다. 불과 며칠 만에 사이트 순방문자수는 100명에서 10만 명으로 증가했다.

불렛저널 커뮤니티가 인터넷에 하나둘씩 등장하기 시작했다. 놀랍게도 사람들은 지극히 개인적인 문제들을 어떻게 해결했는지 숨김없이 털어놓았다. 소위 불렛저널 고수들은 불렛저널에 자신의 일상을 기록하여, 외상후 스트레스장애PTSD에 대처한 방법을 소개하기도 했다. 강박장애OCD; Obsessive-Compulsive Disorder로 고통받던 사람들은 자신을 짓누르는 압도적인 생각에서 벗어나는 방법을 나누었다. 나는 나처럼 주의력결핍장애로 고통받는 사람들의 얘기를 듣고 감동을 받기도 했다. 그들은 학업성적을 올리는 법과 불안감을 해소하는 법을 공유하였다. 자칫 독이 될 수 있는 온라인 커뮤니티 세상에서 불렛저널 그룹은 믿을 수 없을 정도로 많은 도움을 주는 긍정적인 공간으로 탄생되었고, 각 그룹은 서로 다른 어려운 문제들을 해결하는 데 주력하였다. 물론 모두 같은 도구를 사용해서.

2017년 5월 샌디Sandy는 우연히 페이스북에 올라온 한 영상을 보고 불렛저널을 작성하는 것, 즉 불렛저널링Bullet Journaling을 처음 알게 되었다. 그녀는 수면부족에 시달리고 아기를 돌보느라, 평소에 제대로 정리가 안 될 뿐 아니라 건망증도 심했다. 으레 사람들이 생각하는 그녀의 모습과 너무도 달랐다. 온갖 생각이 다람쥐마냥 그녀의 마음속을 헤집고 돌아다녔다. 아이가 충분히 잠을 잤을까? 예방주사는 제대로 맞췄을까? 유치원 신청 마감이 언제였지? 한 가지 일을 끝내면 또 다른 문제가 툭툭 튀어나왔다. 그렇다 보니 샌디는 늘 스트레스에 시달리고 의기소침해 있었다. '다른 엄마들은 다 아는데, 나만 모르고 있는 게 아닐까?' 그래서 샌디는 노트와 펜만 있으면 된다는 정리 시스템에 대해 들었을 때, 이런 생각이 들었다. '한 번 해본다고, 딱히 잃을 것도 없으니까.'

첫 번째 단계는 그달에 해야 할 일을 모두 작성하는 것이었다. 샌디는 세로로 줄을 긋고 가족 구성원의 각 일정을 적었다. 가족들은 모두 불규칙한 시간대에 일을 했다. 그녀는 마침내 빠르게 달리던 롤러코스터의 중지버튼을 누를 수 있을 것만 같았다. 앞으로 4주 동안 누가 어디에 있을지 알 수 있으니 말이다. 몇 년 후 가족 중 누군가가 유치원에 아이를 데리러 가는 걸 깜빡 잊어버릴 수 있었다. 얼마든지 쉽게 일어날 수 있는 일이라 생각하니, 너무 끔찍했다. 모두들 중요한 일을 잊어버리는 건 단지 시간문제라 생각했다.

샌디는 단호하게 또 다른 세로줄을 그렸다. 쉽게 눈에 띌 수 있도록 이벤트와 생일을 적었다. 매월 금전출납을 기록하는 일지를 만들어 고지서 납부기한과 금액을 쭉 기재했다. 또한 습관과 목표를 기록하여 추적하거나, 잠깐 멈춰 숨을 돌리라고 상기시키는 차원에서 일간 체크박스를 추가했다.

이상하게도 손으로 쓰는 행위는 마음을 진정시켰지만 샌디는 너무 큰 기대를 품고 싶진 않았다. 그동안 수많은 시스템이 체계적으로 정리할 수 있도록 도와주겠다고 약속했지만, 장기적인 변화를 가져오는 건 아무것도 없었기 때문이다.

샌디는 다음 지시사항으로 넘어갔다. 그 지시사항은 그녀가 큰 그림을 놓치지 않고 볼 수 있도록 도와줄 도구였다. 그녀가 내년에 바라는 것은 무엇일까? 연간 목표 페이지에 소위 열정 프로젝트를 과감하게 적어 내려갔다. 그것은 수년간 미약하게 시도했지만, 딱히 내세울 만한 진척을 보이지 않던 일이었다. 강박장애 때문에 글을 쓰고 그림을 그리는 데 더 많은 시간을 쓰지 못했던 걸까? 아니면 단지 너무 바쁜 탓일까? 샌디가 아는 것이라곤 자신에게는 사용하지 않은 잠재력이 있다는 사실 뿐이었다.

몇 주가 지나니, 불렛저널을 앞에 두고 앉는 샌디의 습관은 이를 닦는 일만큼이나 수월해졌다. 바보같이 들리겠지만, 작은 네모 칸에 체크표시를 하며 지우다 보니 매일 해야 할 일이 한정되어 있는 것 같았다. 결국 이것은 지속적인 동기부여가 되었다. 이후에 그녀는 고지서의 납부기한을 잊은 적이 없었다. 누군가의 생일을 잊어버려 구구절절 장문의 사과 문자를 보낼 필요도 없었다. 또 다른 놀라운 사실은 불렛저널의 구성 덕분에 따분하기만 했던 일상이 좀 더 큰 그림의 일부라고 생각하게 되었다는 것이다. 월간 목표와 연간 목표 페이지는 장기간 지속되는 인생이라는 게임에서 그녀가 매일 자신만의 길을 가고 있다는 사실을 보여주었다. 또한 그녀에게는 특별한 비법이 있었다. 바로 소소한 열정 프로젝트를 추가하는 것이다. 이를테면 일간 기록에 해당되는 데일리 로그에 15분 동안 글을 쓰는 것처럼. 그녀는 매일 일어나서 가장 먼저 그 일을 했다. 언제나 핸드폰을 확인하기 전에 그 일을 하면, 15분간의 자유시간이 주어진 셈이었다. 마치 시간이 늘어난 듯한 기분이 들었다.

샌디는 불렛저널을 작성하면서 체계적으로 정리하고 정신을 가다듬게 되었다. 그리고 이윽고 더 큰 수확을 얻었다는 사실을 깨달았다. 그녀는 줄곧 더마틸로마니아Dermatillomania, 일명 피부 뜯기 습관으로 극심한 고통에 시달렸고, 그것 때문에 자신의 삶 전체를 부끄러워했다. 샌디의 피부 뜯기 습관은 주로 손가락에 집중되어 있었다. 자신의 손가락이 끔찍해 보였던 그녀는, 번번이 회의와 인터뷰를 취소했다. 때로는 너무 아파서 잠을 설쳤고, 툭하면 물건을 떨어뜨려 나중에는 가장 단순한 일조차 할 수 없을 지경에 이르렀다. 예를 들어 그녀는 늘 남편이나 엄마에게 차에 넣을 레몬을 짜는 일을 부탁해야 했다. 레몬의 산성으로 손가락이 따끔거렸기 때문이었다.

몇 달 동안 불렛저널을 작성한 후, 샌디는 어느 날 부엌에서 저도 모르게 눈에 눈물이 가득 고였다. 문득 손을 내려다보니 자신이 레

15.12.17

SQUEEZED A LEMON

NO

stinging

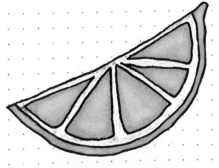

25

몬을 짜고 있던 것이었다. 그리고 깨달았다. 손가락이 더 이상 아프지 않다는 사실을. 선을 그리고, 글자를 쓰며, 기호를 표시하느라 그녀의 손은 계속 분주하게 움직였고, 그 행동은 느리지만 확실하게 상처를 치유했다. 나는 그녀가 그날을 기념하고자 자신의 저널에 디자인했던 특별한 페이지를 이 책에 실었다.

불렛저널링 덕분에 샌디는 계획하고, 기록하며, 잘 기억할 수 있었다. 그것 뿐만이 아니었다. 창의적인 사람이 되고 상처를 치유했으며, 더 이상 숨지 않았다. 그리고 그녀를 격려하고 도움을 아끼지 않는 커뮤니티의 일원이 되었다. 이는 단지 그녀만의 일이 아니었다. 나 역시 독창적이고, 회복력이 강하며, 생기 넘치는 다수의 불렛저널 사용자들Bullet Journalists에게 큰 영감을 받았다. 그들은 내 방법을 선택하여 자신의 환경에 맞게 사용하였다. 이것이 내가 이 책을 쓰기로 결심한 이유 중 하나다.

불렛저널을 많이 작성해봤든, 처음이든 상관없다. 이 책은 디지털 시대에 자신의 자리를 찾으려 애쓰는 모든 이들을 위한 것이다. 일상에 명확함, 방향, 집중력을 불어넣는 단순한 도구와 기법을 제공하여, 체계적인 사람이 되도록 도와줄 것이다. 점차 체계적으로 정리하고 있다는 느낌이 들겠지만 이는 단지 겉으로 보이는 것일 뿐, 이면에는 더 심오하고 의미 있는 가치가 숨겨져 있다.

주의력결핍장애 때문에 나는 언제나 다른 사람과 많이 다르다고 생각했다. 그런데 불렛저널 커뮤니티 덕분에 새로운 사실을 깨달았다. 디지털 시대의 흔한 병폐였는데, 그저 내가 처한 상황 때문에 남보다 일찍 크게 고심했다는 사실을. 그 병폐란 바로 자기인식이 부족하다는 것이다.

우리는 역사상 이토록 모든 것이 서로 연결된 시대를 살아본 적이 없다. 연결된 시대에 살면서 자기 자신과의 접촉을 급속도로 잃어가고 있다. 끝이 안 보이는 정보의 홍수에 압도되어 우리는 지나치게 많은 자극을 받지만, 불안정하고 과도하게 일을 하면서도 불만족스러우며, 새로운 소식에 늘 귀를 기울이지만 에너지가 금방 소진되고 만다. 기술이 조용한 삶의 구석구석으로 스며들며, 집중을 방해하는 온갖 요소를 무수히 발생시켰다. 그때 내가 만든 방식은 아날로그 피난처를 제공했다. 그 피난처는 진정으로 중요한 것이 무엇인지 파악하여 집중하도록 도와주는 데 더할 나위 없이 훌륭했다. 다른 수많은 사람들도 알고 있다. 그 방식이 삶을 꾸려나가는 힘을 되찾도록 도와주는 열쇠라는 사실을.

2015년, 수줍음이 많은 디자이너 앤서니 고리티Anthony Gorrity는 불만족스러운 에이전시 일을 그만두고 프리랜서로 일하기 시작했다. 그는 수년 동안 회사를 직접 차리는 일을 꿈꿔왔다. 그런데 그가 미처 예상하지 못했던 게 있었다. 바로 부담감이 커진다는 것과 시간을 체계적으로 관리할 필요가 있다는 점이다. 그는 체계적으로 관리하기 위해 몇 가지 앱을 써봤지만, 자신이 필요한 만큼 융통성 있는 앱은 없었다. 투두리스트 형식으로 된 노트도 쓰기 시작했지만, 곧 뒤죽박죽이 돼버렸다. 고객은 사전에 예고 없이 전화를 했고, 그럴 때마다 여섯 권에 달하는 각종 노트를 뒤적거리며 필요한 메모를 찾으려 애썼다. 그는 분명 메모를 적어 놓은 사실은 알았다…… 어딘가에……. 이처럼 허둥지둥 대는 순간이 반복되면서, 그는 점차 자신감을 잃어갔다. 자기PR을 하는 데 타고난 사람이 아닌 앤서니는 일을 따기 위해 자신을 알리는 일이 무척 어려웠다. 일단 일이 들어와도 늘 어려운 문제들이 기다리고 있었고, 스트레스가 끊이질 않았다. 프리랜서로 전향한 것이 잘못된 결정은 아닐까 하는 생각마저 들었다. 그때 문득 한 남자가 엄청 복잡해 보이는 기록 시스템을 시연하는 영상을 본 기억이 희미하게 떠올랐다. 그는 구글에 온갖 이상한 키워드로 검색해보기 시작했고, 마침내 불렛저널 사이트를 찾아냈다. 그 시스템은 기억처럼 그리 복잡하진 않았다. 그는 곧바로 새 노트를 집어 들고, 해야 할 모든 것을 통합하기 시작했다.

그 후 여러 가지가 변했다. 앤서니는 자기성찰을 훨씬 더 잘할 수 있게 되었다. 그리고 자신이 해야 할 일을 작성하는 것을 굉장히 좋아한다는 사실을 알았다. 또한 일을 훨씬 더 빨리 완수해내는 것을 좋아한다는 것도. 무엇보다 노트의 깨끗하고 선명한 공간에 자신감이 뿌리를 내리기 시작했다. 손으로 적는 행위는 고객과 통화할 때

그가 필요로 했던 용기를 주었다. 만반의 준비를 하고 필요한 내용을 숙지하고 있던 그는, 영업사원이 된 것 같은 감정이 차츰 사라지고 좀 더 숙련된 장인이 된 것 같았다. 불렛저널이 제공한 체계 덕분에, 앤서니는 자신의 잠재력을 발견할 수 있었다.

이것이 바로 불렛저널 방법론이 갖고 있는 중요한 점이다. 불렛저널이 안팎으로 우리 자신을 더 잘 이해하도록 도와준다는 것이다. 잠시 멈춰 인생의 중요한 순간을 적는 단순한 행위는, 간단한 정리 그 이상이다. 그것은 자신과 자신이 좋아하는 것을 다시 연결하도록 도와주었다.

나는 요즘 많은 시간을 샌디와 앤서니 같은 불렛저널 사용자들과 연락하고 커뮤니티에서 받은 질문에 답변하는 데 쓰고 있다. 많은 사람들이 자신이 작성하는 불렛저널의 기능성을 확장할 방법을 찾고 있다. 그리고 정신없이 바쁘게 돌아가는 세상에서 증가하는 보편적인 문제들을 해결하고자 더욱 깊이 파고드는 사람들도 있다. 이 책에서 나는 그러한 질문들을 다루고, 해답을 찾는 과정에서 평범한 노트가 어떤 가치가 있는지 보여주고자 한다.

이 책은 두 가지 부분으로 구성되어 있다. 시스템과 실행. 우선 우리는 시스템을 배울 것이다. 시스템은 노트를 강력하고 체계적인 도구로 전환시키는 방법을 가르쳐 줄 것이다. 그리고 나서 우리는 실행을 검토할 것이다. 실행은 다양한 철학을 융합한 형태다. 그 철학들은 의도적인 삶, 즉 생산적이고 목적 있는 삶을 사는 방법을 정의하는 다양한 전통에서 생겨난 것이다. 시대를 초월한 이러한 지식을 명확한 목적이 있는 행동으로 옮기고자 애쓴 덕분에 불렛저널방식, 즉 디지털 시대를 위한 아날로그 시스템이 만들어졌다. 그것은 과거를 기록하고, 현재를 정리하며, 미래를 계획할 수 있도록 도와줄 것이다. 이는 본래는 내가 갖고 있던 정리 차원의 난제를 극복하기 위해 개발했다. 하지만 몇 년이 흐른 후 더 나은 인생을 꾸려나갈 수 있도록 내 삶을 깊이 변화시킨 개인 운영 시스템으로 진화했다. 불렛저널이 당신의 삶에도 도움이 되기를 바란다.

약속

정신없이 바쁘게 살았다.

생존 자체가 내가 해야 할 유일한 일인 것처럼.

꿈이나 목표, 나의 상황이나 능력 같은 건 생각하지 않았다.

— 에이미 헤인즈Amy Haines

불렛저널방식이 추구하는 사명은 삶에서 가장 가치 있는 두 가지 자원을 더욱 의미 있게 쓰도록 도와주는 것이다. 그 자원이란 바로 시간과 에너지다. 시간과 에너지, 두 가지 자원을 투자하여 이 책을 읽는 만큼 먼저 불렛저널방식의 장점부터 알아보는 게 당연할 터, 요약하면 이렇다.

불렛저널방식을 이용하면 일은 적게 하면서
더 큰 성과를 낼 수 있다. 그리고 의미 없는 것은
싹 다 없애버리고, 진정 의미 있는 것을 찾아
집중할 수 있도록 도와준다.

그런데 어떻게 이런 일이 가능할까? 생산성, 마음챙김, 의도성을
하나의 체계로 결합했기 때문이다. 그 덕분에 융통성, 포용성, 그리
고 무엇보다 중요한 실용성까지 갖춘 형태가 되었다. 그럼 하나씩
좀 더 깊게 살펴보자.

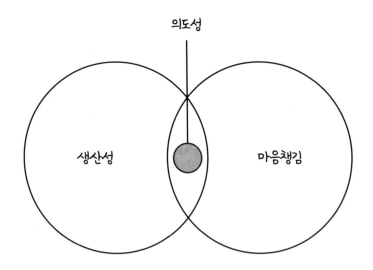

생산성

자신에게 주어진 책임이 감당하기 벅차다고 느낀 적이 있는가?
때로는 인생이 두더지 잡기 게임처럼 느껴질 때가 있다. 문제 하나
를 해결했다 싶으면, 또 다른 문제가 툭툭 튀어나오는 지옥 같은 게
임 말이다. 끝없이 이어지는 자질구레한 일, 미팅, 이메일, 문자메
시지. 그래서 우리는 멀티태스킹Multi-tasking에 열광한다. 바쁜 와중
에 짬을 내 운동 삼아 걷고, 동시에 여동생과 페이스타임을 하는 식
이다. 뭐, 동생은 숨 좀 돌리고 얘기하면 안 되냐고 하겠지만. 이런
식으로는 어떤 것도 제대로 된 관심을 받지 못할뿐더러, 그 누구도
기분 좋을 리 없다. 우리는 스스로에게 실망하는 것도 싫지만, 못지
않게 다른 사람들을 실망시키는 일도 못 견딘다. 그러다 보니 더 많
은 일을 하고자 잠을 줄여서라도 일에 매달린다. 잠잘 시간을 최대
한 줄이는 바람에 아침이면 좀비 상태가 되는 날이 여럿이다.

여기서 잠깐, 과거로 돌아가보자. 1950년부터 2000년 사이, 미국
에서는 매년 생산성이 약 1퍼센트에서 4퍼센트까지 상승했다.[1] 그
러나 2005년 이후 선진국에서 성장이 둔화되기 시작하더니, 마침내
2016년 미국에서는 생산성이 감소한 것으로 나타났다.[2] 무한한 가
능성을 약속하며 빠르게 진화하는 기술 탓에, 우리의 삶은 그 어느
때보다 바빠졌다. 하지만 사실상 더욱 생산적인 인간으로 만드는 데

는 실패한 게 아닌가?

생산성이 둔화된 이유를 살펴보자면, 그 하나가 바로 정보 과부하다. 정보 과부하 때문에 우리는 마비 상태에 빠져버렸다. 대니얼 레비틴Daniel Levitin은 자신의 저서 《정리하는 뇌The Organized Mind》에서 정보 과부하는 극심한 피로나 대마초 흡연보다 집중력에 훨씬 나쁜 영향을 미친다고 밝히기도 했다.[3]

이제 우리가 해야 할 일이 딱 나온다. 더 생산적인 사람이 되고 싶다고? 그렇다면 디지털 기기로 인해 주의력이 분산되는 현상을 막아야 한다. 아날로그 방식의 솔루션인 불렛저널을 시작해보자. 아날로그 방식을 사용한다는 건, 별도의 오프라인 공간을 만든다는 의미다. 일을 처리하고, 생각하며, 집중하는 데 필요한 공간 말이다. 노트를 쫙 펼쳐봐라. 그러면 바로 그 순간, 우리는 자동적으로 전원을 뽑는다. 흘러들어오는 정보가 잠시 멈추고, 우리 마음이 따라잡을 수 있게 된다. 흐릿했던 일들이 좀 더 뚜렷해지면서, 마침내 명확하게 인생을 바라볼 수 있게 된다.

불렛저널은 머릿속에 꽉꽉 들어차 있는 생각을 정리하여,
객관적인 입장에서 살펴볼 수 있도록 도와줄 것이다.

우리는 계획을 세울 때, 대충 그때그때 봐가며 여러 방식을 꿰맞

추는 경우가 더러 있다. 이를테면 어떤 때는 앱을 좀 써보다가, 또 어떤 날에는 달력에 끼적거리는 식이다. 시간이 흐르면서 포스트 잇, 다양한 앱, 이메일이 뒤범벅되어 생산성을 통제하는 것이 힘들 어진다. 물론 효과가 전혀 없는 것은 아니지만, 언젠가는 결국 엉망 진창으로 끝날 수밖에 없다. 정보를 어디에 저장할지 고심하다 시간 을 낭비하고, 나중에 또 그 정보를 찾는 데 시간을 낭비하기 때문이 다. 노트앱이나 포스트잇에 뭔가를 적어본 적이 있는가? 그렇다면 과연 지금 그 포스트잇은 어디에 있단 말인가?

'가치 있는 아이디어'나 '자신에게 쓰는 중요한 메모' 같은 것들이 까맣게 사라지는 경우가 부지기수다. 훌륭한 아이디어를 적은 종이 쪼가리를 잃어버린다거나, 구버전 앱을 쓰는 바람에 낭패를 보는 것 이 그렇다. 결국 총제적인 비효율성을 초래하여 시간과 돈을 허비하 는 셈이다. 이러한 비효율성은 충분히 피할 수 있는 일이다. 불렛저 널은 자기 자신에게 '진리의 원천'이 되도록 고안되었다. 진리의 원 천이라고 하니 이 방식을 숭배라도 하라는 말처럼 들리겠지만, 전혀 아니다. 생각이 어디에 보관되어 있는지 더 이상 고민할 필요가 없 다는 뜻이다.

생각을 한 장소에 보관하는 방법을 배운다면, 그 생각의 우선순위 를 효과적으로 정리하는 방법을 알 수 있다. 전화를 걸고, 이메일이 나 문자메시지를 보내는 사람들은 재깍재깍 답장 받기를 원한다. 그 때문에 많은 사람들은 사전에 적극적으로 우선순위를 정하기보다, 단순히 외부에서 쏟아지는 요구가 우리의 우선순위를 정하도록 내버려둔다. 그러면 주의가 산만해지고 무리하게 일을 하며, 눈앞에서 많은 기회가 사라지는 것을 보게 될 것이다. 성적을 올리고, 승진하며, 마라톤을 하고, 2주마다 책 한 권씩 읽을 기회가 사라져버리는 것이다.

불렛저널과 함께라면 우리가 배의 키를 잡을 수 있다.
단순히 외부 요구에 반응하는 것이 아니라,
진정으로 대응하는 법을 배울 것이다.

우리는 어려운 문제를 해결하는 법을 배울 수 있다. 막연한 호기심을 의미 있는 목표로 바꾸고, 목표를 감당하기 쉬운 작은 크기로 쪼개어 효과적으로 실행하는 방법을 배울 수 있다. 이번 학기에 성적을 올리고 싶다고 치자. 그럼 해야 할 일이 무엇일까? 전 과목에서 A를 받는 것일까? 아니다. 더욱 세밀하게 나눠봐야 한다. 우선 뒤처지고 있는 과목은 무엇인가? 그 과목의 다음 과제는? 리포트를 쓰는 것이라면, 리포트를 쓰기 전에 읽을 책은 무엇이지? 그럼 도서관에서 그 책을 빌려야지. 바로 '그것'이 '지금' 해야 할 가장 중요한 일이다. 이미 A를 받은 과목에서 추가 점수를 받으려고 과제를 한다

고? 시간 낭비일 뿐이다.

이 책에서 우리는 과학적으로 증명된 기법을 소개할 것이다. 어떤 노트든 기회를 수면 위로 떠오르게 하고, 방해요소를 제거하는 강력한 도구로 변화시키는 기법이다. 그래야 비로소 진정 중요한 일에 시간과 에너지를 집중할 수 있을 테니까.

마음챙김

하, 이런, 또 '마음' 어쩌고 하는 식의 얘기인가 싶을 거다. 걱정하지 마라. 시타르 같은 전통 악기는 필요 없으니. 마음챙김에 대해 얘기할 때 빠지지 않는 말이 있다. 현재를 좀 더 날카롭게 자각하라는 말이다. 생산성은 더할 나위 없이 중요하지만, 단순히 쳇바퀴를 더 빨리 돌도록 도와주기 위해 불렛저널을 만든 건 아니다.

기술은 한계가 없는 가능성을 약속하며 우리를 사로잡았다. 그러나 기술의 시대에 살고 있는 우리는, 어쩐지 이전보다 더욱 주의가 분산되고 단절된 느낌을 받고 있다. 비행기가 하늘을 날 때처럼, 우리는 진정 어디에 있는지도 모른 채 시속 1,000킬로미터 속도로 세상을 바라본다. 운이 좋으면 반짝거리는 바다를 흘끗 보거나, 저 멀리 있는 어두컴컴한 구름을 뚫고 지나가며 번뜩이는 빛줄기를 볼 수도 있다. 하지만 우리는 대체로 의식이 몽롱한 상태로, 긴장되는 하 강이 시작하기 전까지 시간이나 죽이며 앉아 있을 것이다.

삶의 여정, 그 자체가 목적이라면 우리는 더 나은 여행자가 되는 법을 배워야 하지 않을까? 더 나은 여행자가 되기 위해서 먼저 자신의 위치를 찾는 법을 배워야 한다. 우리는 지금 어디에 있는가? 여기에 머물고 싶은가? 그렇지 않다면, 현재를 벗어나 다른 곳으로 가고 싶은 이유는 무엇인가?

우리를 둘러싼 세상을 성공적으로 헤쳐 나가기
위해서는 내면을 들여다봐야 한다.

마음챙김은 우리 앞에 놓여 있는 것을 의식해서 보는 과정이다. 이것은 우리가 현재 어디에 있는지, 자신이 누구인지, 무엇을 원하는지 더욱 자각할 수 있도록 돕는다. 불렛저널은 바로 여기서부터 시작한다. 손으로 적는 행위는 우리를 사로잡는 다른 메커니즘과 달리, 신경학적 수준에서 우리의 관심을 현재의 순간으로 끌어들인다.[4] 우리가 자신을 알기 시작하는 것은 현재 순간에 머물러 있을 때다. 기록하는 행위를 적극 지지하는 것으로 유명한 조앤 디디온 Joan Didion은 불과 다섯 살의 나이에 글을 쓰기 시작했다. 그녀는 정신없이 산만한 세상에서 노트가 최고의 해독제 중 하나라고 믿는다.

"우리 모두 결코 잊을 수 없으리라 생각했던 것들을 너무 빨리 잊어버려요. 사랑도, 배신도 모두 잊고, 우리가 속삭였던 말도, 비명을 질러댔던 말들도 모두 잊어버리죠. 우리가 누구였는지도 말이에요……. 그래서 계속 접촉하는 것이 좋다고 생각해요. 지속적으로 접촉하기에 노트만한 것이 없죠. 그리고 우리가 마음을 열고 자신과 지속적으로 대화하는 것은, 각자 스스로 해야 할 일이죠. 그래서 당신이 쓴 노트는 나에게 아무런 도움이 되지 않아요. 마찬가지로 내가 쓴 노트도 당신에게 아무런 도움이 되지 못하죠."[5]

디지털 시대에 태어난 사람들이여, 두려워 마라. 등을 구부린 채 눈을 찡그리며 실눈을 뜬 디킨스 소설에나 나올 법한 인물이, 작고 어두컴컴한 다락방에서 떨어지는 촛불을 앞에 두고 쉬지 않고 휙휙 휘갈겨 쓰는 모습은 잊어라. 그럴 일은 없을 테니까. 이 책에서는 생각을 재빨리, 그리고 효과적으로 담아내는 법을 배울 것이다. 인생이 흘러가는 속도에 맞춰 기록하는 법을 배울 것이다.

불렛저널은 바로 여기서부터 시작한다. 우리는 습관처럼 자신에게 이런 부류의 질문을 던지도록 도움을 주는 다양한 기법을 살펴볼 것이다. 그래서 더 이상 판에 박힌 지루한 일상에서 길을 잃지 않을 것이다. 다시 말해 우리는 불렛저널방식을 통해 *왜*, 무엇을 하는지 자각할 수 있다.

의도성

깊은 감명을 받거나 삶에 대해 생각하는 방식을 바꾸게 했던 책, 연설, 인용문을 떠올려봐라. 깊은 영감을 주었던 지혜의 말은 너무나 많은 약속을 했다. 그저 새로운 지식이 하라는 대로만 행동하면 모든 일이 훨씬 쉬워지고, 개선되며, 명확해지고, 더욱 큰 힘을 실어주리라 약속했다.

자, 그럼, 지식 중에서 여전히 효과가 있는 것은 어느 정도인가? 지적인 측면뿐 아니라 실질적인 측면에서도. 우리는 더 나은 사람, 친구, 동료가 되었나? 감량했던 체중을 여태껏 잘 유지하고 있는가? 더 행복해졌는가? 설령 그 지식이 아직까지 살아남았다 하더라도, 배웠던 것이 시들해질 가능성이 크다. 그 지식이 도움이 되지 않았다는 건 아니다. 단지 지속되지 않았을 뿐이다. 왜 그럴까?

바쁘게 돌아가며 밀려오는 삶 때문에 우리의 믿음과 행동은 멀어지고, 그 틈은 서서히 벌어질 수 있다. 우리는 저항이 가장 작은 길을 따르는 경향이 있다. 심지어 그것이 우리가 좋아하는 것과 멀어지는 길이라도. 우리가 바라는 변화를 이루기 위해서는 많은 노력을 꾸준히 기울여야 한다. 운동선수가 말했듯 근육을 키우려면 근육이 찢어지고 다시 회복되면서 커지는 과정을 반복해야 한다. 근육을 키우는 것처럼, 우리의 의도성을 강하고 회복력이 있도록 훈련시켜야 한다.

명상하는 것을 '잊어버리거나' 요가를 빼먹을 핑곗거리를 찾기란
쉽다. 반면에 일상적인 의무를 무시할 때는 심각하고 즉각적인 영향
이 생긴다. 새로운 일과를 지속하는 데 성공하기 위해서는, 꽉 찬 일
정에 제대로 들어맞아야 한다. 만약 자신의 의도를 지켜주고 하루
종일 더욱 체계적으로 정리하는 방법이 있다면 어떨까?

불렛저널방식은 믿음과 행동 사이에 다리를 놓아서,

본질적인 삶과 통합하는 데 도움을 준다.

에이미 헤인즈Amy Haines는 맡은 일을 정리하는 것 이외에도 불렛
저널을 이용하여 업무에 대한 아이디어, 본받고 싶은 사람, 확인해
볼 앱, 마셔보고 싶은 새로운 차를 기록했다. 그녀는 자신에게 맞는
컬렉션(나중에 살펴보겠지만) 덕택에, 끝없이 이어지는 투두리스트로
가슴이 쿵 하고 내려앉는 것만 같았던 감정에서 해방되었다. 그리고
자신이 진정 원하는 것과 지속적으로 접촉할 수 있게 되었다. 중요
하지만 놓쳤던 것들을 되찾을 수 있었다.

불렛저널링을 통해 우리는 자연스럽게 규칙적으로 자기성찰을
하는 습관을 형성할 것이다. 중요한 *대상*과 그 *이유*를 파악하고, 중
요한 일을 실행하는 최고의 *방법*을 알아갈 것이다. 매일 이러한 통

찰력을 서서히 자각하기 때문에 더욱 수월하게 행동으로 옮길 수 있다. 회의실, 교실, 심지어 응급실까지, 어디에 있든 상관없이.

불렛저널 사용자들은 꿈에 그리던 직장에 취업하거나 사업을 시작하고, 독이 되는 관계에 끝을 내거나, 다른 곳으로 거주지를 옮겨 새롭게 출발했다. 간단하게는 현재 자신의 모습에 좀 더 만족하게 된 이들도 있었다. 불렛저널을 자신의 일상으로 만들면서 그 모든 것이 가능했다. 이러한 방법론은 전 세계의 전통에서 비롯된 지혜로 움직인다. 역프리즘처럼 불렛저널은 이러한 전통을 흡수하고, 그 전통을 하나의 밝은 빛으로 집중시킨다. 그래서 우리가 어디 있는지 명확히 바라보도록 도와주고 앞으로 가야 할 길을 비춰줄 것이다. 의도적인 삶이라는 방식을 통해 탑승객이 아닌, 조종사가 되도록 힘을 실어 줄 것이다.

가이드

좋을 땐 친구지만, 정작 어려울 때는 못 믿을 친구가 있다. 그러나 불렛저널링은 그렇지 않다. 힘들 때나 기쁠 때나, 인생의 모든 계절을 지나는 동안 내 옆에 있어주었다. 지난 시절 여러 모습을 거치는 동안 줄곧 함께하며 나를 도와주었다. 학생, 인턴, 디자이너, 그리

도구

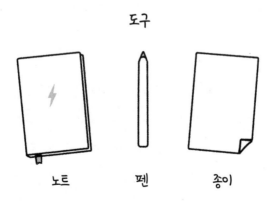

노트   펜   종이

고 시련을 겪을 때도 함께였다. 판단하거나 기대하지 않고, 언제나 있는 그대로 나를 반겨준다. 이 책을 쓰려고 계획했을 때, 같은 방식으로 사람들에게 도움이 되는 뭔가를 만들고 싶었다. 이 책은 불렛저널의 베이스캠프 역할을 할 것이다. 우리가 첫 번째 오르막을 오를 때 도와주고, 쉬며 재충전하고 인생설계를 재설정하고 싶을 때 반겨줄 것이다.

불렛저널이 처음이라면

불렛저널을 처음 시작하는 사람들이여, 반갑다! 이 책을 읽는 데 시간을 내줘서 정말 고맙다. 이 책을 최대한 활용하기 위해 시작부터 끝까지 차례대로 쭉 따라갔으면 좋겠다. 이 책은 참여하는 형태로 구성되어 있다. 우리는 필기의 힘(75페이지)을 빌어 불렛저널 시스템을 더 빨리 마음에 새길 수 있을 것이다. 준비할 건 빈 종이, 빈 노트, 펜이다.

불렛저널방식은 두 가지 주요 요소, 즉 시스템과 실행으로 구성되어 있다. 이 책의 2부에서는 시스템을 중점적으로 다룰 것이다. 2부에서 시스템을 구성하는 요소의 명칭과 해당 요소를 사용하는 방법을 배울 것이다. 주방에서처럼 1부와 2부는 숙련된 요리사가 되도록 도와준다. 3부와 4부에서는 실제로 실행하는 법을 자세히 알아보고, 주방장으로 거듭나는 법을 배우게 된다. 불렛저널을 각자의 필요에 따라 맞게 설정할 수 있도록, 요소 이면에 감춰져 있는 원천과 과학을 살펴볼 것이다.

불렛저널에 친숙하다면

불렛저널 시스템의 구조와 흡사하게, 나는 이 책의 각 장을 독립적인 컬렉션(123페이지)처럼 구성했다. 불렛저널에서 사용하는 용어가 편하게 느껴진다면, 관심이 가는 아무 장이나 펼쳐서 보면 된다. 딱히 떠오르는 장이 없다면 먼저 2부를 살펴봐라.

2부는 이미 알고 있는 시스템을 샅샅이 살펴볼 것이다. 각 핵심 컬렉션과 기법을 더 자세히 알아보고, 디자인 뒤에 숨겨진 이론과 변천과정을 밝히고자 한다. 4부에서는 이러한 모든 개념을 하나의 모의 프로젝트에 적용시킨다. 시스템을 확장하여 각자의 필요에 맞게 조정하는 법을 배울 것이다.

하지만 어디까지나 시스템은 불렛저널방식을 구성하는 일부에 지나지 않는다.

이 책의 앞부분은 불렛저널을 작성하는 방법을,
뒷부분은 불렛저널을 작성하는 이유를 논한다.

그동안 불렛저널링을 해왔다면 이미 느꼈을 것이다. 단지 목록을
체계적으로 구성하는 그 이상이라는 사실을. 불렛저널링을 통해 현
실을 더 자각하고 자신감이 증가하며, 집중력이 향상되고 안정을 찾
으며, 많은 영감을 받았다고 느낄 수 있다. 그것은 불렛저널이 다양
한 과학과 철학을 기반으로 움직여, 우리가 더욱 많은 의도를 갖고
삶을 살아갈 수 있도록 도와주기 때문이다. 이 책에서는 가려져 있
던 장막을 걷어내, 불렛저널의 효과가 나타나는 이유를 밝히고자 한
다. 이렇게 더 자세히 내용을 파헤침으로써 이미 알고 있는 것을 입
증할 뿐 아니라, 불렛저널 작성을 완전히 새로운 수준으로 올려놓을
수 있다.

초보든 고수든, 현재 수준이 무엇이든, 우리는 이 책에서 마음챙
김과 생산성이 만나 자신이 원하는 삶을 설계하도록 도와주는 것,
즉 불렛저널링의 핵심을 자세히 들여다 볼 것이다.

이유

의도적인 삶이란, 타인의 선택이 우리를 좌지우지하기 전에

우리가 스스로 선택하는 것이다.

― 리치 노튼^{Richie Norton}

나의 첫 번째 스타트업 회사인 페인터픽^{Paintapic}은 골무 크기의 물감 수천 개로 가득 찬 벽장만한 작은 방에서 탄생했다. 우리는 사진을 '페인트 바이 넘버 키트^{paint-by-number kit}'로 만들어 주었다. 고객이 원하는 사진을 숫자가 매겨진 도안에 같은 번호의 물감을 칠해 완성하는 세트로 변환시켜 주는 것이었다. 캔버스, 그림물감, 붓으로 구성된 키트였다. 그 당시 나는 빡빡한 업무를 풀타임으로 하고 있었던 터라, 페인터픽 관련 업무는 전적으로 밤과 주말에 할 수밖에 없었다.

그러자 기존 풀타임 업무의 주도권에서 변화를 맞이했고, 새로운 방향 때문에 그간 업무에 즐거움을 주었던 여러 창의적인 프로젝트에서 손을 뗄 수밖에 없었다. 시간이 지나면서 이렇게 새롭게 설정된 비전이 너무 제한적이다 보니, 나는 앞으로 회사에 진정한 가치를 더할 수 없을 것 같았다. 반면에 페인터픽은 투자하는 시간에 따라 내가 미칠 잠재적 영향이 끝이 없어 보였다. 나는 페인터픽을 위해 사회생활은 포기하고 일에 매진했다.

공동창립자는 자신의 고용주에게 벽장이나 다를 바 없는 사용하지 않는 창고를 빌려 달라 설득하였다. 사무실로 쓸 수 있게 말이다. 자그마한 반투명 창문이 달린 어두컴컴한 방은 2년 내내 우리의 밤과 주말을 삼켜버렸다. 비좁은 그 방에서 수천 가지 결정이 이뤄졌다. 우리는 세세한 것 하나하나, 심지어 붓털의 개수까지 전력을 기울였다.

마침내 우리가 기다렸던 순간이 왔다. 개시일. 주문한 상품이 발송되었고 돈이 들어왔다. 회사는 흑자였다. 외부 투자를 전혀 받지 않고도 시작하자마자 제법 잘 운영되었다. 스타트업에서는 드문 일이었다. 우리는 소박하지만 어느 면으로 보나 성공했다.

사이트가 개설되자마자 나는 직접 주문을 해봤다. 우편으로 주문한 키트를 받는 게 어찌나 신나던지. 아, 실제로 이게 되는구나! 그러나 집으로 한 계단 올라갈 때쯤, 나는 이미 다른 것에 골몰하고 있었다. 그 키트는 지금까지 개봉되지 않은 채 어디 구석에 남아 있다. 바보같이 씩 웃는 퍼그(우리의 비공식 마스코트)의 초상화가 언젠가 색이 입혀지길 기다리면서.

회사에 대한 내 관심이 사라지자, 모든 면에서 빠른 속도로 회사 경영에 흠이 나기 시작했다. 깊은 혼란과 좌절이 내려앉았다. 이론상 나는 모든 것을 이뤘고, 다들 내가 행복할 것이라 말했다. 하지만 나는 그 지점에 도달하기 위해 많은 것을 희생했다. 막상 도달하고 보니, 그것은 내게 전혀 중요하지 않은 것 같았다. 나뿐만이 아니었다. 내 동업자 역시 같은 감정을 느끼는 듯했다. 회사를 설립하는 과정과 그 과정에서 얻은 즐거움, 그 때문에 우리는 단순한 진실을 보지 못했다. 우리는 우리 제품을 사랑하는 게 아니었다. 그 제품은 우리 고객의 삶에 가치를 더해주었지만, 우리 삶에 기여하는 가치는 그다지 크지 않았다. 우리는 그 제품에 그다지 열광하지 않았다. 단지 기업가로서의 도전에 푹 빠져 있었던 것일뿐.

우리는 얼마나 자주 이러한 상황에 놓이는가? 굉장히 열심히 일했지만, 곧 공허함을 느끼는 상황 말이다. 그럴수록 더욱 열심히 일해서 보상하려 한다. 더 많은 시간을 투입하면, 결국에는 노동으로 인한 결실에 진정 감사할 수 있으리라 스스로 합리화하면서. 대체 왜 이런 일이 일어날까?

무거운 아령을 들고 다이어트를 하며, 야근하는 진정한 동기가 무엇인가? 건강 때문에 5킬로그램을 빼려고 하는가? 왜 자신감을 뺏어가는 독이 되는 관계를 끊지 못하는가? 배우자와의 힘든 대화를 회피하고자, 일터에서 죽기 살기로 열심히 일하고 있다는 사실을 알아차리지 못할 수도 있다. 그런 경우라면 사무실에서 아무리 많은 시간을 보내더라도 평안이 지속될 리 없다. 잘못된 산을 오르고 있기 때문이다. 우리는 산에 오르기 전에 진정한 동기가 무엇인지 이해해야 한다.

우리는 미디어가 제공하는 수많은 정보를 받으며 동기부여를 얻는다. 소셜 피드Social Feed는 부, 여행, 권력, 휴식, 미모, 즐거움, 할리우드식 사랑이라는 끝없는 이미지로 채워진다. 이렇게 범람하는 가상의 것들이 영구적으로 우리의 의식 속으로 서서히 스며들어, 인터넷에 접속할 때마다 현실감각과 자존감을 오염시킨다. 우리의 삶과 인공적인 산물을 비교하고, 그에 따라 계획을 세운다. 우리를 잘못 이끄는 판타지에 불과한 골든티켓을 손에 넣기를 꿈꾸면서. 몇 달에 걸친 기획, 프로필을 들고 오디션 스튜디오에서 줄지어 서 있는 연기자들, 제작진, 카메라 장비를 가득 실은 이중주차된 트럭, 장기간의 실직, 비 소식에 몇 주간 중단된 촬영, 야외촬영 중 걸린 식중독, 그들이 떠난 후의 빈 좌석. 편리하게도, 이런 광경은 사라져 버린다. 끝이 안 보이는, 동경의 대상인 미디어의 흐름에 시선을 빼앗긴 우리는 자신만의 방식으로 진정 의미 있는 것이 무엇인지 정의

할 기회조차 잃어버린다.

호주의 간호사이자 작가인 브로니 웨어Bronnie Ware는 삶을 마지막 몇 주 남겨 둔 환자들이 있는 말기환자시설에서 몇 년간 일하면서 보냈다. 그녀는 환자들이 가장 후회하는 다섯 가지를 기록하였다. 그중에 한 가지가 자신에게 충실한 삶을 살았으면 하고 바랐다는 것이다.

이는 무엇보다 가장 흔한 후회였다. 죽음을 앞두고 삶을 명확하게 되돌아볼 때, 비로소 사람들은 자신들이 얼마나 많은 꿈을 이루지 못했는지 알게 된다. 대부분은 꿈의 절반조차 이루지 못한 채 죽음을 맞이해야 했다. 그것이 자신들이 하거나 혹은 하지 않은 선택 때문이라는 사실을 깨달은 채.[6]

선택은 여러 가지 모습으로 나타난다. 좋거나 나쁘고, 크거나 작고, 행복하거나 어려운 선택이 있을 수 있다. 우리는 이러한 선택을 무심코 결정할 수 있고, 또는 의도를 가지고 선택할 수 있다. 그런데 이게 무슨 의미일까? 의도적인 삶을 산다는 건 무슨 의미일까? 철학자 데이비드 벤틀리 하트David Bentley Hart는 의도성을 "마음의 근본적인 힘을 어떤 것…… 이를테면 구체적인 목표, 취지, 또는 목적을 향하도록 그 자체를 지휘하는 것"이라 정의한다.[7]

이 용어는 중세 스콜라철학에 기반을 두고 있다. 나는 그것을 우리의 목적에 맞게 살짝 각색해서 표현하고 싶다. 의도성은 의미 있는 것을 찾아 목적을 향해 행동하도록 이끄는 마음의 힘이다.

의도성이 믿음에 따라 행동하는 것을 의미한다면,

그 반대는 자동조종장치 모드로 작동하는 것이다.

다시 말해, 지금 하고 있는 일을 왜 하는지 알고 있는가?

우리가 무엇을 원하는지, 더 중요한 것은 *왜* 원하는지 모른다면,
우리 자신에게 충실할 수 없다. 바로 여기부터 시작해야 한다. 자기
인식을 꾸준히 구축하는 것이 필요하다. 얼핏 아주 힘든 일처럼 보
이지만 사실은 간단한 일일 수 있다. 우리 마음에 와닿는 것, 우리에
게 흥미를 불러일으키는 것에 집중하면 된다. 또한 반대의 것도 못
지않게 중요하다. 우리의 믿음을 토대로 어디에 끌리는지 알 수 있
을 때, 그때 비로소 꿈을 제대로 정의하기 시작할 수 있다.

지금 하고 있는 일에 대한 믿음과 확신이 있을 때, 우리는 아무 생
각 없이 출근해서 일하는 것을 멈춘다. 더욱 혁신적이고 창의적이
며, 현재에 충실한 삶을 산다. 더 열심히 일할 뿐 아니라 더 현명해
진다. 그 노력이 진정으로 마음과 정신을 사로잡기 때문이다.

자기인식을 높이는 것은 평생에 걸쳐 일어나는 과정이다. 하지만
시작은 단순하다. 바로 자신이 누구인지 파악하는 것이다. 그것이
불렛저널방식이 관여하는 지점이다. 불렛저널을 살아있는 자서전

으로 바라보라. 우리는 불렛저널을 통해, 인생의 분주함이 뒤덮어 희미해져버린 것을 선명하게 바라볼 수 있다. 우리가 내린 결정, 현재 있는 지점으로 이끌었던 행동을 기록할 수 있다. 불렛저널은 경험으로부터 배울 수 있도록 돕는다. 효과가 있었던 것은 무엇일까? 그렇지 못한 것은? 그리고 그런 경우 어떤 기분을 느꼈는가? 그럼 이제 어떻게 해야 할까? 우리는 매일매일 써 내려가는 이야기를 항상 바라보면서, 자기인식을 굳건하게 할 수 있다. 페이지를 채워나갈 때마다, 의미 있는 것과 의미 없는 것을 분간하는 능력이 향상된다. 삶이 펼쳐지는 모습이 마음에 들지 않는다면, 인생담을 변화시키는 데 필요한 기술과 결단력을 개발해야 하지 않겠는가? 레이첼 M.^{Rachael M.}과 그녀의 남편이 그랬던 것처럼.

나는 그래픽 디자이너로 풀타임 근무를 하고 프리랜서로 일도 하고 있어요. 게다가 일주일에 며칠씩 젊은 리더 역할을 하고, 늘 남편이 목회 일을 하는 것을 돕고 있죠. 남편과 저는 2년 전에 만났어요. 사랑해서 결혼했죠. 그렇지만 처음부터 필요한 것도, 기억해야 할 일도 너무 많았어요. 일정상 행사도 너무 많았고. 우리 모두 미쳐가고 있었어요.

나와 남편은 서로의 일정을 대화하며 계속 알려주려고 애썼어요. 나는 출근해서 집에 돌아오는 길에 장을 보고, 음식을 만들고 집안 청소를 하고, 그 외에도 해야 할 모든 일을 잊지 않으려 노력했어요. 잠들 때까지 내내 그러다가 다음 날이 되면 우리는 같은 일을 다시 반복하며 또 하루를 시작했죠. 이것 뿐만이 아니었어요. 나는 갑상선 질환을 앓고 있었고, 글루텐 과민성과 유당 과민성도 갖고 있다는 사실을 알았죠. 그러다 보니 이제는 음식 준비가 더욱 힘들어졌어요. 완전히 압도당할 정도로 부담감에 시달리는 나날이 이어졌죠.

우리는 함께 좋은 시간을 보내려 노력했어요. 다들 알다시피, 그런 시간은 분명 행복하고 건강한 결혼생활에 필수적인 요소니까요. 그러나 목사가 된 남편은 저녁과 주말에 가장 많은 일을 했고, 다들 일하는 주중에는 쉬는 편이었죠. 나는 월요일부터 금요일, 9시에서 5시까지 일하는 전형적인 생활을 했고요. 함께할 시간을 찾는 게 너무 어려웠어요. 나는 인간관계에서 외향적인 성향이었는데, 결국 많은 시간을 외롭게 지낼 수밖에 없었어요. 남편이 하는 일 대부분이 주말에 할 수밖에 없었거든요.

우리는 뭔가를 해야 한다는 것을 알았죠. 그래서 불렛저널에 모든 일정을 기록하기 시작했어요. 일정을 제때 처리하고 다가올 일을 파악하기 위해 위클리 로그와 먼슬리 로그를 사용했어요. 시각적으로 표시를 해둔 덕분에 어느 정도로 바쁠지, 그리고 둘만을 위한 시간을 언제 낼 수 있을지 미리 알 수 있었죠. 또한 남편과 함께 충분한 시간을 보냈다고 느낄 때가 있는데, 불렛저널 덕분에 그때가 토요일이라는 것을 알았어요. 그래서 우리는 가능하면 토요일에 많은 시간을 함께 보낼 수 있게 일정을 조율했죠.

불렛저널링은 우리가 개인적인 목표에 다시 집중하는 데 도움을 주었어요.

나와 남편이 모두 미혼이었던 시절엔 말이죠. 그러니까 함께 살기 전에는, 우리가 사랑하는 일에서 확실히 인정을 받았어요. 하고 있는 일을 사랑한다는 건, 일에 상당히 많은 관심을 기울였다는 의미였고, 그게 우리에게 중요했어요. 하지만 결혼 후에는 일보다 결혼을 우선으로 삼는 법을 배워야 했어요. 물론 디지털 캘린더를 동기화할 수도 있었겠죠. 그렇지만 아날로그 방식의 훈련과 불렛저널을 통해 물리적으로 일정을 표시한 경험 덕분에, 우리에게 필요한 대화를 하고 좀 더 멀리 미래를 내다볼 수 있었어요. 그 결과 뜻밖의 복병을 만날 일이 사라졌죠. 또 우리가 집 밖에서 너무 많은 일정을 보내기 시작하면, 문제의식을 가질 수 있도록 도움을 주었어요. 둘 다 제각기 분주한 일정을 해결하려고 애쓰는 게 아니라, 한 몸처럼 우리 삶을 함께 계획한다는 기분이 들더군요. 이제 우리는 결혼생활과 일을 모두 사랑하게 됐어요. 그리고 서로가 각자의 일에서도 성공하도록 도와주고 싶은 마음이 더 커졌죠.

거의 8개월이 지났네요. 우리는 삶 구석구석에서 전보다 더욱 많은 것을 성취하고 있어요. 그런데도 매일 저녁 8시면 할 일이 모두 끝난답니다! 불렛저널링 덕분에 삶을 잘 가꿀 수 있게 됐어요. 무엇이 다가오고 있는지 알고 있으니까요. 삶을 되돌아볼 순간을 마련해놓았고, 올바른 일에 제대로 집중하고 있다는 확신도 들어요. 그리고 결혼과 목회생활에 새로운 자신감을 갖게 되었어요. 남편과 나는 공감대를 형성하고 있고, 우리가 공유하는 확실한 목표를 향해 함께 나아가고 있다는 사실을 알기 때문이죠. 우리는 불렛저녁을 앞에 두고 함께 목표를 쓴답니다.

— 레이첼 M.

의도적인 삶을 산다는 건 바로 이런 모습이다. 이는 완벽한 인생, 쉬운 인생, 항상 제대로 굴러가는 인생이 아니다. 심지어 행복한 인생에 대한 것도 아니다. 물론 의도적인 삶이 즐거움을 가져오기도 하지만. 의도적인 삶을 산다는 건, 우리의 믿음과 일치하는 행동을 하는 것이다. 그것은 우리 스스로 믿고 자부심을 느낄 수 있는 삶의 이야기를 써 내려가는 것이다.

복잡한 마음 정리하기

꼭 필요하거나 아름다운 물건이 아니라면

집안에 하나도 두지 마라.

– 윌리엄 모리스William Morris

어느 연구결과에 따르면 우리는 하루에 5만~7만 가지 생각을 한다.[8] 각 생각을 하나의 단어라고 하면, 우리 마음은 매일 책 한권을 써낼 만큼의 내용을 토해내고 있다는 의미다. 하루도 안 빠지고 매일매일. 책과 달리 우리 생각은 깔끔하게 정리되어 있지 않다. 어떤 날은 생각의 일관성이 흐릿해지는 경우도 있다. 이 때문에 우리 마음은 온갖 생각으로 뒤범벅된 머리를 정리하려고 끊임없이 고군분투한다. 대체 어디서부터 시작해야 할까? 뭐가 우선이지? 우리는 불가피하게 한꺼번에 너무 많은 것을 처리하고, 지나치게 여러 가지 일을 하려다 어느 것에도 제대로 된 관심을 기울이지 못한다. 이것을 흔히 '분주함'이라 일컫는다. 그러나 분주함은 생산적이란 말과 다르다.

대부분의 사람들에게 '분주함'은
기능상 주체 못할 정도로 압도됐다는 신호다.

과연 그것이 무슨 의미일까? 아주 많은 일을 하고 있지만, 그 일이 많은 시간을 만들어 내지는 못한다. 그래서 우리는 늘 시간이 없다. 이런 현상은 단지 21세기만의 문제는 아니다. 기술 덕분에 무수히 많은 선택이 가능해지면서 이런 현상이 기하급수적으로 증가하였다. 우리는 타이핑을 하고, 문자메시지를 보내며, 전화를 하고, 이메일을 보낸다. 그 뿐만이 아니다. 핀터레스트, 트위터, 스카이프, 페이스타임 등을 하거나, 디지털 기기를 붙들고 뭐가 됐든 빨리하라고 고래고래 소리를 질러댄다. 그렇다면 그 모든 것은 어떤 순서로 일어나는가(아, 시작하려면 일단 업그레이드부터 하고 업데이트, 재부팅, 로그인, 인증, 비밀번호 재설정, 쿠키 삭제, 캐시 비우기까지…… 또 이런 일은 한 번에 되지도 않는다)?

이런 선택의 자유는 양날의 검과 같은 특권이다. 모든 결정은 집중이 필요하고, 집중하려면 시간과 에너지를 투자해야 한다. 그런데 시간과 에너지는 제한되어 있다. 물론 한정되어 있기 때문에 특별히 가치 있는 자원이지만.

워런 버핏Warren Buffett은 오늘날까지 가장 성공한 투자가 중 한 사람이다. 그는 자신의 전용기를 모는, 믿을 수 있는 조종사인 마이크 플린트Mike Flint에게 다음과 같은 조언을 한 적이 있었다. 그들은 플린트의 장기 계획에 대해 논의하던 참이었는데, 버핏은 플린트에게 우선적으로 생각하는 직업상 목표 25가지를 적어보라고 했다. 그가 작성을 마쳤을 때, 버핏은 플린트에게 그중 가장 중요한 다섯 가지에 동그라미를 치라고 했다. 플린트가 대답했다. "음, 가장 중요한 다섯 가지는 나의 주된 목표입니다. 그런데 다른 20가지도 막상막하예요. 여전히 나에게 중요하거든요. 적절한 때 틈틈이 그것들을 할 생각입니다. 그렇게 급한 일은 아니지만, 여전히 헌신적인 노력을 기울일 계획입니다."

그 말에 버핏이 대답했다. "아니, 자네가 틀렸네, 마이크. 자네가 동그라미를 치지 않은 모든 것은 무슨 수를 써서라도 피해야 할 목록이네. 무슨 일이 있어도, 자네가 우선순위 다섯 가지를 성공적으로 해낼 때까지 어떤 관심도 기울여서는 안 되네."9

〈배니티페어Vanity Fair〉와의 인터뷰에서 버락 오바마Barack Obam 전 미국 대통령은 이렇게 말했다. "다들 알다시피, 저는 회색이나 파란색 셔츠만 입고 다닙니다. 가능한 한 결정을 줄이려고 노력하고 있습니다. 먹는 것, 입는 것에 대해 결정하고 싶지 않아요. 결정해야 할 일이 너무 많거든요."[10] 회색 후드티를 입는 페이스북 창립자 마크 저커버그[Mark Zuckerberg]나 검은색 터틀넥 티셔츠와 청바지를 입는 애플 창립자 스티브 잡스[Steve Jobs]도 마찬가지다. 그들은 여러 가지 대안을 두고 신중하게 생각하는 것이 얼마나 힘든 일인지 정확하게 알고 있었기에, 자신의 삶에서 선택을 줄일 수 있는 모든 기회를 강구했다.

심리학자 로이 F. 바우마이스터[Roy F. Baumeister]는 저서 《의지력의 재발견[Willpower]》에서 이렇게 말했다. "아무리 합리적이고 분별 있는 사람일지라도 연이은 결정을 수행하면 생물학적 대가를 지불할 수밖에 없다. 그것은 평상시의 신체적 피로와 다르다. 우리는 의식적으로 피곤하다는 사실을 모르지만, 정신적 에너지는 낮은 수준이다."[11] 이러한 상태를 결정의 피곤함[Decision Fatigue]이라고 한다. 다시 말해 결정을 많이 해야 할수록 결정을 잘하는 게 더 힘들어진다. 이것이 하루를 시작할 때보다 하루를 마칠 때 건강하지 못한 식사를 할 가능성이 높은 이유다. 하루를 시작할 때는 의지력이 꽉 차 있는 상태이기 때문이다.

선택하지 않은 상태로 남겨 두면, 결정의 피곤함은 결정을 회피하는 쪽으로 이끌 수 있다. 특히 일생일대의 큰 선택에 놓여 있을 때 그렇다. 우리는 마지막 순간까지 결정을 미루는 경향이 있다. 그런데 어려운 선택은 그냥 휑하니 사라지지는 않는 법이다. 그들은 자신의 차례를 기다리며 점점 위협적인 상태로 변한다. 대학을 어디로 갈까? 이 사람과 결혼할까? 새로운 일자리를 알아봐야 하나? 미루고 미루다 결정할 수밖에 없을 때가 되면, 큰 결정을 피하기 위해 그동안 많은 결정을 했던 터라 쓸 수 있는 집중력이 많지 않을 가능성이 크다. 그러니 우리가 자주 스트레스를 받고, 불안해하며, 압도당하는 느낌을 겪는 게 당연하다.

우리는 이러한 증상을 더욱 정신없이 분주하게 보내면서 치유하려 노력한다. 술을 마시고 음식을 먹으며, 여행하고, TV를 몰아서 시청한다. 얼마나 봤는지 넷플릭스의 '내가 찜한 콘텐츠'가 4년이나 되었지만, 왠지 좋아 보이는 게 없을 정도다! 결정할 수 없을 때, 오히려 더 큰 스트레스를 받는다. 지속적인 차이를 만들고 싶다면, 증상이 아니라 원인을 얘기해야 한다.

우리는 부담이 되는 결정의 수를 줄여야 한다.
그래야 진정 중요한 것에 집중할 수 있다.

마음 목록표

결정의 피곤함에서 회복하는 첫 번째 단계, 즉 우리에게 지워진 수많은 선택에서 벗어나는 방법은 그 선택과 어느 정도 거리를 유지하는 것이다. 선택을 분명히 파악하고 제한할 수 있는 새로운 관점이 필요하다. 여러 선택을 적어 내려가면 새로운 관점을 얻을 수 있다. 그렇다면 왜 적을까? 결정을 내리고 행동하기 전까지 각 결정은 단순히 하나의 생각에 지나지 않는다. 생각을 붙들고 있는 것은 맨손으로 물고기를 잡으려는 거나 마찬가지다. 생각은 손아귀에서 쉽게 빠져나와 진흙투성이 같은 마음속 깊은 곳으로 사라져버린다. 그런데 글로 적어 두면 생각을 사로잡아, 정신이 맑을 때 차분하게 검토할 수 있다. 생각을 표면으로 드러낼 때, 우리는 생각을 정리하기 시작한다. 항목별로, 집중력을 소비하는 모든 선택에 대한 마음 목록표Mental Inventory를 만들어야 한다. 그것이 삶에 대한 통제력을 회복하는 첫 번째 단계다. 그러면 그때부터 소음에서 신호를 걸러내기 시작할 수 있다. 바로 그 지점에서 불렛저널과 함께하는 여행이 시작될 것이다.

옷장을 정리할 때처럼, 일단 모든 것을 끄집어내야 남겨 둘 것과 버릴 것을 결정할 수 있다. 마음 목록표를 만드는 것은, 마음의 벽장에 꽉꽉 들어차 있는 생각을 재빨리 조사하도록 도와주는 단순한 기법이다. 불필요한 수많은 책임감이 정신적, 그리고 감정적으로 가치 있는 공간을 독차지하고 있을 가능성이 크다.

종이 한 장을 앞에 두고 앉아라. 종이를 가로로 놓고 세로로 3등분하라(종이를 두 번 접거나 64페이지 마음 목록표처럼 줄을 그어도 좋다).

1. 첫 번째 줄에 현재 하고 있는 모든 일을 나열하라.
2. 두 번째 줄에는 *해야 할* 일을 나열하라.
3. 마지막 줄에는 *하고 싶은* 일을 모두 나열하라.

항목은 가능한 짧게, 목록 형식으로 작성하라. 한 가지 업무가 일련의 다른 업무를 파생한다면, 그 일을 같이 적어라. 목록표를 작성하는 데 충분히 시간을 들이고, 깊이 살펴봐라. 솔직해야 한다. 머릿속에서(그리고 마음속에서) 끄집어내어 종이 위에 올려놓아라. 후우, 숨을 깊이 들이마시고 시작하라.

테스트

방금 작성한 마음 목록표는 현재 시간과 에너지를 어떻게 투자하고 있는지 선명하게 보여준다. 이른바 우리의 선택을 보여주는 지도

마음 목록표

하고 있는 일	해야 할 일	하고 싶은 일
새로운 애코의 회사에 대한 프레젠테이션 사진작가의 정리 에미의 다니파티니 계획	운동계획 세우기 투자방법 공부하기 주간식단 짜기 5년 목표 설정하기 부모님께 전화하기 건강검진 받기 은퇴계획 세우기	하와이 여행 계획 세우기 요리 배우기 외국어 배우기 책 많이 읽기 글 많이 쓰기 제주 도깨비도로 가보기 친구와 더 많은 시간 보내기

다. 다음 단계에서는 작성할 가치가 있는 것을 파악해야 한다.

우리는 하고 있는(또는 해야 하는) 모든 일 때문에 너무 바빠, 정작 그 일들을 왜 하는지 자신에게 묻는 것을 잊어버리곤 한다. 이는 결국 우리 자신에게 불필요한 온갖 책임을 떠안긴다. 마음 목록표는 한 발짝 뒤로 물러서서 스스로 그 이유를 물을 기회를 준다.

자, 작성한 목록의 각 항목별로 이유를 물어보라. 그렇게 어렵지 않다. 자신에게 간단한 두 가지 질문만 하면 된다.

1. 이것이 중요한가(자신에게 또는 사랑하는 누군가에게)?
2. 이것이 꼭 필요한가(월세, 세금, 학자금 대출, 직장 등을 생각해보라)?

TIP: 각 항목별로 질문에 대답하기 어렵다면, 적어 놓은 목록을 하지 않을 경우 무슨 일이 일어나는지 스스로에게 물어봐라. 진짜 어떤 문제가 생길까?

테스트를 통과하지 못한 항목은 무엇이든 집중을 방해하는 것이다. 삶에 아무런 가치를 더하지 않는다. 그런 항목에는 줄을 그어 지워버려라. 인정사정없이. 명심하라. 모든 할 일은 저마다 가능성 있는 미래를 잠깐 들여다볼 수 있는 하나의 경험으로 탄생하기 마련이

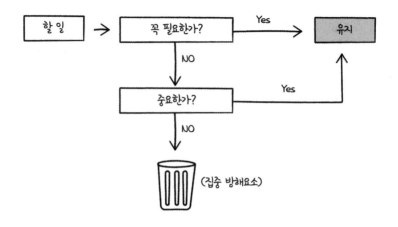

다. 그렇기에 목록에 기재된 모든 항목은 삭제되지 않으려면 안간힘을 다해 싸워야 한다. 더 정확하게는, 각 항목은 삶의 일부가 될 기회를 위해 싸워야 한다는 말이다.

모두 완료하면 두 종류의 할 일이 남아 있을 것이다. 해야 할 일(즉 책임), 하고 싶은 일(즉 목표). 이 책에서는 이러한 목록을 갖고 이 두 가지 일을 앞으로 어떻게 추진할 수 있는지 보여줄 것이다. 자, 이제 불렛저널을 시작하기 위해 필요한 모든 요소를 갖췄다. 딱 하나, 노트만 빼고.

이쯤 되면 이런 질문을 할 수도 있겠다. '그냥 노트에 이것을 바로 하면 안 되는 것인가?' 좋은 질문이다. 이 책을 읽고 아이디어를 곱

씹으며 여러 기법을 시도하다 보면, 기존에 작성했던 마음 목록표를 서서히 줄여갈 것이다. 불렛저널을 처음 시작할 때는 중요하고 인생에 가치를 더해주리라 믿는 것들로만 시작하는 게 좋다. 그런데 마음 목록표 작성은 삶에 무엇을 들여보낼지 의도적으로 생각하는 과정이다. 이러한 과정이 노트의 페이지로 한정돼서는 안 될 일이다.

노트

일기 쓰기는 내면을 찾아가는 여행이다.

— 크리스티나 볼드윈Christina Baldwin

불렛저널을 처음 시작하는 사람들은 종종 노트에 대해 묻는다. 그 냥 앱을 사용해서 목록을 만들 수는 없을까? 간단히 대답하면, 당연히 써도 된다. 생산성이 높은 앱은 많이 있으니까. 나 역시 몇 가지 앱을 써본 적이 있다. 디지털 제품 디자이너인 나는 디지털 기기가 얼마나 강력하고 효과적일 수 있는지 잘 알고 있다. 사실 불렛저널은 소프트웨어 개발에서 활용한 몇 가지 방법을 이용하여 설계되었다. 하지만 불렛저널링은 해야 할 일을 작성하는 것, 그 이상의 더 많은 것을 포함한다. 이것은 우리의 경험을 담아내고, 정리하며, 검토하도록 도와줄 포괄적인 방법론이다. 책을 읽어가다 보면 어떤 점에서 노트가 어떻게, 그리고 왜 도움이 되는지 정확히 알 수 있을 것이다. 이제 우리는 노트 이면에 숨어 있는 근본적인 이유를 살펴볼 것이다.

기술은 사람과 정보 사이에 놓인 장벽과 거리를 없애준다. 무엇이든 배울 수 있고, 누구와도 소통할 수 있다. 핸드폰을 톡톡 두드리는 것만으로 언제나 그리고 어디서나. 우리는 이 편리한 핸드폰을 평균 12분마다 이용하고 있다![12] 그러나 이 모든 편리함에는 대가가 따르는 법이다. 물론 데이터 통화료나 케이블 다발, 통신사의 고객서비스에 이성적으로 대응하고자 들이는 감정소모, 이런 얘기를 하는 게 아니다.

무선 증폭기가 교회의 첨탑에 부착되어 있는 세상에서, 신성하게 지켜지는 곳은 어디에도 없다.[13] 회의실부터 욕실까지, 기술은 우리가 처리할 수 있는 것보다 더 많이 우리 삶에 범람하여 집중할 수 있는 시간을 모두 빼앗아 버렸다. 연구결과에 따르면 스마트폰을 방에 두는 것만으로도 주의집중을 방해한다고 한다. 무음으로 두던 전원을 끄던 상관없이![14]

2016년에 미국인들은 매일 디지털화면 앞에서 무려 평균 11시간을 보냈다.[15] 수면시간이 6~8시간이라는 점을 감안했을 때(이 시간도 스마트폰 때문에 위태로운 상태지만[16]), 디지털화면을 보지 않는 시간은 하루에 대략 6시간이다. 그렇다면 출퇴근, 요리, 심부름 시간을 고려하면 어떠한 결론에 이를지 알 수 있다. 우리가 멈추고 생각하는 데 쓸 수 있는 시간이 꾸준하게 감소한다는 의미다.

노트를 들고 앉으면 귀하고 드문 호사를 누릴 수 있다. 노트는 집중을 방해하는 요소에서 벗어나 개인적인 공간을 마련해준다. 그 공간에서 자기 자신을 더 잘 알 수 있게 된다. 이것이 불렛저널에 노트를 사용하는 주된 이유 중 하나다. 노트 덕분에 우리는 오프라인 공간으로 이동할 수밖에 없기 때문이다.

노트는 마음의 안식처 같은 공간으로 우리는 그곳에서

자유롭게 생각하고, 자신을 깊이 되돌아보며,

일을 처리하고, 집중한다.

노트의 빈 페이지들은 마음속에 안전하게 뛰어놀 수 있는 놀이공간을 준다. 그 공간에서는 어떠한 판단이나 기대 없이, 완전히 자유롭게 자신을 표현할 수 있다. 종이에 펜을 올려놓자마자 우리는 마음, 그리고 종종 심장과 직접 연결된다. 아직까지 디지털 공간에서는 이런 경험이 제대로 구현되지 않는다. 그 때문에 지금까지도 아주 많은 아이디어들이 종잇조각 위에서 탄생하는 것이 아니겠는가.

노트를 이용하는 또 다른 이유는 무엇일까? 바로 융통성이다. 소프트웨어는 너무 강력해서 그 풍부한 기능은 용감무쌍한 탐험가가 아니면 쓰이지 않고 묻혀버린다(엑셀을 떠올려봐라). 또는 소프트웨어가 너무 구체적이어서, 높은 유용성을 위해 유달리 뛰어난 소수의 기능만 남겨 두고 다른 기능을 희생하는 경향이 있다(모바일 앱을 생각해봐라). 두 가지 경우 모두 소프트웨어가 선택한 체계 내에서 운영하도록 강요한다. 이는 수많은 생산성 시스템의 주된 문제다. 그것들은 제한 없는 다양성과 진화하는 개별적인 요구의 특성을 반영하는 데 어려움을 겪고 있다. 반대로 노트는 노트의 주인에 따라 다른 모습이 펼쳐진다. 노트의 기능은 오직 노트 주인의 상상력에만 제한을 받을 뿐이다.

불렛저널의 힘은 인생에서 어떤 계절을 지나는지
상관없이, 우리 필요에 따라 어떤 모습으로든
변할 수 있다는 점이다.

불렛저널은 학교에서 강의노트 역할을 할 수 있다. 직장에서는 프로젝트를 계획하는 도구로, 집에서는 목표를 설정하고 진행상황을 추적 기록하는 도구가 될 수 있다. 예를 들어 로빈 C.^{Robyn C.}는 불렛저널에 명상 트래커를 만들어서 432일 동안 매일 꾸준히 명상할 수 있었다. 그녀는 수면장애를 유발시키는 원인을 알아내고 싶을 때도 같은 방식을 이용했다. 그녀가 이용했던 도구를 개발한 사람은 내가

아니다. 그녀가 직접 만든 것이다.

불렛저널은 구성 방식 때문에 동시에 여러 형태가 될 수도 있다. 하나의 도구라기보다 도구상자로 생각하라. 불렛저널과 함께라면 생산성을 높이려는 요구를 한 곳으로 집중시킬 수 있다. 인생을 더욱 포괄적으로 바라볼 수 있다. 그 시각 덕분에 틀에 박히지 않은 독특한 연결을 발견할 수 있다. 불렛저널 사용자 버트 웹Bert Webb은 이렇게 말했다. "나는 매일, 매주, 매월 불렛저널을 앞뒤로 획획 넘기면서 지난날을 되새겨봅니다. 그럴 때마다 뇌는 당연하게 아이디어 사이에 더 많은 연결을 생성합니다. 별개의 디지털 도구를 다양하게 이용할 때는 할 수 없었던 연결이었죠."

또 다른 훌륭한 점은 매일매일 새롭게 시작한다는 것이다. 디지털 트래커를 이용하면, 어찌됐든 출발선에 올라설 수밖에 없다. 디지털 트래커에 목적을 설정하면 무한 경쟁이 시작되고, 우리도 그 무한경쟁에 내던져지지 않겠는가? 그러나 노트는 매일 아침, 순수하고 완벽한 백지 상태로 우리를 맞이한다. 그리고 살짝 상기시켜준다. 오늘 하루는 아직 쓰이지 않았다고. 노트는 각자가 어떻게 만들어 가느냐에 따라 달라질 것이다. 불렛저널 사용자인 케빈 D.Kevin D.는 이렇게 말했다. "하루가 끝날 때쯤, 이루지 못한 일들을 보면 기분이 썩 좋지 않았어요. 그런데 불렛저널 덕분에 이제는 자신 있게 어제 완료하지 못한 항목을 새로운 페이지로 옮겨놓죠. 이제 매일매

일이 새로운 출발이라고 생각하니까요."

마지막으로 노트는 우리가 하는 대로 진화한다. 상호 간에 계속 주고받으며 발전하는 관계인 셈이다. 그것은 계속해서 변하는 우리 요구에 맞춰갈 것이다. 불렛저널의 매력은 매년 시간이 지날수록 선택과 선택에 따른 경험으로 이뤄진 기록을 만들어 간다는 사실이다. 불렛저널 사용자인 킴 알바레즈Kim Alvarez는 언젠가 이렇게 말했다. "불렛저널은 인생이라는 도서관에 또 다른 책을 기증하는 거나 다름없어요." 우리가 진정한 삶의 의미를 실현해나갈 때, 이 도서관은 원하는 대로 쓸 수 있는 강력한 자원이 된다.

우리는 삶을 기록하여 훗날 참고할 수 있는, 선택과 행동으로 채워진 풍부한 저장소를 만들어 가고 있다. 우리가 저지른 실수를 찬찬히 살펴보고, 그 실수를 통해 배울 수 있다. 성공, 눈부신 도약의

1: JAN-APR 2019
2: MAY-AUG 2019
3: SEP-DEC 2019
4: JAN-MAR 2020
5: APR-JUN 2020
6: JUL-OCT 2020

순간을 기록하는 것도 유익하다. 직업적으로 또는 개인적으로 무엇인가 효과가 나타났을 때, 그 당시 환경이 어땠는지 그리고 어떤 선택을 했는지 아는 것은 도움이 되기 때문이다. 실패와 성공을 연구하는 것은 엄청난 통찰력, 가르침, 동기부여를 줄 수 있고, 이것으로 우리는 앞으로 향할 길을 계획한다.

불렛저널방식과 앱은 상호 배타적일까? 물론 아니다. 수많은 앱들이 노트가 절대 할 수 없는 방법으로 내 삶을 수월하게 만든다. 디지털이든 아날로그든, 모든 도구는 우리가 당면한 과업을 달성하도록 도와주는 그들의 능력만큼 가치가 있기 마련이다. 이 책의 목표는 작업장에서 쓸 수 있는 새로운 도구상자를 소개하려는 것이다. 그 도구상자는 수많은 사람들이 자주 어려움을 겪는, 인생이라는 힘든 프로젝트를 해결하는 데 효과적임이 입증된 것이다.

손글씨

가장 흐릿한 잉크가 가장 또렷한 기억보다 낫다.

– 중국 속담

우리는 생각을 종이에 적으면서 그것에 기운을 불어넣는다. 단어
나 그림, 메모 등 그 무엇이 되든 상관없다. 내면과 외면의 세상을
매끄럽고 완벽하게 전환해주는 도구로 펜촉만한 게 없다. 세상은 하
나로 연결된 매끄러운 곳이 되고 있다. 이런 시점에 사각거리며 손
으로 적는 낡은 방식이라니, 낯설고 뒷걸음질치는 것처럼 느껴질 수
있다. 그러나 점점 더 많은 연구들이 디지털 시대에 손글씨가 갖는
지속적인 실용성을 언급하고 있다.

위싱턴대학의 연구에 따르면, 손으로 에세이를 쓰는 초등학생들
이 완벽하게 구성된 문장을 훨씬 더 잘 쓸 뿐 아니라 읽는 법을 더 빨

리 배운다. 이는 손글씨가 주로 문자를 구성하고 문자를 인식하는 능력을 촉진시키고 심화시키기 때문이다.[17]

손으로 쓰는 복잡한 촉감의 움직임은 타이핑보다 정신을 더욱 효과적으로 자극한다. 그것은 동시에 뇌의 많은 영역을 활성화시켜, 우리가 배우는 것을 더욱 깊고 강하게 각인시킨다. 그 결과 우리는 앱을 툭툭 치며 기록하는 것보다 더 오랫동안 정보를 기억한다.[18] 한 연구에서 대학생들에게 손으로 강의 내용을 필기하도록 했더니, 타이핑하는 학생들보다 평균적으로 시험성적이 좋았다. 또한 학생들은 시험이 끝난 후에도 더욱 오랫동안 정보를 기억할 수 있었다.[19]

종이 위에 펜을 올려놓으면 단지 불을 켜는 데서

끝나지 않고, 온도를 서서히 올린다. 손으로 적으면,

우리는 생각하는 동시에 느낄 수 있다.

이러한 연구와 이와 유사와 많은 연구를 보면, 손으로 쓰면서 얻는 이득은 오히려 끊임없이 제기했던 불평에서 비롯된다. 바로 비효율성이다. 맞다. 손으로 적는 행위가 시간이 더 걸릴 수밖에 없다. 하지만 바로 이 사실이 인지적인 측면에서는 손글씨에 유리하다는 것이다.

강의나 회의에서 오갔던 대화를 똑같이 손으로 옮겨 적는 일은 거의 불가능하다. 필기할 때는 각자의 언어, 즉 우리 자신의 말로 다듬으며 노트를 작성하기 때문이다. 더욱 경제적이고 전략적이 될 수밖에 없다. 그러려면 더 열심히 듣고 정보를 깊이 생각하며, 본질적으로 다른 사람의 말과 생각을 신경학상 여과 시스템을 통해 정제해야 한다. 그런 다음 페이지 위로 옮겨야 한다. 그와 반대로 노트를 타이핑하는 일은 빠르고 단순 기계적인 암기가 될 수 있다. 정보가 자유롭게 한쪽 귀로 흘러들어와 바로 다른 쪽 귀로 흘러 나가는 식이다. 막힘없이 쭉 뻗은 고속도로처럼.

자신의 말로 노트를 적는 것이 왜 중요할까? 과학적으로 손으로 적는 행위는 연상적 사고를 강화시켜 정보에 관여하는 방식을 향상시킨다. 그 덕분에 우리는 새로운 연결성을 형성하여 독특한 솔루션과 통찰력을 도출할 수 있다. 그와 동시에 인식을 넓히고 이해를 높일 수 있다.

경험을 어떻게 결합하느냐에 따라, 우리가 인식하고 세상을 바라보고 세상과 소통하는 방식이 달라진다. 트라우마나 정신질환으로 고통받는 사람을 치료하는 데 저널링이 강력한 치료 도구가 되는 것도 이런 이유다. 예를 들면 표현적 글쓰기Expressive writing는 장문 형태의 저널링을 통해 고통스러운 경험을 드러내어 치유하도록 도와준다. 인지행동치료CBT; Cognitive behavioral therapy는 반복적으로 떠오르는 침투적 사고에 대한 사람들의 강박을 치료하기 위해 시나리오 형식을 이용한다. 고통스러운 생각을 짧은 단락으로 상세하게 쓰는데, 마음을 단단히 휘어잡고 있던 생각이 통제력을 잃을 때까지 시나리오를 반복해서 쓴다. 이로써 어려운 상황을 해결할 때 우리가 찾고자 애쓰는 것, 아주 중요한 균형감과 거리감을 얻을 수 있다.

글쓰기는 훗날 가장 소중한 기억을 잊지 않도록 도와줄 수 있다. 연구결과에 따르면 적는 행위는 정신을 좀 더 오랫동안 더욱 예민하게 유지시킨다. 나는 수년 동안 많은 이메일을 받았다. 이메일에는 기억력이 좋지 않지만 불렛저널 덕분에 체계적으로 정리할 수 있었다고 칭찬하는 글들이 쓰여 있었다. 나이에 상관없이. 이를테면 브리짓 브래들리Bridget Bradley는 나이가 51세인 불렛저널 사용자로 이렇게 말한다. "이제는 모두 기억하고 있어요. 석 달 전에 날씨가 어땠는지, 지난달에 체육관을 몇 번이나 갔는지, 이메일로 레스토랑에 테이블을 예약한 사실을요. 7월에 휴가를 갈 예정이고 휴가 때 무엇을 가져가야 할지 이미 생각했다는 것도요. 그것도 6개월 전에 미리! 그래서 나는 물건을 사고, 휴가를 준비할 시간을 벌었죠." 이와 비슷하게 불렛저널링 덕분에 트라우마나 의학적 치료를 겪은 후 나빠진 기억력이 좋아졌다는 얘기도 수없이 들었다.

친한 친구가 언젠가 이런 얘기를 했다. "사실, 먼 길이 지름길이다." 속도를 찬양하는, 일명 '잘라 붙여넣기 하는' 세상에서 우리는 편리함을 효율성으로 자주 오해한다. 지름길로 갈 때, 우리는 속도를 늦추고 생각하는 기회를 상실한다. 손으로 쓰는 일이 짐짓 향수에 젖은 구식으로 보일 수도 있겠지만, 우리가 그 기회를 되찾도록 도와준다. 글을 다듬을 때, 자동적으로 소음에서 신호를 걸러내기 시작한다. 진정한 효율성은 속도가 아니라, 진정으로 중요한 것에 얼마나 많은 시간을 쓰느냐에 달려 있다. 결국 이것이 불렛저널의 핵심이다.

제2부

시스템

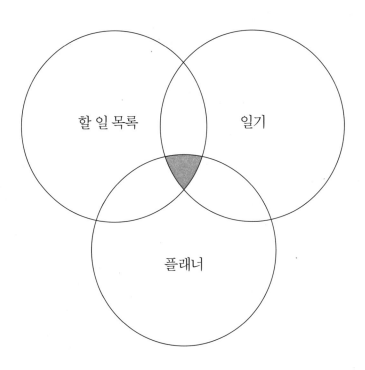

시스템

불렛저널은 투두리스트, 일기, 플래너, 스케치북이 될 수 있고, 한꺼번에 모든 역할을 할 수도 있다. 이러한 융통성은 규격화된 형태를 조립하여 만드는 모듈식 구조 덕분이다. 레고 조각을 떠올려보면 불렛저널의 시스템을 쉽게 이해할 수 있다. 불렛저널 시스템을 구성하는 각 부문은 특정 기능을 수행한다. 즉 하루를 정리하거나, 월간 계획을 수립하고, 목표를 설정한다. 자유롭게 조각을 섞고 결합하여, 각자의 필요를 충족할 수 있는 시스템을 설정할 수 있다. 시간이 흐르면서 각자의 필요는 계속 변할 수밖에 없다. 하지만 이 융통성 덕분에 삶의 여러 계절을 지나오는 내내, 시스템은 변하는 환경에 적응하며 그 의미를 잃지 않을 수 있다. 우리가 발전하면 불렛저널의 기능과 구조 역시 발전하는 식이다.

이번 장에서는 시스템의 기본을 이루는 핵심 구성 요소를 살펴볼 것이다. 각 요소가 어떻게 작동하는지, 왜 효과가 있는지, 더 큰 체계로 어떻게 맞물려 작용하는지 배울 것이다. 차례대로 따라가다 보면 자신만의 불렛저널을 만들고, 마음 목록표에 작성한 내용을 옮기는 법을 배울 수 있다.

이미 불렛저널 시스템의 고수라면, 2부는 불렛저널 수준을 한 단계 더 끌어올리는 차원에서 보면 좋다. 이제껏 사용한 도구와 기술 속으로 더 파고들어, 불렛저널 설계 이면에 감춰져 있는 원리를 살펴볼 것이다. 이 부분은 참고자료와 가이드로서 불렛저널링을 하는

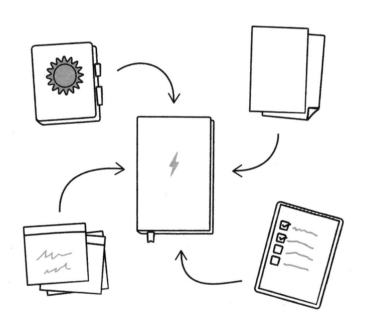

내내 샘솟았던 모든 질문에 답을 구할 수 있다.

불렛저널을 시작하는 사람이라면, 종이 위에 펜을 들기 전에 먼저 2부에 있는 모든 장을 읽어봤으면 한다. 각 방식과 기법은 그 자체로 효과적이지만, 불렛저널의 진정한 힘은 각 부분을 통합하는 데서 생긴다. 불렛저널을 작성하는 경험에서 최대치를 끌어내고 싶다면, 이러한 각 부분이 어떻게 상호작용하고 서로 영향을 미치는지 이해하는 게 중요하다. 2부에서는 불렛저널을 단계별로 보여주며 그것이 어떻게 돌아가는지, 그리고 자신만의 불렛저널을 만드는 방법을 차근차근 설명할 것이다.

본격적으로 시작하기 전에……

사람들이 내게 억지로 밀어붙였던 구성 방식은 대체로 이해할 수 없었다. 실용적이지 않을 뿐 아니라 실망스럽고 혼란스러웠다. 이 책을 보는 사람들은 나와 같은 감정을 절대 느끼지 않기를!

2부가 상투적으로 들리지 않았으면 좋겠지만, 기술적으로 서술할 수밖에 없다. 언뜻 보면 변동 가능한 하위요소가 많아 보일지도 모른다. 이어지는 장을 읽어가면서 각 요소를 개별적으로 생각하기 바란다. 요소 하나하나를 높이 들어 불빛에 비춰보라. 즉 그것을 잘 살

주요 개념

색인

불렛저널에서 주제와 페이지 번호를 이용하여 내용을 찾는 데 이용된다.

색인	색인
Future Log: 5-8 Jan: 9- Gym Log: 13-16	
1	2

퓨처 로그

당월 이후 발생하는 미래에 할 일과 이벤트를 저장하는 데 이용된다.

퓨처 로그	퓨처 로그
Feb	May
Mar	Jun
Apr	Jul
5	6

먼슬리 로그

당월에 발생하는 할 일과 시간에 대한 개요를 보여준다.

JANUARY	JANUARY
1M 2T 3W 4T 5F 6S 7S 9	• Donate Clothes • Plan Trip • Back up site • Dentist • Daycare 10

데일리 로그

하루 동안의 생각을 빠르게 기록하기 위한 잡동사니 주머니 역할을 한다.

01.01.MO	01.02.TU
• Donate Clothes o Promoted! X Back up site - Jen in town tmr • Book daycare 11	• Tim: call • Yoga: cancel - Office closed Fri. o Brit's party 12

주요 개념

빠른 기록

기호와 짝을 이룬 짧은 형식의 표기법을 이용
하여 빠르게 생각을 포착하고 노트, 이벤트,
할 일로 분류하고 우선순위를 결정한다.

- 메모
- O 이벤트
- • 할 일
- X 완료한 일
- > 이동된 일
- < 예정된 일
- • ~~무관한 일~~

컬렉션

모듈러 방식으로 불렛저널을 구성하는 요소로
관련 내용을 저장하는 데 이용된다.
핵심 컬렉션은 색인, 퓨처 로그, 먼슬리 로그,
데일리 로그지만, 새로운 컬렉션을 만들어 무
엇이든 기록할 수 있다.

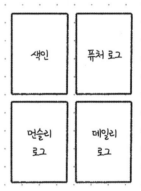

색인 | 퓨처 로그

먼슬리 로그 | 데일리 로그

이동

매달 노트에서 의미 없는 내용을
걸러내는 과정이다.

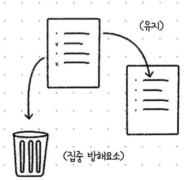

(유지)

(집중 방해요소)

펴보고 스스로에게 물어보라. '이것이 나한테 도움이 될까?'

어느 순간 읽다가 버거운 느낌이 들면 한 발짝 뒤로 물러나라. 그리고 이해한 부분부터 실행해봐라. 구성 요소 대부분은 그 자체로 완벽하게 갖춰진 독립적인 형태로, 나머지를 사용하지 않더라도 효과적으로 이용할 수 있다. 마음이 움직이는 것부터 시작하라. 그저 하나라도. 거기서부터 차곡차곡 쌓아가라. 불렛저널이 만들어진 방식도 이와 다르지 않으니까. 한 번에 실행 가능한 요소 하나씩.

빠른 기록

자, 빠르게 대답해보자. 가장 최근에 들었던 의미 있는 말은 무엇이었나? 대답하기 어려운가? 그렇다면 좋다. 좀 더 쉬운 범주의 문제를 내보겠다. 이틀 전 점심 때 무엇을 먹었나? 머릿속이 하얗게 변했어도 걱정하지 마라. 혼자만 그런 게 아니니까. 우리의 경험을 정확하게 담아내기에 기억력은 딱히 믿을 만한 게 되지 못한다.

달콤하든 쓰디쓰든, 모든 경험은 교훈으로 이어진다. 우리는 이러한 교훈을 글로 적어 소중하게 간직한다. 덕택에 교훈들을 연구하고 우리에게 무엇을 가르쳐주는지 볼 수 있다. 이것이 바로 우리가 배우고 성장하는 방법이다. 경험에서 배울 기회를 잃어버린다면, 우리는 무수히 자책하며 실수를 반복할 수밖에 없다.

기록, 즉 저널링은 이러한 자기학습의 길을 촉진하는 강력한 방법이다. 기존 방식의 저널링이 갖는 문제는 느슨한 구조에 시간이 많이 소요된다는 점이다. 반면에 빠른 기록Rapid Logging 방식은 본질적인 부분만 남기고 모든 것을 제거하여, 저널링의 가장 우수한 측면을 활용한다. 불렛저널은 빠른 기록이라는 언어로 작성된다. 간단히 말해 빠른 기록은 생각을 포착하여 체계적이고 생생한 목록으로 정리하도록 도와준다.

빠른 기록 방식은 일이 발생하는 순간
우리의 삶을 효율적으로 담아내어,
깊이 생각할 수 있도록 도와줄 것이다.

동일한 정보를 기존 방식과 빠른 기록 방식으로 담아낸 경우, 어떤 차이가 있는지 다음에 나오는 시각적인 예시를 통해 설명할 것이다. 그리고 뒷부분에서는 더 상세하게 기호와 구조를 살펴볼 것이다. 빠른 기록 방식이 얼마나 간결하고 명료한지 쉽게 알 수 있다. 생각을 기록하는 이 간결한 접근 방식은 많은 시간을 절약하고, 분주한 삶에 더 적합하다.

불렛저널 사용자인 레이 체셔Ray Cheshire는 이렇게 설명한다. "나는 영국에 있는 커다란 빈민지역에 자리한 고등학교에서 과학을 가르칩니다. 때때로 일은 정신없이 흘러가고, 우리는 일상에 더 많은 것들을 미어지듯 채워 넣으려고 애씁니다. 바로 이때 빠른 기록 방식이 필요하죠. 갑자기 학교 시찰이 있을 거라는 소식을 들은 적이 있었어요. 그러나 불렛저널링 덕분에 시찰자가 도착하기 전에 해야 할 일이 무엇인지 재빨리 알 수 있었죠." 집, 학교, 직장에서 해보라. 빠른 기록 방식은 매일매일 씨름해야 하는 어지러운 상황들 속에서도, 우리가 체계적으로 정리할 수 있도록 도와줄 것이다.

기존 방식

[X] 키이스에게 다시 전화하여 이번 주말에 어디에서 식사할지 확인해야 함.

[ ] 애크미 회사 프로젝트에 참여하는 사람들에게 발송할 양식과 관련하여 헤더에게 이메일을 다시 보내야 함. 참여자들에게 양식을 발송하여 프로젝트를 진행하기 전에 서명을 받아야 함.

애크미 기업의 UX 프레젠테이션은 2월 12일에 있을 예정이다.

[ ] ~~라가 4월 2일에 주최하는 파티에 대해, 리에게 이메일 보내기~~

사무실은 13일에 휴무다.

마가렛이 자신에 대한 피드백을 깜짝 놀랄 정도로 진심으로 받아들인 것 같아 기뻤다. 그녀는 선뜻 나서서 프로젝트 자산을 관리하는 데 도움을 주었고, 팀원으로서 좀 더 적극적으로 업무를 추진하였다. 또한 그녀의 업무성과 역시 나날이 좋아지고 있다.

[ ] 전화하여 요가 오리엔테이션 취소하기

[ ] 다음 주 목요일에 있는 킴 생일을 위해 케이크를 주문해야 함. 그녀는 소아지방변증이 있으므로 글루텐이 없는 케이크로 주문해야 함.

[ ] 애크미 기업 프로젝트의 진행 시간을 시간 트래커에 추가하기

오늘 아침 회사로 가는 길에 브로드웨이가 막혀서, 나는 어쩔 수 없이 우회해야 했다. 회사로 가는 도중에 나중에 꼭 들르고 싶은 새로운 카페를 발견했다. 또한 회사 가는 길에 본 경치가 아주 좋았다. 나는 창문을 내리고 그냥 드라이브를 즐겼다. 그동안에는 회사로 빨리 가야 한다는 생각에 사로잡혀, 이 길이 있는지 까맣게 잊고 있었다. 회사에 도착할 때까지 제법 즐거운 시간을 보냈다. 비록 회사에 살짝 늦긴 했지만.

[ ] 여행 계획 세우기

226글자

92

빠른 기록

04.01.목

- 카이스: 토요일 저녁식사 건으로 전화
- * 애크미 기업: 양식
  - 헤더: 이메일로 양식 받기
  - \> 참여자들에게 이메일로 양식 발송하기
  - \< 서명 받기
  - − 애크미 기업: UX 프레젠테이션 2월 12일
  - ~~라: 4월 2일 따라 답장하기~~
  - − 4월 13일 사무실 휴무
  - o 마가렛: 자산관리 업무에 자발적으로 지원
    - − 더 적극적이고 주도적으로 참여
    - − 업무 참여도 증가

04.02.금

- ✗ 요가 취소하기
- 김: 생일 케이크 주문
  - − 소아지방변증: 글루텐 프리
  - − 파티는 목요일
- * 애크미 기업: 업무시간 기록
- o 브로드웨이 폐쇄, 우회 불가피
  - − 새로운 카페 발견
  - − 훨씬 즐거웠던 드라이브
  - − 훨씬 편안한 기분으로 도착
- 여행 계획 세우기

344글자
(약 50% 절약!)

93

주제와 페이지 번호 매기기

빠른 기록 방식의 첫 번째 단계는 기록할 내용의 틀을 잡는 것이다. 페이지에 주제를 부여하여 틀을 잡는다. 예를 들어 간단한 '장보기 목록' 같은 것. 불렛저널이 대체로 그렇듯, 이것 또한 보이는 게 전부가 아니다. 주제는 불렛저널에서 실제로 다음과 같은 세 가지 기능을 수행한다.

1. 내용을 식별하고 설명한다.
2. 의도를 명확하게 표현할 기회를 준다.
3. 내용에 대한 의제를 설정한다.

머릿속에 지금까지 참석했던 회의를 떠올려봐라. 딱히 의제도 정하지 않은 채 진행하는 회의에 참석해본 경험이 많지 않나? 대개 그런 회의는 생산성이 크게 떨어진다. 잠시 멈춰 의제를 확정하고 시작한다면, 회의에 더 집중하고 우선사항을 정하며 훨씬 더 효과적으로 시간을 활용할 수 있을 텐데 말이다.

페이지에 주제를 부여하면 한숨 돌릴 기회를 갖는다. 이 공간에 무엇을 담아낼 것인가? 목적은 무엇인가? 삶에 어떤 가치를 더할 것인가? 어쩌면 불필요하게 보일 수 있다. 그러나 몇 번이나 앉아 또 다른 목록을 작성하고 나서야 깨달았다. 목록을 작성한다고 단순히 나의 삶에 의미 있는 것이 추가되지 않을 거라는 사실을. 내가 올해 시청한 TV 프로그램을 기록하는 게 어떤 진정한 가치를 더하는 일일까? 아니다. 나는 그 시간을 가치를 더하는 다른 일에 다시 투자할 수 있다. 때로는 잠시 숨을 돌릴 수 있는 그 멈춤의 시간이, 내가 목표를 재정립하도록 도와주었다. 그 결과 불렛저널에 담긴 내용은 명확한 목적과 중요한 의미를 잃지 않을 수 있었다. 각 주제마다, 멈출 때마다, 우리는 진정으로 중요한 것에 집중하는 능력을 키울 수 있다.

의도적인 삶을 살기 위해 필요한 것은,

앞으로 나아가기 전에 잠시 멈추는 것이다.

마지막으로 좋은 주제는 불렛저널을 더욱 유용한 참고자료로 탈

바꿈시킨다. 누가 알겠는가? 특정 주제를 찾기 위해 저널을 다시 뒤적이며 되돌아볼 필요가 있을지. '10월 13일, 회의 메모 4개'라고만 적으면 무슨 말인지 도통 알 수 없다. 그러나 '10. 13. 목(월/일/요일)/애크미(고객기업명)/웹사이트 재오픈(프로젝트 명칭)/이용자 피드백(회의 우선사항)'은 유용한 설명을 제공한다.

일단 주제를 정했으면 페이지의 맨 위에 주제를 적어라. 그러면 이제 짓고 싶은 건물의 기초공사를 한 상태다. 그러나 주소가 없으면 건물 위치는 찾을 수 없는 법이다. 불렛저널에서는 페이지 번호가 곧 주소이므로, 작성할 때마다 확실하게 페이지 번호를 추가해라. 페이지 번호는 필요한 정보를 찾을 때 매우 중요할 것이다(139페이지). 살짝 스포일러를 하자면, 색인은 내용의 위치를 신속하게 찾을 수 있도록 도와준다.

설명형 주제를 쓰지 않는 경우는 딱 하나다. 일간기록에 해당하는 데일리 로그(125페이지)를 작성할 때. 데일리 로그는 온갖 생각을 적는 잡동사니 주머니와 같다. 그래서 데일리 로그의 주제는 간단히 월/일/요일 형식으로 된 날짜가 된다. 이 날짜 덕분에 페이지를 훑어볼 때 현재 위치를 빠르게 확인할 수 있다.

어떤가? 설명이 복잡해 보이나? 사실 이 모든 것은 막상 작성해 보면 훨씬 간단하다. 실제로 보면 펜을 쥐고 종이 위에 글을 쓰기 전에, 단지 몇 초만 생각하면 될 일이다. 그럼 이제 주제와 페이지 번호를 적절하게 준비했으니, 불렛저널은 원하는 어떤 것이든 다룰 준비가 끝난 상태다.

04.01.목

- 카이스: 토요일 저녁식사 건으로 전화
- 애크미 기업: 양식
  - 헤더: 이메일로 양식 받기
  - 참여자들에게 양식 이메일로 발송하기
  - 서명 받기
- 애크미 기업: UX 프레젠테이션 —— 2월 12일
- ~~허: 4월 첫날 따라 답장하기~~
- 4월 13일 사무실 휴무
- ○ 마가렛: 자산관리 업무에 자발적으로 지원
  - 더 적극적이고 주도적으로 참여
  - 업무 참여도 증가

04.02.금

- 요가 취소하기
- 킴: 생일 케이크 주문
  - 소아지방변증: 글루텐 프리
  - 따리는 목요일
- 애크미 기업: 업무시간 기록
- ○ 브로드웨이 폐쇄, 우회 불가피
  - 새로운 카페 발견
  - 훨씬 즐거웠던 드라이브
  - 훨씬 편안한 기분으로 도착
- 여행 계획 세우기

페이지 번호 매기는 것을 절대 잊지 마라!

불렛

빠른 기록 방식이 불렛저널에서 쓰는 언어라면, 불렛^{Bullets}은 구
문에 해당된다. 주제와 페이지 번호를 작성했으면, 불렛이라는 짧
고 객관적인 문장으로 생각을 담아내면 된다. 각 불렛은 작성한 내
용을 분류하기 위해 특정 기호와 짝을 이룬다. 불렛을 이용하면 시
간을 절약할 뿐 아니라, 정보를 짧은 문장으로 만들고자 노력하면서
가장 가치 있는 것을 뽑아낼 수 있다.

효과적인 불렛을 만들려면 간결성과 명확성 사이의 균형을 잘 맞
춰야 한다. 내용이 너무 짧으면 나중에 무슨 말인지 이해할 수 없고,
너무 길면 생각을 적는 게 귀찮은 일이 돼버린다. 예를 들어 '가능한
빨리 회신 전화를 해!'라는 말은 너무 짧다. 누구에게 다시 전화를 하
란 말인가? 그리고 대체 무슨 일로 전화를 다시 해야 한다는 거지?
바쁘게 돌아가는 일상 속, 이런저런 일들에 치이다 보면 쉽사리 잊

어버릴 수 있는 일이다. 반대로 '존 M.은 6월 판매 실적을 언제 보고 받을 수 있는지 알아야 하니, 가능한 한 빨리 그에게 전화하라'는 일관성 없고 너무 장황하게 정보를 나열했을 뿐이다. 다시 한 번 해보자. '6월 판매실적 건으로 존 M.에게 전화하기' 같은 의미를 전달하기 위해 앞 문장을 대폭 줄여 쓴 셈이다. 잠시 뒤에는 할 일을 기호를 이용해 우선사항으로 바꾸는 방법을 보여주겠다(118페이지).

의미를 잃지 않고 내용을 간결하게 쓰려면 연습이 필요하다. 그러나 시간이 흐를수록, 노트에 적을 만한 내용을 찾는 능력은 차츰 길러지기 마련이다. 삶의 복잡함이 끝이 없다 보니, 기록할 것은 잠재적으로 많을 수밖에 없다. 그렇기에 이런 능력은 아주 중요하다. 과거에 목록을 만들어 본 적이 있다면, 그 목록들이 얼마나 빨리 통제 불능의 상태에 빠지는지 익숙할 것이다. 목록만으로는 맥락과 우선사항을 파악하기가 어렵다. 그러나 빠른 기록 방식은 몇 가지 방법으로 이러한 문제를 해결한다. 우선 내용을 다음과 같은 범주로 나눈다.

1. 해야 할 일(할 일Tasks)

2. 경험(이벤트Events)

3. 기억하고 싶은 정보(메모Notes)

기본적인 목록에 꼭 필요한 부가적인 맥락과 기능을 부여하기 위해, 각 범주는 기호를 덧붙인다. 이러한 기호를 이용하면 실시간으로 떠오르는 생각을 재빨리 포착하여 올바르게 문맥을 구성할 수 있다. 그리고 나중에 페이지를 훑어볼 때, 기호를 통해 구체적인 내용을 훨씬 수월하게 찾을 수 있다. 각 범주를 살펴보고 항목을 체계적이고, 간결하며 효과적으로 작성하는 방법을 살펴보자.

할 일

할 일 불렛^{Task bullet}은 여러 가지 일을 한다. 이것을 하나의 체크
박스로 생각하라(불렛저널의 이전 버전에서 실제로 체크박스를 이용했지
만, 체크박스는 점 표시만큼 효율적이지 않았다. 그리는 데 더 많은 시간이 소
요되었고, 대충 엉성하게 그리다 보니 가독성이 떨어졌다). 할 일은 점 표시
인 '•'을 쓰는데, 이 기호는 빠르게 그릴 수 있고 명확하며 융통성이
있다. 쉽게 다른 형태로 변형될 수 있는데, 할 일은 다섯 가지의 다
른 상태를 갖고 있기 때문에 이런 특성이 중요하다.

- **할 일**^{Tasks}:
실행해야 할 일

- **✘ 완료된 일**^{Completed Tasks}:

할 일이 완료된 경우

> **이동된 일**Migrated Tasks:

할 일이 다음 먼슬리 로그Monthly Log나(130페이지) 특정 컬렉션 Collection으로(123페이지) 이동된 경우(그래서 오른쪽 화살표)

< **예정된 일**Scheduled Tasks:

할 일이 당월 이후로 확정되어 노트의 앞부분에 있는 퓨처 로그 Future Log(135페이지)로 이동된 경우(그래서 왼쪽 화살표)

• ~~무관한 일~~Irrelevant Tasks:

때로는 더 이상 중요하지 않게 된 일이 있다. 그저 단순히 의미가 없어지거나 상황이 변한 것이다. 더 이상 중요하지 않은 일이라면 집중을 방해하는 요소에 불과하다. 따라서 목록에서 지워버려라. 걱정거리가 하나 줄어든 셈이다.

하위임무와 상위임무

어떤 할 일은 완성하기까지 여러 단계를 거쳐야 한다. 이 경우 부속과제 또는 하위임무^{Subtasks}는 간단하게 상위임무^{Master Tasks} 아래에 바로 들여쓰기로 기재하여 열거될 수 있다. 상위임무는 하위임무가 모두 완성되거나 무관해지면 완성된 것으로 표시된다.

TIP: 하나의 할 일이 많은 하위임무를 파생시킨다면, 이 일은 하나의 프로젝트 수준으로 발전하고 있다는 의미다. 그런 경우 중첩된 목록을 하나의 컬렉션(123페이지)으로 변경하고 싶을 수 있다. 예를 들어 여행 계획은 복잡할 수 있다. 할 일의 범위가 장소를 검색하는 것부터 교통편 예약까지 다양하게 아우른다. 또한 각각의 할 일이 새로운 하위임무를 둘 수도 있다(인터넷으로 호텔 X, Y, Z를 확인한다거나, 항공료를 비교하고 자동차를 렌트하는 경우). 하나의 할 일이 프로젝트 수준으로 변하는 그 순간, 새로운 컬렉션을 설정할 시간이 없을 수 있다. 따라서 나중에 컬렉션 하나를 설정하도록 상기시켜주는 할 일을 적어라. '• 하와이 휴가 컬렉션 만들기', 바로 이것이 불렛이 정신적 지주 역할을 어떻게 수행하는지 보여주는 완벽한 예다.

할 일을 적는 목적은 두 가지다. 첫 번째로, 미완료된 일을 기록하면 저널과 떨어져 있는 순간에도 기억하기 더 쉽다. 그 이유 중 하나가 자이가르닉 효과^{Zeigarnik Effect}로 알려진 현상 때문이다. 러시

04.01.목

- ✗ 키이스: 토요일 저녁식사 건으로 전화
- • 애크미 기업: 양식
  - • 헤더: 이메일로 양식 받기
  - ➤ 참여자들에게 양식 이메일로 발송하기
  - ❮ 서명 받기
- — 애크미 기업: UX 프레젠테이션 —— 2월 12일
- ~~• 라: 4월 2시일 따리 답장하기~~
- — 4월 13일 사무실 휴무
- ○ 마가렛: 자산관리 업무에 자발적으로 지원
  - — 더 적극적이고 주도적으로 참여
  - — 업무 참여도 증가

04.02.금

- ✗ 요가 취소하기
- • 김: 생일 케이크 주문
  - — 소아지방변증: 글루텐 프리
  - — 파티는 목요일
- • 애크미 기업: 업무시간 기록
- ○ 브로드웨이 폐쇄, 우회 불가피
  - — 새로운 카페 발견
  - — 훨씬 즐거웠던 드라이브
  - — 훨씬 편안한 기분으로 도착
- • 여행 계획 세우기

아 정신과 의사이자 심리학자인 블루머 울포브나 자이가르닉^{Bluma} Wulfovna Zeigarnik은 지역 음식점에서 일하는 종업원을 관찰한 적이 있었다. 그 종업원은 복잡한 주문도 서빙이 완료될 때까지 모두 기억하고 있었는데, 막상 서빙이 완료되면 세부적인 사항을 잊어버렸다. 이는 완성되지 못한 일에서 발생하는 마찰이 정신을 적극적으로 활성화시키기 때문이다. 두 번째로, 할 일과 그 일의 진행현황을 적으면 자동적으로 행동을 기록하여 보관하는 장소를 만들 수 있다. 이 기록보관소는 성찰하는 동안(175페이지), 또는 며칠, 몇 달, 몇 년이 지나고 나서 노트를 검토할 때, 아주 가치 있는 것이 된다. 자신이 무엇을 위해 노력했는지 항상 알 수 있을 것이다.

이벤트

기호 'ㅇ'으로 표시되는 이벤트는 경험과 관련된 항목으로, 예정된 일정을 적어 두거나(예를 들어 '찰스의 생일 파티') 이벤트가 발생한 후에 적을 수 있다(예를 들어 '와우, 임대차 계약 완료!').

이벤트는 아무리 개인적이거나 감정적으로 힘든 일이라도, 가능한 객관적이고 간결하게 적어야 한다. 이벤트 '영화의 밤'은 '그는 나를 차버렸어.'에 비해 거의 어떤 무게도 실려 있지 않다. 경험이 갖는 복잡함을 표현하지 않아도 되기 때문에, 경험을 적을 가능성이 더 커진다. 이것이 가장 중요한 부분이다. 기록하는 것.

고통스러운 이벤트가 있다고 치자. 그때 어떤 감정을 느꼈는지 설명하는 게 완전히 불가능한 건 아니지만, 아주 힘든 일이다. 즐거운 이벤트 역시 복잡한 감정을 불러온다. 승리에 대한 감사한 마음도 있겠지만, 함께 나눌 사랑하는 이가 없어 슬플 수도 있다. 두 가지

04.01.목

- ✗ 키미스: 토요일 저녁식사 건으로 전화
- • 애크미 기업: 양식
  - • 헤더: 이메일로 양식 받기
  - ❯ 참여자들에게 양식 이메일로 발송하기
  - ❮ 서명 받기
- – 애크미 기업: UX 프레젠테이션 —— 2월 12일
- ~~• 리: 4월 2일 파티 답장하기~~
- – 4월 13일 사무실 휴무
- ○ 마가렛: 자산관리 업무에 자발적으로 지원
  - – 더 적극적이고 주도적으로 참여
  - – 업무 참여도 증가

04.02.금

- ✗ 요가 취소하기
- • 킴: 생일 케이크 주문
  - – 소아지방변증: 글루텐 프리
  - – 파티는 목요일
- • 애크미 기업: 업무시간 기록
- ○ 브로드웨이 폐쇄, 우회 불가피
  - – 새로운 카페 발견
  - – 훨씬 즐거웠던 드라이브
  - – 훨씬 편안한 기분으로 도착
- • 여행 계획 세우기

경우 모두 그 감정은 견디기 어렵고 마음을 산란하게 하여, 주의 집중을 방해할 수 있다. 이벤트 불렛을 통해 경험을 기록하고 잠시나마 마음에서 그 경험을 없앨 수 있다. 그러면 우리는 다른 우선사항에 다시 집중할 수 있다. 기록한 내용은 안전하게 저널에 보관되고, 복잡한 감정 체계를 정돈할 시간과 관점, 여력이 있을 때마다 다시 찾아볼 수 있는 것이다.

예를 한 번 들어보자. 마이클 S.라는 남자가 꽤 마음에 든 여자를 만났다. 몇 개월이 지나기도 전에 두 사람은 진지하게 만나기 시작했고, 모든 면에서 강한 유대감과 밝은 미래가 보이는 듯 했다. 어느 날 그녀는 마이클을 저녁식사에 초대했다. 그런데 마이클은 뭔가가 이상하게 돌아간다고 느꼈다. 그래서 그녀에게 무슨 일인지 물었다. 그녀는 더 이상 그를 보고 싶지 않다고 말했고, 갑작스런 얘기에 당황한 그는 이유를 물었다. 그녀는 딱히 이유가 없다고 했지만, 둘의 만남은 그렇게 끝나버렸다.

마이클은 실연 때문에 괴롭고 혼란스러웠다. 그는 둘의 만남이 어쩌면 아주 특별할지도 모른다고 믿었던 터였다. 몇 주 후에 그는 불렛저널을 집어 들었다. 거기에는 둘의 만남이 세세히 기록되어 있었기에, 그는 한 번에 한 페이지씩 훑어보며 자신들의 만남을 살펴보았다. 그리고 충격을 받았다. 그리 길지 않은 시간동안 만나긴 했지만, 좋은 기억이라고 할 만한 일이 좀처럼 없었기 때문이다. 저널에 기록된 내용을 하나씩 보니 그녀가 그에게 딱히 친절하지도 않았고, 오히려 다소 거리감을 느꼈던 모습이 드러났다. 그는 자신의 언어로 쓰인 상황의 현실을 보고 깨달았다. 이제 그만 정리하고 새롭게 시작해야 한다는 사실을.

마이클이 귀중한 통찰력을 얻을 수 있게 된 중요한 순간이었다. 불렛저널을 쓰지 않았다면 분명 얻을 수 없었을 것이다. 이는 경험에 대한 객관적인 생각이, 인생을 헤쳐 나가는 데 도움을 주는 강력한 도구가 될 수 있다는 사실을 보여준다. 사례는 이것 뿐만이 아니다. 물론 불렛저널이 단지 절망스러운 상황만을 강조하는 건 아니다. 긍정적인 사고를 촉진시키기도 한다. 한 해를 마무리할 때, 우리는 기록으로 남길 만한 일이 그다지 많지 않았다고 느낄지도 모른다. 하와이 여행을 간 것도 아니고, 바라던 승진도 못하고, 집을 구하려면 아직도 할 일이 많이 남았구나 싶고. 우리는 부정적으로 생각하는 성향이 있는데, 불렛저널을 훑어보면 이런 시각을 고치는 데 도움이 될 수 있다. 축하행사, 프로젝트 완성, 운동 목표 달성, 질병 완치, 아이와 반려동물의 사랑스러운 행동, 친구와 아이들, 부모, 배우자와의 진심어린 대화 등 찾아보면 좋은 일은 얼마든지 있다.

우리의 기억은 믿을 수 없다. 종종 우리 자신을 편향되고 부정확한 경험을 믿도록 속이기 때문이다. 연구결과에 따르면, 우리가 기억을 통해 느끼는 방식은 실제 경험할 때 우리가 느끼는 방식과 크게 다를 수 있다. 좋았던 이벤트를 부정적으로 기억할 수 있고, 나빴던 이벤트를 긍정적으로 기억할 수도 있다. 하버드대학의 심리학자 댄 길버트Dan Gilbert는 기억을 사진이 아니라 초상화를 그리는 것에 비유한다. 즉 우리의 정신은 기억을 미화한다.[20]

실제로 일이 어떻게 일어났는지 정확하게 기록하는 것이 중요하다. 과거의 경험을 토대로 결정하는 일이 빈번하기 때문이다. 기억에 전적으로 의지해 행동한다면 실수를 반복하기 쉽다. 실제로 일어나지도 않은 효과가 있었던 것처럼 우리 자신을 속이기 때문이다. 좋든 나쁘든, 크든 작든, 몇 글자라도 간단하게 적어봐라. 며칠, 몇 달, 몇 년이 지나서 적어 둔 내용은 우리 인생에 아주 정확한 로드맵을 형성할 것이다. 현재에 어떻게 이르렀는지 이해한다면, 더 많은 정보를 갖춰 미래의 방향을 결정할 수 있을 것이다.

TIP 1: 이벤트가 발생한 후 최대한 빨리 경험을 풀어내는 게 좋다. 그래야 세부사항이 생생하고 정확하다. 이런 목적으로 일일 성찰(180페이지)을 이용하면 좋다.

TIP 2: 당월 이후로 예정된 이벤트는 퓨처 로그(135페이지)에 추가된다. 예를 들어 생일, 회의, 저녁식사이다.

TIP 3: 글쓰기, 장문 형태 또는 표현적인 기록(358페이지)을 즐기는 사람이 있을 수 있다. 경험에 관해 중요하거나 흥미로운 세부 사항을 적어 두고 나중에 보고 싶다면, 이벤트 불렛 아래에 메모 불렛(360페이지)을 끼워 넣을 수 있다. 다시 한 번 말하지만 작성은 간결하게!

o　엘 파스토에서 샘과의 데이트
　　－　그녀는 15분 늦게 도착했다. 문자 한 통 없이. 사과도 하지 않았다.
　　－　데이트를 위해 쫙 차려입은 내 모습을 보더니, 놀렸다.
　　－　그녀는 음식을 많이 시키더니 별로 먹지 않았다. 음식 값을 내겠다는 말도 없었고
　　－　과카몰리 맛이 끝내줬다.

메모

대시 기호 '-'로 표시하는 메모는 사실과 아이디어, 생각과 관찰을 포함한다. 메모는 기억하고 싶지만 지금 당장, 또는 반드시 실행할 필요가 없는 정보를 적는다. 이런 유형의 불렛은 회의, 강의, 수업 등에서 쓰면 좋다. 다들 메모가 무엇인지 알고 있을 터, 메모에 대해 장황하게 말하지는 않겠다. 그렇긴 하지만 우리 대부분은 메모 적는 법을 배워본 적이 거의 없다. 그래서 불렛저널 방식으로 메모를 작성하는 팁과 비법, 그리고 어떤 점이 좋은지 살펴보겠다.

메모를 간략하게 작성하면 핵심적인 내용만 담을 수 있도록 정보를 정제할 수 있다. 강의나 회의를 진행되는 동안 더 많은 내용을 담아내려고 할수록, 정작 들은 것에 대해 생각을 하지 않는 경향이 있다. 본래의 내용을 앵무새처럼 그대로 옮겨 적는 데 집중력 대부분을 다 써버리는 셈이다.

04.01.목

- ✗ 키이스: 토요일 저녁식사 건으로 전화
- • 애크미 기업: 양식
  - • 헤더: 이메일로 양식 받기
  - ❯ 참여자들에게 양식 이메일로 발송하기
  - ❮ 서명 받기
- − 애크미 기업: UX 프레젠테이션 ─── 2월 12일
- ~~• 러: 4월 21일 파티 답장하기~~
- − 4월 13일 사무실 휴무
- ○ 마가렛: 자산관리 업무에 자발적으로 지원
  - − 더 적극적이고 주도적으로 참여
  - − 업무 참여도 증가

04.02.금

- ✗ 요가 취소하기
- • 킴: 생일 케이크 주문
  - − 소아지방변증: 글루텐 프리
  - − 파티는 목요일
- • 애크미 기업: 업무시간 기록
- ○ 브로드웨이 폐쇄, 우회 불가피
  - − 새로운 카페 발견
  - − 훨씬 즐거웠던 드라이브
  - − 훨씬 편안한 기분으로 도착
- • 여행 계획 세우기

114

전략적이고 경제적으로 단어를 선택하면서 마음을 집중할 수 있다. 스스로에게 물어봐라. '무엇이 중요하지?' '왜 중요할까?' 그러면 수동적으로 듣는 것에서, 무엇을 말하려는 것인지 적극적으로 *경청하는 것*으로 변한다. *경청하기를* 시작할 때 정보가 이해로 전환될 수 있다. 불렛저널링의 주된 목적은 주변 세상 돌아가는 이야기뿐만 아니라 우리 내면의 소리도 귀담아 듣는 것이다. 그래야 비로소 우리는 이해하기 시작할 수 있기 때문이다. 이에 대해서는 3부에서 더 많이 다룰 것이다.

충분히 생각하라

회의나 수업, 강연이 끝나자마자 바로 자리를 뜨지 마라. 정보는 맥락 안에서 기술되어야 한다. 그런데 새로운 정보에 노출될 때 이야기는 한 번에 하나씩 풀어낸다. 끝에 가서야 이야기 조각들이 어떻게 맞춰지는지 알 수 있는 셈이다. 이벤트가 끝나면 잠시 시간을 내고, 그 시간을 유익하게 이용하라. 잠시 동안 앉아서 들은 것을 처리할 시간을 가져보는 것이다. 수면으로 떠오르는 무엇이든 담아내라. 전체 맥락을 고려하여 정보를 더욱 잘 정리할 수 있을 때, 종종 새로운 통찰력을 얻을 수 있다. 잠시 뒤로 물러나 자신의 메모를 검토하고, 그 외에 떠오르는 생각이 있는지 살펴보고 적어보라. 이해에서 발생한 빈틈을 메우거나 이해를 높이는 훌륭한 기회다. 질문 목록을 작성해보는 것도 좋다. 다음번에 더욱 집중되고 생산적인 소통이 되도록 도와줄 수 있다. 또한 호기심은 동기부여의 강한 원천이고, 내용을 적극적으로 파고들도록 촉진시킬 수 있다. 정말로 알고 싶은 게 있다면, 결국 스스로 찾아내기 마련이니까.

자신의 것으로 만들어라

할 수 있을 때마다 관련된 정보, 진짜 관심을 불러일으키는 정보를 입수하려고 노력하라. 이 모든 조언을 적용할 수 있는 방법을 보여주는 사례가 있다.

- **원천**: "동물의 무리를 부르는 독특한 명칭이 따로 있는 경우가 있다. 플라밍고 무리는 a flamboyance of flamingos로 불린다. 까마귀 떼는 a murder of crows라는 속칭으로 불린다……퍼그 무리는 a grumble of pugs로 불린다."
- **비효과적인 메모**: 어떤 동물 무리는 명칭이 따로 있다.
- **효과적인 메모**: 퍼그 무리는 a grumble이라 불린다! a murder

of crows도 있다!

첫 번째 메모도 간결하지만, 몇 주가 지난 후 읽어보면 무슨 말인지 혼란스러울 것이다. 그 메모가 포유류나 파충류, 토끼목을 언급했나 생각하면서. 반면에 두 번째 불렛은 정보를 관심 있는 대상으로 제한하고(이 경우는 퍼그, 퍼그를 좋아하지 않는다면 까마귀가 나을 수도), 훨씬 더 많은 정보를 이끌어내는 데 도움을 준다. 퍼그 무리와 까마귀 무리가 독특한 이름을 갖고 있다면, 다른 동물 무리 역시 그럴 가능성이 충분하니까. 이렇게 간결하지만 구체적인 메모는 주제에 대한 또 다른 기억을 불러올 수 있다. 그러면 더 많은 정보를 찾아보기 위해 새로운 할 일을 설정할지도 모른다.

모든 조언을 간단히 요약하자면 이렇다. 미래의 자신을 염두에 두라는 말이다. 1주일 후, 1달 후, 1년 후에 무슨 의미인지 이해할 수 없다면 그 메모는 아무 쓸모가 없다. 그러니 미래의 자신에게 친절하라. 간결하게 적는다고 명확함을 희생시키지 마라. 그래야 몇 년이 지나도 불렛저널이 가치가 있다.

기호와 맞춤형 불렛

'할 일, 이벤트, 메모'는 대체로 많은 상황에서 큰 도움이 된다. 그렇다 해도 모든 사람의 필요는 각양각색이라 하나의 방식이 모든 경우에 다 적용될 수는 없다. 이것이 불렛저널링의 핵심 원리다. 일단 기본적인 시스템에 편안해지면, 자신에게 맞게 시스템을 조정하도록 장려한다. 4부에서 방법을 자세하게 살펴볼 테지만, 여기서는 기호와 맞춤형 불렛을 통해 각자의 필요에 따라 불렛저널을 세세하게 조정하는 법을 잠깐 보여주려 한다.

기호

빠른 기록 방식에는 목록의 기능을 개선하는 또 다른 방법이 있다. 바로 기호^{Signifiers}를 이용하는 것이다. 추가적인 맥락을 부여하기 위해 특정 항목을 강조할 때, 기호들을 사용한다. 기호는 각 불렛 앞에 덧붙이는 것으로, 목록에서 눈에 띄게 툭 튀어나와 있기 때문에 수월하게 정보를 찾을 수 있다(120페이지). 여기 유익한 기호의 몇 가지 예시가 있다.

- 우선사항: 별표 '*'로 표시한다. 중요한 불렛을 표시할 때 이용하고, 할 일 불렛과 가장 많이 짝을 이뤄 사용한다. 별표는 최대한 아껴서 사용하라. 모든 것이 우선사항이 되면, 사실상 중요한 게 하나도 없는 거나 마찬가지니까.

- 영감: 느낌표 '!'로 표시한다. 메모와 가장 많이 짝을 이뤄 사용한다. 좋은 아이디어, 개인적인 슬로건, 뛰어난 통찰력을 쉽게 찾을 수 있을 것이다!

맞춤형 불렛

맞춤형 불렛^{Custom Bullets}은 각자의 상황에 맞는 내용을 빨리 담아낼 수 있도록 도와준다. 예를 들어 할 일이 많은 사람들은 그것을 사선으로 바꾸어, 할 일 불렛에 또 다른 상태를 추가할 수 있다. 이때

04.01. 목

- ・ 키이스: 토요일 저녁식사 건으로 전화
- ✱ ・ 애크미 기업: 양식
  - ・ 헤더: 이메일로 양식 받기
  - ＞ 참여자들에게 양식 이메일로 발송하기
  - ＜ 서명 받기
  - − 애크미 기업: UX 프레젠테이션 —— 2월 12일
  - ~~・ 리: 4월 21일 파티 답장하기~~
  - − 4월 13일 사무실 휴무
  - ○ 마가렛: 자산관리 업무에 자발적으로 지원
    - − 더 적극적이고 주도적으로 참여
    - − 업무 참여도 증가

04.02. 금

- ✗ 요가 취소하기
- ・ 킴: 생일 케이크 주문
  - − 소아지방변증: 글루텐 프리
  - − 파티는 목요일
- ✱ ・ 애크미 기업: 업무시간 기록
- ○ 브로드웨이 폐쇄, 우회 불가피
  - − 새로운 카페 발견
  - − 훨씬 즐거웠던 드라이브
  - − 훨씬 편안한 기분으로 도착
- ！ ・ 여행 계획 세우기

사선은 누군가에게 배정되었다는 의미다.

✏ 프레젠테이션. @케빈 B 수치 산출

케빈이 수치를 산출하면, 간단하게 '/'를 'X'로 바꿔서 완료됐다는
의미를 나타낼 수 있다.

맞춤형 불렛은 '미식축구 연습' 같은 반복적으로 발생하는 할 일이
나 이벤트가 있을 때 이용된다. 미식축구 연습은 'H'로 표기할 수 있
다(흡사 골문처럼 보이기 때문에). 빠르게 먼슬리 로그(130페이지)에 있
는 달력에 이 불렛을 추가할 수 있다. 그러면 언제 연습이 있는지 한
눈에 알아볼 수 있다. 기억하는 데 도움이 된다면 자유롭게 기호 대
신에 문자를 이용해도 좋다.

TIP: 맞춤형 불렛과 기호는 가능한 적은 수준으로 유지하라. 빠른
기록 방식은 정보를 담아낼 때 가능한 한 저항을 많이 제거하
려 한다. 불렛과 기호를 많이 만들수록, 기록할 때 더 복잡해
지고 속도가 늦어질 것이다.

빠른 기록 요약

빠른 기록의 모든 단계를 살펴보았다. 빠른 기록 방식은 생각을 정확히 포착한 후, 할 일과 이벤트, 메모로 분류하는 빠르고 효과적인 방법이다. 의도를 설정하는 데 도움을 주는 주제와 나중에 쉽게 찾을 수 있는 페이지 번호를 이용해 생각을 담아낸다.

빠른 기록은 매일 일어나는 판에 박힌 지루한 일을 처리하는 데 도움을 준다. 그 방식을 통해 우리는 쏟아지는 모든 정보를 내려놓고, 우선순위가 매겨진 생각을 각각의 범주로 명확하게 분류하여 어지러운 하루에서 벗어날 수 있을 것이다.

컬렉션

#bulletjournalcollection

아무리 체계적으로 잘 정리하려고 노력해도 삶은 혼란스럽고, 자주, 그리고 대단히 예측불가능하다. 불렛저널은 삶의 무질서와 싸우려 들지 않고, 포용하였다. 그래서 기존 플래너의 선형적인 구조를 모듈러 접근으로 대체했다.

불렛저널은 레고 세트처럼 모듈 방식으로 구성되어 있다. 각 모듈은 관련 정보를 체계적으로 구성하고 수집하도록 설계된 템플릿이다. 우리는 그것을 컬렉션이라 부른다. 컬렉션은 호환성이 있고, 재사용할 수 있으며, 맞춤형 설정이 가능하다. 지난달에는 장보기 목록을 작성하고 여행을 계획하며 프레젠테이션을 준비했을 수 있다. 이번 달은 가임기 트래커, 파티 준비, 식단 짜기를 생성하는 게 필요할 수도 있다. 어떤 정보를 구성하든 이를 위한 컬렉션이 있다. 찾을 수 없다면 직접 하나 만들면 된다(4부에서 자세히 살펴볼 것이다).

컬렉션들 중에서 어떤 걸 이용할지는 전적으로 자기 자신에게 달려 있고, 시간이 흐르면서 그 양상은 다르게 나타날 것이다. 컬렉션 덕분에 불렛저널은 믿기 힘들 정도로 융통성 있고, 광범위하고, 다양한 필요를 항상 충족시킬 수 있다. 인터넷에서 본 수많은 불렛저널이 비슷한 구석이 없는 것도, 바로 이런 이유다. 각 불렛저널은 그때그때 다르게 사용자의 독특한 필요를 반영한다.

다음에 이어지는 페이지에서는 네 가지 핵심 컬렉션을 배울 것이다. 데일리 로그, 먼슬리 로그, 퓨처 로그, 그리고 이 모두를 통제할 컬렉션인 색인이다. 이것들은 노트를 구성하는 기본적인 역할을 한다. 이제 각각에 대해 좀 더 자세히 살펴볼 것이다. 그것들이 서로 어떻게 관련되어 있는지, 그리고 어떻게 한 번에 하나씩 무질서를 체계적으로 정리하는지 살펴보겠다.

데일리 로그

#bulletjournaldailylog

데일리 로그^{Daily Log}는 불렛저널의 일꾼이다. 이것은 간결한 템플릿으로, 매일 쇄도하는 일상을 실시간으로 담아낸다. 생각이 많을 때는 데일리 로그가 꼭 필요하다. 그래야 아주 적은 노력을 들여 생각을 체계적으로 정리하고, 지금 하고 있는 일에 몰두할 수 있기 때문이다.

데일리 로그를 시작하기 위해 해야 할 일은 날짜와 페이지 번호를 추가하는 것이다. 바로 그거다! 노트만 있으면 하루 종일 일이 발생하는 대로 할 일과 이벤트, 메모를 빠르게 기록할(89페이지) 준비가 끝난 거다. 데일리 로그의 목적은 끊임없이 마음을 털어내는 것이다. 모든 것이 안전하게 노트에 기록된다는 사실을 알고 안심할 수 있도록.

데일리 로그는 단순히 투두리스트, 그 이상이다. 우리의 책임을

데일리 로그

04.01.목

- 키이스: 토요일 저녁식사 건으로 전화
- ＊ 애크미 기업: 양식
  - 헤더: 이메일로 양식 받기
  - ＞ 참여자들에게 양식 이메일로 발송하기
  - ＜ 서명 받기
  - − 애크미 기업: UX 프레젠테이션 ── 2월 12일
  - ~~리: 4월 2일 따리 답장하기~~
  - − 4월 13일 사무실 휴무
  - ○ 마가렛: 자산관리 업무에 자발적으로 지원
    - − 더 적극적이고 주도적으로 참여
    - − 업무 참여도 증가

04.02.금

- ✗ 요가 취소하기
- 킴: 생일 케이크 주문
  - − 소아지방변증: 글루텐 프리
  - − 따리는 목요일
- ＊ 애크미 기업: 업무시간 기록
- ○ 브로드웨이 폐쇄, 우회 불가피
  - − 새로운 카페 발견
  - − 훨씬 즐거웠던 드라이브
  - − 훨씬 편안한 기분으로 도착
- 여행 계획 세우기

126

담아낼 뿐 아니라 경험을 기록하는 데 도움을 준다. 하루 중 언제든지 생각이 떠오를 때 자유롭게 마음을 표현하는 안전한 공간으로, 어떤 생각이든 항상 아무런 판단 없이 즐겁게 맞아준다. 시간이 흐르면서 그 생각들은 현재 상태의 기록이 되고, 이는 성찰하는 동안 (175페이지) 믿을 수 없을 정도로 가치 있는 존재가 된다. 데일리 로그는 일상생활에서 종종 부족한 맥락을 제공한다. 맥락을 통해 우리는 더욱 신중하게 행동할 수 있다.

저는 이용할 수 있는 거의 모든 정리 시스템을 시도해봤어요. 그런데 어떤 것도 꾸준히 이용하지 못했죠. 그 시스템의 기법을 습득하려면 많은 돈이나 시간을 투자해야 했거든요.

그런데 300원짜리 노트 한 권과 샤프로 불렛저널을 시작했어요. 불렛저널은 구성에 크게 신경을 쓰지 않는다는 것을 알았어요. 오히려 목적에 신경을 더 썼죠. 새로운 하루가 펼쳐질 때, 데일리 로그에 활동과 할 일을 추가합니다. 불렛저널을 통해 일상을 쫓아가고 기록하면서, 나의 하루가 물 흐르듯 자유롭게 흘러가요.

— 케빈 D.

노트의 공간

데일리 로그에 얼마나 많은 공간이 필요한지에 대한 질문을 자주 받는다. 내 대답은 이렇다. 그날 하루가 필요로 하는 공간만큼. 그런데 이러한 것은 당연히 미리 알 수 있는 게 아니다. 데일리 로그가 여러 페이지에 걸쳐 작성되는 날도 있고, 페이지 반도 채우지 못하는 날도 있기 때문이다. 하루가 어떻게 펼쳐질지 알 수 없지 않겠는가. *오늘은 불평하지 않겠다!* 이렇게 하루 목표를 세우는 건 유익할 수 있지만, 하루가 어떻게 펼쳐질지 예상하는 건 금물이다. 어차피 그건 우리가 통제할 수 없기 때문이다.

우리의 삶이 바다라면 하루하루는 파도다.
파도가 그렇듯 어떤 날은 크게 요동치고 어떤 날은 잔잔하다.
불렛저널은 해안이고, 크고 작은 파도에 깎여질 것이다.

페이지 한 장을 다 채우지 못했다면, 어디에서 중단됐든 바로 거기서부터 다음 날짜를 추가하고 시작하면 된다. 지면이 부족하다고 느낄 일은 절대로 없다. 데일리 로그를 미리 준비해두지 말라는 것도, 바로 이러한 이유 때문이다. 데일리 로그는 당일이나 그 전날 밤에 생성하라.

불렛저널에 익숙해지면 데일리 로그가 스트레스를 유발하는 투두리스트처럼 느껴지는 게 줄어들 것이다. 그 대신에 자신의 의도에 따라 현재에 충실하게 살기 위한 기록과 알림처럼 느껴지기 시작할 것이다.

먼슬리 로그

#bulletjournalmonthlylog

먼슬리 로그를 통해 우리는 다음 달로 뛰어들기 전에 잠시 물러나 숨을 돌릴 수 있다. 해야 할 일뿐 아니라 가용시간을 한눈에 훤히 내다볼 수 있다. 불렛저널이 인생담을 담은 하나의 책이라면, 먼슬리 로그Monthly Log는 새로운 장을 뜻한다. 먼슬리 로그는 한 해를 구성하는 작지만 중대한 이정표다. 먼슬리 로그를 작성하면서 우리는 내면을 주기적으로 들여다본다. 그리고 이를 통해 전후 관계의 맥락을 파악하고 동기를 부여하며 집중력을 유지할 수 있다.

먼슬리 로그는 펼쳐진 양면에 작성된다. 왼쪽 페이지에는 달력의 형태를, 오른쪽 페이지에는 할 일을 작성한다. 이 컬렉션의 주제는 월 이름이 되고, 월 이름을 양면 두 페이지에 모두 추가할 것이다 (132~133페이지).

달력 페이지

달력 페이지에서는 왼쪽 모서리 아래까지 그달의 날짜를 순서대로 나열하고, 날짜 옆에 각 요일을 써라(132페이지). 날짜의 왼쪽 여백에 공간을 좀 남겨 두어라. 그러면 나중에 필요할 때 기호를 추가할 수 있다. 기호가 있으면 달력 페이지를 빠르게 훑어보고 특별히 주목할 만한 것을 쉽게 찾을 수 있다.

기존 달력처럼 미리 이벤트와 할 일을 작성하면서 페이지를 자유롭게 이용하라. 변하지 않는 것은 아무것도 없다. 그래서 나는 실제로 일어난 후에 이벤트를 기록하는 걸 선호한다. 그렇게 하면 먼슬리 로그의 달력 페이지는 일정표 같은 역할을 한다.

이런 일정표는 미래의 자아가 종종 감사해야 할 대상이다. 명확한 상황과 맥락을 알려주기 때문이다. 즉 실제로 언제 일어났는지 구체적으로 나타내 그달에 정확히 무엇에 집중했는지 보여준다.

TIP: 먼슬리 로그는 참고 목적으로만 사용하도록 계획된 만큼, 내용은 가능한 한 간략히 적어라.

TIP: 좀 더 명확하게 하고 싶다면, 주간별 선을 추가할 수 있다.

(달력 페이지)

2월

1	월	뉴스레터 발송하기. 18kg — 5kg 감량!
2	화	
3	수	마이클과 저녁식사 @ 파로
4	목	
5	금	베카와의 송별회 저녁식사 @ 월러스
6	토	타라 브랙 세미나 @ 오메가
7	일	
8	월	
9	화	세금신고서 제출
10	수	
11	목	애크미 기업 계약 체결
12	금	
13	토	
✱ 14	일	게임회사 챔 프레젠테이션. 성공!
15	월	
16	화	제나의 생일 기념 저녁식사 @ 이치란
17	수	
✱ 18	목	난방기 고장. 레드럼 프로젝트 실패 :(
19	금	
20	토	
21	일	
22	월	난방기 재가동
✱ 23	화	소쿠라 웹사이트 오픈!
24	수	
25	목	
26	금	
27	토	
28	일	

(할 일 페이지)

_____2월_____

- 스레따니: 드라이아이스 배송
- 요가 오리엔테이션 취소하기
- 킴 생일 케이크 준비하기!
- 업무시간 기록하기
- 비용 청구서 제출하기
- 린다에게 여행사진 보내기
- 월세 납부하기
- 할머니에게 전화하기
- 세탁물 맡기기
- 진료 예약하기
- 비비안의 결혼식에 입고 갈 드레스 구입하기
- 비비안의 결혼식 연주 목록 만들기

할 일 페이지 (또는 마음 목록표)

　먼슬리 로그의 할 일 페이지는 진행 중인 마음 목록표 역할을 수행한다. 가능한 한 많은 시간을 들여 머릿속을 헤집고 다녔던 실행 목록을 풀어내라. 이번 달은 무엇이 중요한가? 또 우선항목은 무엇인가?

　생각을 포착하고 나면, 지난달을 훑어보고 완료되지 않은 일이 무엇인지 살펴봐라. 중요한 항목이 있으면 먼슬리 로그의 할 일 페이지로 이동시켜라. 이 과정에 대해서는 마이그레이션Migration, 즉 이동을 설명하는 장(148페이지)에서 세세하게 살펴볼 것이다. 지금은 불렛저널을 작성할 때, 이것이 할 일에 지속적인 관심을 줄 수 있는 방법이라는 점만 알면 된다. 할 일이 완료되거나 상관없어질 때까지 다시 작성한다.

퓨처 로그

#bulletjournalfuturelog

불렛저널은 현 시점에서 필요로 하는 것을 토대로 내용이 전개된다. 그러다 보니 미래를 어떻게 계획할 수 있을지 궁금할 것이다. 이를 위해 우리는 퓨처 로그Future Log라는 컬렉션을 이용한다. 퓨처 로그는 당월 이후로 구체적인 날짜가 확정된 항목을 저장하는 곳이다. 만약 현재가 9월인데 12월 15일이 마감인 프로젝트가 있다면, 퓨처 로그에 그대로 적는다.

퓨처 로그는 불렛저널의 앞부분, 색인(139페이지) 바로 뒤에 이어서 작성한다. 대개 1~2개의 양면, 즉 2~4페이지 정도가 필요하며, 다양한 방식으로 구성될 수 있다. 나는 간결하지만 효과적인 3개월 간의 퓨처 로그 예시를 실어두었다(137페이지).

그렇다면 퓨처 로그는 실제로 어떻게 작용할까? 하루 중에는 모든 것을 데일리 로그에만 작성하라(125페이지). 심지어 미래에 할 일도. 다시 말하지만, 데일리 로그를 작성하면 어디에 적어야 할지 고민하느라 시간을 낭비하지 않아도 된다. 온갖 것을 담아내는 데일리 로그는, 항목들을 분류할 준비가 될 때까지 생각을 붙들고 있는 셈이다. 일일 성찰처럼(180페이지) 적당한 때가 되면, 확정된 일은 데일리 로그에서 퓨처 로그로 이동할 것이다. 일단 이동하면 데일리 로그에 예정된 일이라는 의미로 '〈' 로 확실히 표시하라. 이렇게 일정을 처리하고 나면 마음에서 그 일을 일시적으로 떠나보낼 수 있다.

퓨처 로그는 차례를 기다리는 하나의 줄로 생각하라. 각 항목은 해당 월에 이르기를 학수고대하고 있다. 새로운 먼슬리 로그(130페

퓨처 로그 순환

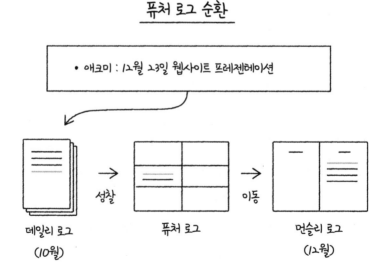

퓨처 로그

10월

- o   6-7 디자인 컨퍼런스: 뉴욕
- •   16 마야: 저녁식사

11월

- •   3 제임스 기업 : 서류업무 마감
- •   14 벤튼 비전: 개요 제출
- o   9-11 샌디에이고 여행

12월

- o   11 조나단의 생일
- ✱ •   15 에이 리 : 웹사이트 프레젠테이션

이지)를 만들 때, 그 줄에 어떤 항목이 기다리고 있는지 퓨처 로그를 재빨리 훑어보라. 그리고 그 항목들을 *퓨처 로그*에서 *먼슬리 로그*의 할 일 페이지로 이동시켜라(148페이지). 그다음에는 퓨처 로그에 이동된 일이라고 확실히 표시하라.

일단 이런 방식을 이해하면, 우리 삶으로 들어오는 책임을 효과적으로 인식할 수 있다. 퓨처 로그는 타임머신과 같은 역할을 하여, 우리가 만들어 가는 미래의 윤곽을 보여준다. 그래서 우리는 필요할 때 방향을 올바르게 수정할 수 있다.

색인

#bulletjournalindex

항상 업무일지를 작성했어요. 업무일지에 통화 내용, 회의록, 근무시간에 일어난 여러 세부사항을 발생 순서대로 기재했죠. 또한 엄청난 분량의 투두리스트, 스티커 메모, 책상 달력을 작성했고, 거기다 스마트폰 달력까지 이용했어요.

업무일지에서 어떤 메모를 찾아야 할 일이 생기면, 우선 달력을 샅샅이 뒤져 회의나 전화통화한 날짜를 찾아야 했어요. 아니면 언제 일어났는지 날짜를 추측해야 했죠. 그다음에는 해당되는 날짜의 메모를 찾으려고 일지를 넘겨가며 뒤적거리기 일쑤였어요.

불렛저널 시스템은 그동안 연대순으로 배열한 시스템을 놀라울 정도로 개선시킨 형태였어요. 이제는 하고 있는 일을 모두 색인에 추가하고 있어요. 색인에 찾으려는 것의 페이지 번호를 매겨두었죠. 페이지 번호를 확인하고 바로 해당 페이지로 휙 넘어가면, 끝나요!

셰릴 S. 브리지스

불렛저널 노트는 공유하고 싶은 무엇이든 반갑게 맞아준다. 잠시 시간을 내 일주일을 계획해보자. 방 배치를 스케치하거나 시를 쓸 수도 있겠다. 자신을 잃을 정도로 노트에 푹 빠지는 건 자유를 만끽하는 멋진 경험이 되겠지만, 노트에 빠져 길을 잃는다면 그건 전혀 다른 얘기가 된다. 책을 여기쯤 읽다 보면, 당연히 궁금할 것이다. 이렇게 다양한 모듈 방식의 컬렉션을 어떻게 지속적으로 쫓아갈 수 있는지 말이다. 불렛저널에서는 색인Index을 통해 이러한 문제를 해결한다.

색인은 노트에 생각을 맡긴 다음

며칠, 몇 달, 몇 년이 흐른 후

생각을 찾을 수 있는 쉬운 방법을 제공한다.

목차이면서 전통적인 색인 역할을 하는 불렛저널 색인은, 노트의 맨 첫 페이지에 작성된다. 색인을 다른 모든 컬렉션(나중에 설명하겠지만 데일리 로그는 제외하고)을 저장하는 그릇으로 생각할 수 있다.

색인을 작성할 때는 2개의 양면, 즉 4페이지를 할애하면 좋다(공식 불렛저널 노트를 갖고 있다면, 색인은 이미 포함되어 있을 것이다). 색인에 컬렉션 하나를 추가하려면, 컬렉션의 주제와 페이지 번호를 간단히 기재하면 된다(142페이지).

예시에서 알 수 있듯이 컬렉션은 연이어 작성될 필요가 없다. 삶은 예측할 수 없고, 살다가 생각이 바뀌어 새로운 우선사항에 집중해야 하는 순간도 많지 않은가. 색인 덕분에, 마음대로 우선사항 사이를 쉽게 옮겨 다닐 수 있다. 이전에 만들었던 컬렉션을 다시 사용하고 싶지만 해당 컬렉션에 더 이상 남은 페이지가 없다면, 간단히 다음의 빈 양면으로 이동하여 같은 주제를 시작하면 된다. 그리고 뒤에 나오는 예시에서 알 수 있듯이, 새로운 페이지 번호를 색인에 추가하기만 하면 된다.

하위컬렉션

변동 가능한 하위요소가 많은 프로젝트를 진행하고 있을 때, 각 요소는 별도의 하위컬렉션Subcollections을 두기 마련이다. 예시(142페이지)에서 볼 수 있듯이 '사용자 행동 프로젝트'는 하위컬렉션 4개를 갖고 있고, 각 하위컬렉션은 프로젝트의 특정 부분만 전담한다.

색인

연이어 작성할 필요는 없다.

전용 색인

어떤 불렛저널은 아주 구체적인 특정 주제에만 집중한다. 학생이라면 주제는 현재의 교과과정이 될 수 있다. 프로젝트 매니저라면, 프로젝트의 다양한 부분을 잘 파악하는 것이 주제가 될 수 있다. 이런 경우 전용 색인Dedicated Index이라는 접근법을 대안으로 이용할 수 있다. 이는 표준 색인과 아주 흡사한 방식으로 작용한다. 단, 각 색인 페이지가 하나의 주제를 전담한다는 것만 빼고.

과학, 영어, 수학, 역사 수업을 듣는다면, 각 과목에 대한 색인 페이지를 작성한다. 예를 들어 미국 역사 수업을 듣는다면, 색인에서 한 페이지의 주제는 '미국 역사'가 차지한다. 미국 역사 수업의 각 부문은 상위컬렉션을 의미하고, 부문 내의 각 주제는 하위컬렉션이 되는 셈이다.

미국 역사(색인 페이지)

독립전쟁: (상위컬렉션)

    렉싱턴 전투: 10-14

    타이컨더로가 요새 전투: 15-20   (하위컬렉션)

    벙커힐 전투: 21-32

애크미 기업의 신규 웹사이트

브레인스토밍: 10-15

웹사이트 디자인:
      사용자 흐름: 16-26
      사용자 흐름 / 리뷰 / 0419: 27-28
      와이어프레임: 29-40
      와이어프레임 / 리뷰 1 / 0425: 41-43
      와이어프레임 / 리뷰 2 / 0501: 44-46
      디자인: 47-52
      디자인 / 리뷰 1 / 0510: 53-54
      디자인 / 리뷰 2 / 0515: 55-57
      사용자 테스트: 58-61

웹사이트 콘텐츠:
      콘텐츠 전략: 70-75
      최신 바이오스 / 섹션 설명: 76-83, 99
      제품 설명: 84-85, 92-94

전용 색인은 수업에만 한정된 것이 아니다. 이 페이지는 새로운 기업의 웹사이트 개설을 위해 전용 색인이 어떻게 사용될 수 있는지 보여주는 예시이다.

연결하기

색인은 노트에서 길을 찾도록 도와주는 효과적인 방법이다. 그런데 누군가 언뜻 보면 노트를 엄청나게 뒤적거려야 하는 것처럼 보일 수 있다. 하지만 여기 해결책이 있다. 바로 연결하기^{Threading}다.

이 방식은 소프트웨어 엔지니어이자 불렛저널 커뮤니티 회원인 캐리 바넷^{Carey Barnett}을 통해 알게 된 것이다. 불렛저널 작성에 딱 들어맞는 방식이었다(이런 일이 생기면 너무 신난다!). 연결하기는 프로그램 코드에서 사용하는 스레딩^{Threading}에서 착안한 것으로, 불렛저널에서는 노트 내에서 관련 정보의 전후를 가리키기 위해 동일한 개념을 사용한다.

우선 컬렉션(제1항목) 하나가 있다고 가정해보자. 그 컬렉션은 10~15페이지에서 시작된다. 시간이 지나 관심대상을 다른 항목으로 옮겨야 하는데, 노트에서 페이지를 다 써버렸다. 이전 컬렉션을 다시 사용하고 싶을 때, 51~52페이지에 또 다른 항목(제2항목)을 생성한다. 그리고 또 다시 관심을 다른 데로 옮겼다가, 160~170페이지에서 컬렉션을 이어간다(제3항목).

지금까지의 항목을 모두 연결하고 싶다면, 해야 할 일은 딱 하나다. 항목의 페이지 번호 옆에 또 다른 항목의 페이지 번호를 추가하는 것이다. 제2항목에서 출발하고자 한다면, 51페이지 옆에 '10'

을 적는다(10~15페이지에 있는 제1항목으로 연결하는 것이다). 제2항목의 끝인 52페이지 옆에 '160'이라고 적으면, 제3항목으로 연결된다(160~170페이지). 이렇게 하면 색인을 이용하지 않고도 항목 사이를 빠르게 왔다 갔다 할 수 있다.

나중에 이 방식은 커뮤니티 회원 킴 알바레즈Kim Alvarez에 의해 노트 전체를 연결하는 작업으로 확대되었다. 새로운 노트에 '읽을 책' 컬렉션 하나를 계속 이어서 하고 싶다고 치자. 그렇다고 예전 것을 그대로 복사하고 싶지 않다면, 연결하는 방식을 이용할 수 있다. 두 번째 불렛저널에서 '읽을 책' 컬렉션의 첫 번째 항목이 34페이지에서 시작한다면, 새로운 노트의 '읽을 책' 컬렉션이 있는 페이지 번호 옆에 '2.34'를 적는다. 여기 '2'는 불렛저널의 권수를 의미하고 '34'는 해당 권의 페이지 번호를 나타낸다.

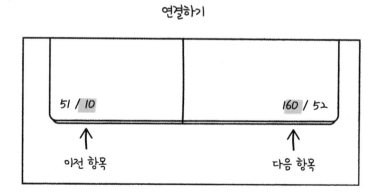

연결하기

51 / 10	160 / 52
↑	↑
이전 항목	다음 항목

또한 이 표기법을 쓰면 연결된 노트들을 색인에 추가하는 게 쉬워진다. 이전 노트에 있는 내용을 새로운 노트에 추가하고 싶다면, 색인에 이렇게 추가하기만 하면 된다. 읽을 책: (2.34), 13.

시간이 지나면서 색인은 '목차' 기능을 겸할 것이다. 색인을 보면 시간과 에너지를 어떻게 투자했는지 한눈에 알아볼 수 있다. 색인이 여태껏 수락한 모든 일을 보여주는 지도가 되는 셈이다. 무엇을 수락했는지 기억하라. 그 외에는 모두 거절했다는 의미이기 때문이다. "예"라고 말한 것은 일을 수락했다는 의미이다. 이는 희생을 뜻하며, 시간을 한 가지에 투자해서 다른 것에 더 이상 투자할 수 없다는 의미다.

색인을 이용하여, 수락할 만한

가치가 있는 일에 집중하라.

이동

하지 않아도 될 일을 매우 효율적으로

하는 것만큼 쓸모없는 일은 없다.

— 피터 드러커Peter Drucker

목록을 작성하는 데 도움을 주는 생산성 시스템은 많이 있다. 그러나 지속적인 관여를 유도하는 것은 소수에 불과하다. 할 일이 차곡차곡 쌓여가면서 목록이 무한히 증가하고 걷잡을 수 없는 수준에 이르면, 우리는 압박감을 받거나 의욕을 상실하고 만다. 할 수 있다는 것이, 반드시 그 일을 *해야 한다*는 의미는 아니다. 하지만 우리는 그 사실을 쉽게 잊어버리고 만다.

진정한 생산성이란 더 적은 일을 하면서

더 많은 것을 얻는 것이다.

우리는 투입하는 시간과 에너지를 주기적으로 감독하여, 진짜 중요한 일에 집중할 수 있도록 해야 한다. 불렛저널에서 마이그레이션 Migration, 즉 이동은 우리가 이러한 습관을 형성하도록 도와준다.

이동이란 재작성하는 방식으로 불렛저널의 한 장소에서 다른 장소로 내용을 옮기는 것이다. 얼핏 많은 노력을 기울여야 할 것처럼 보이지만, 중대한 목적이 있다. 즉 집중을 방해하는 요소를 제거하는 것이다. 손으로 다시 고쳐 쓰는 데 조금 더 많은 시간이 들기 때문에, 잠시 멈춰서 각 후보를 검토할 동기요인이 내재되어 있다. 다시 작성하는 데 몇 초간의 노력을 들일 만큼 가치가 없는 내용이라면, 아마도 그다지 중요하지 않은 게 아닐까? 그렇다면 그 항목을 제거하라. 정말로 그 이벤트에 참석하고, 그 심부름을 하고, 그 파티를 주최하고, 그 보고서를 제출해야 하는가? 때로는 그래야 하겠지만, 그럴 필요가 없는 경우도 다반사다.

분주한 일상을 살다 보면 일종의 무임승차가 발생하는 경우가 많다. 그 순간 주의 깊게 대상을 평가하기보다는 그냥 받아들이는 게 더 쉽기 때문이다. 이 때문에 사실상 무의미한 책임감이 서서히 축

적되며, 책임을 다할 때까지 우리의 정신적 자원을 뽑아 쓴다. 할 일을 다시 쓰다 보면, 주어진 책임을 점검하고 쓸모없는 일은 밖으로 내던질 기회를 가진다. 간단히 말해 이동이란 과정을 통해 우리는 주기적으로 우선사항을 수면 위로 드러낼 수 있다. 그것은 자동조종 장치가 움직이는 대로 살지 않도록, 삶에 아무런 가치를 더하지 않은 일에 엄청난 시간을 낭비하지 않도록 막아준다.

월간 이동

매월 말 새로운 먼슬리 로그(130페이지)를 작성할 준비가 됐을 때, 월간 이동Monthly Migration이 일어난다. 예를 들어 4월 마지막 며칠 동안 5월을 위한 새로운 먼슬리 로그를 준비할 것이다. 완료되면 천천히 지난달의 모든 페이지를 훑어보고 할 일의 상태를 검토하라. 할 일을 모두 완성하지 못했을 가능성이 있다. 이는 지극히 정상이다. 할 일이 여전히 완료되지 않은 이유를 스스로에게 물어보라. 그리고 조금이라도 남아 있는 일말의 가책을 호기심으로 바꿔라. 정말로 중요한 일인가? 꼭 필요한가? 하지 않으면 어떻게 될까?

완료되지 못한 일이 더 이상 의미가 없다면 과감히 지워라. 그리고 되찾은 잠깐의 여유시간을 즐겨라. 자신을 좀 더 믿어라. 지워버

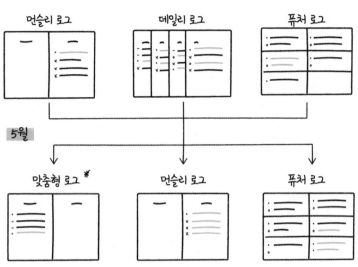

이동

4월

먼슬리 로그   데일리 로그   퓨처 로그

5월

맞춤형 로그 ＊   먼슬리 로그   퓨처 로그

＊ 인용문, 읽을 책, 프로젝트 세부내용 등과 같은 관련 정보를 위해.

리면 이긴 거다! 모든 승리는 아무리 작은 승리라도 칭찬 받을 자격이 있다.

할 일이 여전히 의미가 있다면, 그리고 여전히 삶에 가치를 부여한다면, 이제 이동시키면 된다. 항목 한 가지를 세 가지 방법으로 이동시킬 수 있다.

1. 미완료된 일을 새로운 먼슬리 로그의 할 일 페이지(130페이

지)로 옮겨 기록하라. 그리고 이전 항목에서 이동되었다는 의미로 '〉'를 표시하라.

2. 할 일을 맞춤형 컬렉션(318페이지)으로 옮겨 적어라. 그리고 이전 항목에서 이동되었다는 의미로 '〉'를 표시하라.

3. 할 일의 일정이 구체적으로 확정되었고 그 일정이 당월이 아니라면, 퓨처 로그로 이동하라. 그리고 예정된 일이라는 의미로 '〈'를 표시하라.

TIP 1: 새로운 먼슬리 로그를 준비할 때, 퓨처 로그를 철저하게 확인하라. 다음 달에 어떤 할 일이나 이벤트가 기다리고 있는가? 그렇다면 해당 항목을 퓨처 로그에서 새로운 먼슬리 로그의 할 일이나 달력 페이지로 이동시켜라.

TIP 2: 불렛저널링을 처음 하는 사람이라면, 우선 월간 이동은 전구에 불이 반짝하고 켜질 때처럼 무엇인가를 깨닫는 순간이 될 수 있다. 거기서부터 모든 게 분명해지기 시작하니까. 그래서 나는 시험 삼아 불렛저널링을 시작하는 사람들에게, 최소한 2~3개월은 지속해서 해보라고 강하게 권고한다.

연간/노트 이동

매년 초가 되면 노트를 새로 장만하라. 현재 불렛저널 노트가 어느 페이지에서 끝나는지는 상관없다. 얼핏 낭비처럼 보일 수 있지만, 적절한 시기에 새로운 저널에 이름을 붙이는 것만으로도 대단히 큰 힘과 동기부여를 얻을 수 있다. 새로운 노트를 준비하는 데 새해만큼 좋을 때가 없다. 새해란 말 그대로, 그리고 비유적으로 봐도 문화적 중대 시점이 아닌가? 새해는 새로운 것에서 낡은 것을, 될 수 있었던 것에서 된 것을 정확히 그려보는 시간이다. 새로운 출발로 삼을 수 있는 기회를 왜 마다하겠는가? 이 기회는 우리를 짓누르는 쓸모없는 짐 덩어리를 떨어뜨릴 핑곗거리를 준다. 짐을 가볍게 해서 새로운 모험을 떠날 수 있게 말이다.

노트의 끝에 도달하거나 연말이 되면 색인을 검토해봐라. 지금까지 축적해 온 모든 컬렉션을 면밀히 살펴봐라. 거기에서 시간과 에너지를 어떻게 썼는지 꽤 정확한 설명을 발견할 수 있다. 자, 그럼 이제 어려운 결정을 해야 한다. 이 컬렉션들(그리고 미완료된 일)을 다음 불렛저널로 옮겨야 할까?

우리는 그간 배웠던 교훈을 존중하며 인생의 다음 단계에 적용한다. 크든 작든, 오로지 가치 있다고 입증된 내용과 기법만 이동시켜라. 새로운 노트는 다시 시작하는 게 아니라, 도약하기 위한 거니까.

노트를 이동하는 것^{Yearly/ Notebook Migration}은 너그럽게 심판하는 과정이다. 그 과정에서 우리의 책임과 직면하고, 그 책임으로 인해 얻은 것과 잃은 것을 확인한다. 그동안 작성한 불렛저널을 면밀히 살펴봐라. 직접 손으로 쓴 삶의 이야기가 펼쳐지는 것을 보게 될 테니. 각 불렛저널은 인생을 담은 또 다른 책이 된다. 불렛저널에 자신이 살고 싶은 인생이 그려지고 있는가? 그렇지 않다면 새로운 다음 책에서는 그간 배웠던 교훈을 사용하여 이야기를 바꿔봐라.

TIP: 위클리 로그(#bulletjournalweeklylog): 한 달 주기보다 일주일 주기로 이동시키는 것을 좋아하는 사람들도 있다. 나는 할 일이 엄청 많을 때만 위클리 로그를 이용한다. 뭔가를 다시 작성하는 일에 열광하지 않는 탓이다. 내가 진행하는 일을 속속들이 파악하고 싶을 때만 위클리 로그를 한다. 할 일이 아주 많지 않을 때, 그리고 한두 페이지에 일주일 전체의 할 일을 모두 담을 수 있을 때, 주간 이동이 유용할 수 있다. 거듭 말하지만 이는 항상 각자의 필요에 달려 있다. 나는 위클리 로그를 단순하게 유지하고 싶어한다. 그래서 데일리 로그 템플릿을 용도에 맞게 변경해서 쓴다. 주제가 '6월 14~21일'처럼 그 주의 날짜가 되는 것만 빼고.

마음 목록표 이동시키기

이동이 무엇인지 살짝 맛보기 위해, 노트를 작성하기 위해, 앞서 만들었던 마음 목록표를 이용할 수 있다. 본격적으로 뛰어들기 전에 마음 목록표를 다시 검토하라. 작성한 모든 목록이, 다시 작성하는 데 시간과 에너지를 투입할 가치가 있는지 반드시 확인하라. 의미 있는 것과 의미 없는 것을 구분하여 걸러내야 한다.

이제 다음 달에 할 일이 무엇인지 결정하라. 그 항목은 먼슬리 로그 페이지로 들어간다. 미래의 할 일과 이벤트는 퓨처 로그로 들어가고, '읽고 싶은 책' 같은 항목은 고유한 맞춤형 컬렉션으로 구성될 것이다.

모든 것이 제대로 된 걸까? 완벽하게 이뤄진 걸까? 걱정하지 마라. 고수라고 하더라도 처음에는 도구를 집는 일부터 시작하는 것 아니겠는가. 불렛저널을 하는 동안 지속적으로 발전할 것이고, 이는 첫 번째 단계에 불과하다. 인내심을 가져라. 그리고 기억하라. 자신에게 적합한 것을 하라.

한 통의 편지

이쯤 되면 물어보고 싶을 거다. 대체 왜 골치 아프게 이 모든 것을 신경 써야 할까? 아주 적절한 질문이다. 그래서 불렛저널링 이면에 숨어 있는 크나큰 이유를 알아보기 전에, 익명을 요구한 어느 불렛저널 사용자가 보낸 편지 한 통을 함께 나누고 싶다. 이 편지는 불렛저널 시스템이 우리의 삶으로 녹아든 순간, 얼마나 강력한 영향을 끼치는지 여실히 보여주는 예다. 체계적으로 정리한다는 건, 일부는 해야 할 일의 목록에서 줄을 그어나가는 것이다. 또한 진정으로 중요한 것이 무엇인지 알아가는 것이다.

부모에게는 최악의 악몽이죠. 자신의 아이가 숨도 못 쉬며 힘겨워할 때, 속수무책으로 그저 옆에 서 있을 수밖에 없다면요. 구급대원들이 커다란 장비가방과 들것을 들고 방으로 뛰어들어 왔어요. 그리고 옆에 있는 사람들에게 빠르게 질문을 했죠. 아이는 호흡이 가빠지더니 파랗게 질린 채 눈을 서서히 감았어요. 구급대원들이 심폐소생술을 시작하더군요. 가슴을 압박할 때마다 자그마한 아이의 몸이 들썩거렸어요.

이건 일주일 전 제 아들이 다닌 유치원에서 벌어진 일이랍니다. 아들과 같은 반인 8명의 아이들은 다들 보통에서 중증 수준까지 건강과 발달상의 문제를 겪고 있어요. 수업은 그 아이들이 또래의 친구들을 따라잡도록 도움을 줍니다. 질병 중에는 뇌종양, 다발성 경화증, 낭포성 섬유증, 자폐증 환자도 있고, 호전을 보이는 암 환자도 있어요. 호흡을 멈췄던 그 작은 아이는 그날 아침, 어딘가 살짝 이상한 행동을 보이긴 했어요. 그런데 열이 나거나 아프지는 않았거든요. 5분 전만 해도 괜찮았어요. 아이는 행복하게 기차놀이 테이블에서 제 아들과 같이 놀고 있었어요.

전 다른 아이가 주황색 크레파스를 찾는 것을 도와주려고, 잠시 눈을 돌린 상태였어요. 그런데 갑자기 아이들이 소리를 질러대더군요. 곧 통제할 수 없을 정도로 혼란스러워졌죠. 구급차가 도착하고, 구급대원이 들어왔어요. 방 안에서 산소가 부족해진 터라, 같이 있던 부모와 교사들이 다 같이 숨을 참고서, 안전을 위해 다른 아이들을 모두 옆 교실로 이동시켰어요.

그날 마침 당번인 어머니는 아픈 아이의 어머니였어요. 그녀는 도저히 진정하지 못했죠. 가방 안을 뒤적거리며 뭔가를 찾다가, 손을 덜덜 떠는 바람에 가방을 떨어뜨렸을 정도였어요. 그녀의 뺨을 타고 눈물이 흘러내리더군요. 구급대원이 서둘러 뛰어들어 왔고, 그녀의 손을 간신히 떼어내고 아이에게 조치를 취할 수 있었어요. 이윽고 그녀는 침착함을 되찾더니 실로 엮은 낡은 책을 꺼내더군요. 저에게는 낯익은 책이었어요. 바로 연보라색 종이커버의 로이텀1917 노트였어요. 고무 밴드는 왼쪽 아래 모서리로 끌어내려져 있었고, 책등에는 펜이 꽂혀 있었죠. 그건 불렛저널이었어요.

마지막 몇 페이지를 웅켜잡던 그녀는, 실로 엮인 책등에서 페이지들을 훅 찢어버렸어요. 그리고 그녀에게 질문하는 구급대원에게 그 종이를 건네주더군요. 그러더니 고개를 내저으며 흐느꼈어요. "못 하겠어요······ 전, 못 하겠어요······."

"맥박은 살아있어요." 다른 구급대원이 말했어요. 아이를 맡고 있던 남자는 놀라 그 종이를 내려다보더군요. 전 아이 엄마 옆에 앉아서 그녀의 어깨를 감싸 안았죠. 그런 생각이 들더군요. 지금 바닥에 있는 아이가 제 아이가 될 수 있다고요. 이 교실에 있는 아이들 중 누구라도 말이죠.

그녀는 구급대원에게 떨리는 목소리로 그 종이에 무엇이 적혀 있는지 말했어요. "아들이 복용하는 약과 복용량, 담당 전문의와 고유번호, 전화번호, 알레르기예요." 그녀는 가쁘게 숨을 몰아쉬었어요. "발작기록, 거기에 발작기록이 있어요." 전 공감하듯 그녀의 어깨를 꽉 붙잡았죠. 제 아이 역시 발작을 하거든요. 구급대원들이 아이를 이송하기 위해 들것에 고정시킬 때, 그녀는 아이의 생일을 줄줄 말했어요.

구급대원은 고개를 끄덕이며 말했죠. "고맙습니다. 이 노트야말로 아이를 돕기 위해 딱 필요하던 겁니다. 병원에 전화해 정보를 알려줘야겠어요." 그러더니 서둘러 핸드폰을 꺼내들고 통화 상대방에게 아이에 관한 중요한 정보를 줄줄 읊어주었죠. 그녀는 아이와 함께 구급차에 올라탔어요. 전 그들이 뒷문을 쾅 닫은 후 전조등을 번쩍이고 경적을 울리며 빠르게 달려가는 모습을 지켜봤어요.

그날 밤, 전 제 아들을 더 꽉 껴안았어요. 그리고 자리에 앉아 불렛저널의 빈 양면을 펼쳐놓고 응급 정보, 약과 복용량, 발작기록, 전화번호, 고유번호, 알레르기 목록을 적어 두었어요. 그날 저녁에 작성하는 동안 휴지 한 박스를 통째로 다 써버렸죠. 그리고 그녀에게 전화했어요. "아들은 이제 괜찮아요." 그녀가 말하더군요. "의사 선생님 말씀이, 구급대원이 미리 연락해 아이에 관한 정보를 알려준 덕분에 빠르게 조치를 취할 수 있었대요. 곧 괜찮아질 거예요. 지금 상태가 좋아요." 그녀는 숨이 막히는 듯 쉰 목소리로 거듭 말했어요. 하지만 그녀 목소리에서 깊은 안도감을 느낄 수 있었어요.

아들 친구인 그 아이는 학교로 돌아왔어요. 자그마한 산소통이 담긴 백팩을 메고 왔더군요. 아이는 그 백팩을 메고 다녀야 하는 사실이 슬픈 듯 했어요. 그렇지만 아이는 살아있어요. 행복하게 말이죠. 그게 부모가 진정 자신의 아이들에게 원할 수 있는 전부잖아요. 그 이후 알게 된 사실인데, 다른 부모들 역시 지금 자신만의 노트를 들고 다니더군요. 자신의 아이들을 도와주기 위해 반드시 필요한 정보를 담아두었겠죠.

다음번에 구급차에 탈 아이가 자신의 아이가 아니라고 장담할 수 있는 사람은 아무도 없을 거예요. 또는 고령이신 어머니가 응급 상황에 처할 수도 있고, 가족 중 누군가 자동차 사고를 겪을 수도 있죠. 그럴 때마다 병원에서 안전하게 치료받는 데 필요한 필수 정보를 모두 기억할 수 없잖아요. 누구나 고속도로에서 교통사고를 겪은 경험이 있을 거예요. 그때 우리나 아이들의 병력에 대해 질문 받았을 때, 순간적으로 잘못 기억했던 적이 다들 있었을 거예요. 정보들을 적어 두세요. 그리고 가지고 다니세요. 최후의 순간, 응급 상황이 오면 불렛저널을 찢을 준비를 하세요. 하나의 생명을 구할 수 있어요. 자기 자신, 아이, 여동생, 아버지의 생명을······ 체계적으로 정리하는 것이 삶과 죽음을 가를 수도 있답니다.

불렛저널 작성법

1: 색인 ✱ 만들기
- 1부터 4까지 페이지 번호를 매겨라.
- 페이지 제목인 '색인'을 기재하라.
- 내용이 있는 항목만 색인에 추가하라! 내용이 없는 컬렉션은 절대 금물!

색인	색인
Future Log: 5-8 Jan: 9- Goals: 13-16	
1	2

2: 퓨처 로그 ✱ 만들기
- 5부터 8까지 페이지 번호를 매겨라.
- 페이지를 6개의 칸으로 나눠라.
- 칸에 당월 이후의 달부터 기재하라.
- 미래의 할 일과 이벤트를 추가하라.
- 퓨처 로그를 색인에 추가하라.

퓨처 로그	퓨처 로그
Feb ———	May
Mar ———	Jun ———
Apr ———	Jul
5	6

3: 먼슬리 로그 만들기
- 9부터 10까지 페이지 번호를 매겨라.
- 페이지에 당월 이름을 기재하라.
- 일자를 나열하고, 해당 월의 할 일을 기재하라.
- 색인에 '9-'를 추가하라.

JANUARY	JANUARY
1M 2T 3W 4T 5F 6S 7S	• Donate Clothes • Plan Trip • Back up site • Dentist • Daycare
9	10

4: 데일리 로그 만들기
- 페이지 번호를 추가하라.
- 오늘 날짜를 주제명으로 추가하라.
- 오늘의 할 일을 적어라.
- 데일리 로그는 색인에 기재하지 않는다.

01.01.MO	01.02.TU
• Donate Clothes o Promoted! X Back up site - Jen in town tmr • Book daycare	• Tim: call • Yoga: cancel - office closed fri. o Brit's party
11	12

✱ 공식 불렛저널 노트에 포함되어 있다.

마음 목록표를 사용하는 경우 (선택사항)

5: 마음 목록표 검토하기

- 꼭 필요하지 않거나 중요하지 않은 일은 무엇이든 줄을 그어 지워라.
- 관련 있는 항목(예를 들어 목표, 프로젝트, 장보기 목록 등)을 파악하여 맞춤형 컬렉션**을 생성하라.

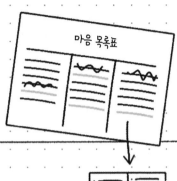

마음 목록표

6: 마음 목록표 이동하기

- 미래 항목을 퓨처 로그로 옮겨라.
- 항목을 먼슬리 로그로 이동하라.
- 먼슬리 로그에서 우선사항을 결정하라.
- 우선사항을 데일리 로그로 이동하라.
- 추가되는 항목 무엇이든 맞춤형 컬렉션**으로 이동하라.

퓨처 로그

먼슬리 로그

** 맞춤형 컬렉션

우리는 4부에서 맞춤형 컬렉션을 자세히 살펴볼 것이다. 그러나 맞춤형 컬렉션은 목표, 프로젝트, 핵심 목록과 같은 내용을 저장하기 위해 이용된다. 그것들을 같은 방식(주제와 페이지 번호 매기기)으로 만들고, 색인에 추가하라.

데일리 로그

사례

목표

식료품

의약품 트래커

읽은 책

실행

인생이란 다른 계획을 세우느라 바쁠 때,

당신에게 일어나는 것이다.

— 알렌 사운더스Allen Saunders

이제 불렛저널을 이용하여 체계적으로 정리하는 데 필요한 도구를 모두 갖췄다. 우리에게 주어진 지극히 적은 시간과 에너지를 책임감 있게 쓰려면, 이는 반드시 거쳐야 할 중요한 단계다. 그렇지만 체계적인 정리는 교묘하게 위장되어, 사실상 주의집중을 방해하는 형태가 될 수도 있다.

투두리스트를 작성하는 데만 몇 시간을 쓸 수 있다. 정작 끝낸 일은 하나도 없이. 진짜 중요한 프로젝트는 암울한 상태로 치닫고 있는 와중에, 집안 청소를 하면서 시간이나 잡아먹는 기이한 상황에 빠질지도 모른다. 며칠, 몇 달, 심지어 몇 년 동안 아주 체계적인 방식으로 일할 수 있다. 바로 잘못된 대상을 향해(내가 스타트업 회사인 페인터픽에서 했던 것처럼). 우리가 무엇을 하고 있는가? 어떻게 하고 있는가? 이런 것도 물론 중요하다. 그러나 애초에 우리가 *왜* 하고 있을까 하는 질문에 비하면 별거 아니다.

분주한 상태가 반드시 생산적이라는 의미는 아니다.

분주하다는 건, 계단 아래로 데굴데굴 굴러떨어지는 것에 비유할 수 있다. 자극, 반응, 자극, 반응. 이렇게 정신없이 순환하듯 그저 자극에 반응하면서 사랑과 성장, 목적을 위한 기회를 알아보지 못한다. 이 기회들은 우리 삶에 가치를 더하는 것이지만, 쉴 새 없이 밀려드는 바쁜 삶에 쉽게 가려져 버린다.

진정으로 생산적인 사람이 되고 싶다면, 우선 이 순환을 깨뜨려야 한다. 우리에게 일어나는 일과 그 일에 반응하는 방식 사이에는 공간이 있다. 바로 이 공간을 채워야 한다. 이 공간에서는 경험을 면밀히 살펴볼 기회를 얻는다. 배울 수도 있다. 통제하고 있는 것, 의미 있는 것, 관심을 기울일 가치가 있는 것이 과연 무엇인지, 그리고 그 이유는 무엇인지까지. 그래야 자기 자신이 누구인지, 그리고 무엇을 믿고 있는지 정의하는 것을 시작할 수 있다.

이런 깨달음은 앞으로 나아가는 데 분명 중요한 단계다. 그러나 깨달음도 단순히 생각에 지나지 않는다. 생각이 대체로 그러하듯, 깨달음 역시 시간이 지나면서 흐릿해지기 마련이다. 특히 계속 추상적인 상태로 남아 우리 삶에 적극적인 역할을 하지 않는다면, 쉽게 잊을 수밖에 없다. 확고한 믿음이나 유익한 교훈조차 인생에 활발하게 적용하지 않으면 대부분 사라질 수 있다. 그럼, 그 믿음을 규칙적으로 실행에 옮길 수 있다면 어떨까? 그리고 훌륭한 아이디어를 시험하고 행동으로 옮길 때, 그것이 우리 삶에 미치는 영향을 측정한다면 어떨까?

3부에서는 불렛저널방식이 어떻게 믿음과 행동 사이를 연결하는 다리 역할을 할 수 있는지 알아볼 것이다. 3부의 각 장에서는 다양한 전통에서 비롯된 삶을 인도하는 여러 철학을 살펴보고, 노트의 도움으로 그 철학들을 어떻게 실행에 옮기는지 가르쳐 줄 것이다. 생산적이고 의미 있는 삶, 의도적인 삶을 사는 방법을 정의하여, 우리가 하는 일과 그 일을 하는 *이유* 사이에 놓인 거리를 한걸음 한걸음 좁혀갈 것이다.

우리는 시간을 만들 수 없다. 시간을 가질 수 있을 뿐이다.

행복은 의미를 추구하는 과정에서 발생하는 부산물이다.
행복해지려면 의미 있는 것을 파악해야 한다. 시간을 들여 의미
있는 것이 무엇인지 찾아라‥‥‥

목표를 세우면서 호기심을 길러라.
목표를 달성하기 위해서 작은 단계로 목표를 나눠야 한다. 왜
냐하면‥‥‥

작은 질문과 작은 해결책은 시간이 흐르면서 큰 변화를 이
끌어낸다.
생산성은 지속적인 개선에 관한 문제다. 그것을 성취하기 위해
서는‥‥‥

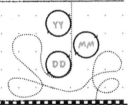

앞으로 나아갈 길을 드러내기 위해 내면을 들여다봐라.
특정 시간을 할애하여 노트의 내용을 가만히 되새겨보라.
중요한 것을 우선사항으로 정하고,
중요하지 않은 것은 버려라.

시작하지 않는다면 무조건 실패할 수밖에 없다.
시도하고 실패한다면, 한 번 실패한 것이다.
타협하고 실패하면, 시도하지 않았다는 걸 알기 때문에
그대로 실패한 것이다. 해야 하는 것은‥‥‥

START!

더 나은 > 완벽한

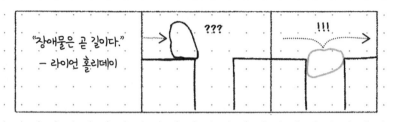

"장애물은 곧 길이다."
— 라이언 홀리데이

통제할 수 있는 유일한 것은 대응하는 방식이다.
통제할 수 없는 것에 집중하면, 우리가 통제당할 수밖에 없다.
통제할 수 있는 것에 집중하라.

○ A.
○ B.
● C.

남에게 도움이 되고 싶다면, 스스로 유익한 사람이 돼야 한다. 특히 자기 자신에게. 우리 내면을 개선시킬 수 없다면, 세상을 개선시킬 수 없다. 현명하게 친구를 선택하고, 자신과 친구가 되어라. 이 과정을 시작하기 위해……

자신의 삶에 좋은 것을 공부하라.
성과는 제대로 인정하지 않으면 공허할 뿐이다.
자신의 노력을 제대로 인정할 수 없다면, 무슨 의미가 있단 말인가?! 그래서 중요한 것은……

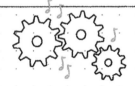

따분한 일상에서 아름다운 음악을 찾아라.
자신이 하고 있는 일을 믿을 때, 목적은 고통을 변화시킨다.

시작

많은 화가들이 텅 빈 캔버스 앞에 서면 두려움을 느낀다.

그러나 텅 빈 캔버스는 '넌 할 수 없어'라는 주술을

완전히 깨부수고 용감히 맞서는 화가를 두려워한다.

– 빈센트 반 고흐Vincent van Gogh

인생에서 용감히 맞선다는 건, 실패할 가능성에 노출된다는 의미다. 대부분 실패를 반기지 않기 때문에 위험을 무릅쓰는 일은 회피한다. 그리고 타협한다. 실패할 가능성을 제거했다고 생각하지만, 별 위안이 되진 않는다. 그렇게 우리는 단단히 안전벨트를 매고 앉아 삶이 끌고 가는 대로 내버려 둔다.

사실 피할 수 있는 실패란 없다. 당연히 실패가 기분 좋을 리 없다. 하지만 타협하는 인생에서 실패는 그 황폐함이 2배가 될 수 있다. 해외에서 일할 수 있는 기회가 왔는데 현재 상태로 계속 있는 게 더 편하다는 이유로, 그 흥미진진한 일을 포기했다고 치자. 그러다가 갑자기 편안한 직장을 잃게 됐다면? 이제 일자리 2개를 모두 잃어버린 상황에 놓인 거다. 게다가 그중 하나는 인생의 전환점이 될 수도 있었는데 말이다. 물론 어떻게 될지는 아무도 모른다. 그래도 살면서 계속 궁금할 것이다. 과연 그 선택을 했다면 인생에 무슨 일이 있었을까 하면서.

두려움으로 삶이 희석되지 않도록 하라. 헤더 칼리리Heather Caliri는 어린 시절부터 줄곧 수행불안증Performance Anxiety에 시달렸다. 병 때문에 그녀는 새로운 것을 시도하고, 위험을 감수하며, 사랑하는 것을 즐기는 기쁨과 용기를 빼앗겼다. 이를 설명하는 명백하고 당황스러울 정도로 놀라운 예가, 그녀의 독서에 대한 애정이다.

헤더는 아이를 가진 후, 앉아서 책을 읽는 간단한 즐거움조차 충족시킬 시간이 점점 없어졌다. 수행불안증이 그녀의 독서 습관으로 퍼져갔다는 사실을 깨달았다. 그녀는 자신이 독서량이 적은 것은 물론이고, 다양한 분야의 책을 읽지 않으며, 제대로 된 책을 선택하지 못한다고 생각했다. 독서 습관에 대해 의식할수록, 책을 읽을 시간을 내는 게 점점 더 힘들어졌다.

그러다가 헤더는 불렛저널링을 시작하면서 놀라운 사실을 발견했다. 박스에 'X' 표시를 하는 것이 얼마나 동기부여가 되는지, 그리고 노트를 예쁘게 꾸미면서 일상생활을 창의적으로 표현하는 것이 얼마나 재밌는지 말이다. 그렇지만 여전히 읽은 책을 기록하는 일에는 머뭇거렸다. 처음에 이런 생각이 들었던 탓이다. '기록해봤자 책을 많이 읽지 않는다는 사실만 깨닫게 될 거야. 그러면 불안감만 더욱 커지게 되겠지.' 그런데 마침내 '읽은 책' 컬렉션을 만들었을 때, 그녀는 당초 생각했던 것과 정반대라는 사실을 깨닫고 놀라움을 금치 못했다. 실제로 그녀는 많은 책을 읽고 있었던 거였다. 동기부여가 부족한 게 문제가 아니었다. 실패할까봐, 스스로 시도조차 하지 못하게 막았던 것이 문제였다.

헤더는 자신이 기울인 노력을 더 많이 인정하는 습관을 들였다. 책을 읽을수록 그녀는 점점 더 편안해졌다. 지난 수년간 잃어버렸던 독서의 즐거움과 흥미진진함, 열정을 다시 느끼기 시작했다. 불렛저널은 독서를 체계화시켜 그녀가 느꼈던 장벽을 극복하도록 도와주었다. 우리는 스스로에게 어렵게 낸 용기에 보상받을 기회를 줘야 한다. 그러면 놀라운 일들이 일어날 수 있다.

여태껏 우리 자신은 유일무이한 존재였고 앞으로도 그럴 것이다. 너덜너덜한 누더기가 돼버린 인류라는 거대한 조직에 난 작은 구멍을, 하나뿐인 자신의 시각이 메울 수 있을지도 모른다. 그러나 단순히 고유함이란 특성 하나가 우리를 가치 있게 만드는 건 아니다. 우리가 실제로 하지 않으면, 용기를 내지 않으면, 의미 있는 것에 기여할 기회를 세상은 물론이고 자기 자신에게서 빼앗는 거나 마찬가지다. 프랑스 영화감독 로베르 브레송Robert Bresson은 언젠가 이런 말을 했다. "당신이 아니라면 보여주지 못했을, 자기 자신만이 할 수 있는 작품을 보여주세요."[21] 아무런 시도를 하지 않으면 결코 세상에 존재할 수 없다. 자신만의 형태로는 절대로. 모든 시도가 성공으로 끝나지는 않는다. 그러나 실패 역시 귀중한 스승이 될 수 있다.

우리는 성장을 받아들여야 한다. 배우면서 성장하고, 과감히 행동으로 옮기면서 배운다. 결과는 통제할 수 없기에 언제나 위험이 도사리고 있다. 이것이 삶이 흘러가는 방식이고, 피할 수 없는 일이다. 그러나 그때 과감하게 시도했다면 일어날 수 있던 일들, 그 모든 가능성이 사는 내내 머리에서 떠나지 않겠지만, 이건 피할 수 있다. 스스로 위험을 무릅쓸 용기가 있는 사람이라고 믿기 시작하면 된다.

실행

그렇다면 대체 어디부터 시작해야 할까? 사실 시작할 때 가장 힘든 부분이 바로 이거다. 목표, 프로젝트, 할 일, 또는 체계적으로 정리하는 문제를 다루고는 싶은데, 정작 우리는 단지 어떻게 시작할지 모를 수 있다. 혹은 방법이 틀리거나 자신에게 실망할까 두려울 수 있다. 그런 경우라면 시작하는 쉬운 방법이 있다. 종이 위에 생각을 간단하게 담아내는 습관을 들이는 것이다.

이 책에 관하여 불렛저널에 메모하는 것부터 시작하라. 우리는 3부에서 다양한 아이디어를 많이 다룰 것이다. 그 내용이 새로운 생각을 불어넣고 유용한 정보를 제공하기를 바란다. 그냥 흘려보내지 마라. 내용을 적어라.

'불렛저널방식' 컬렉션을 노트에 만들어라. 책을 읽으면서 2부에서 배운 불렛을 사용하여 마음에 와닿는 어떤 내용이든 빠르게 기록하라. 한 장 한 장 책을 읽어가며 생각을 계속 적어라. 그러면 시스템이 편안해질 것이다. 그다음에 무엇이 필요한지 파악하라. 아마색인을 추가하게 될 것이다. 그러면 나중에 메모를 찾아 기억을 되살릴 수 있다.

생각은 목표, 희망, 꿈, 궁극적으로 행동의 원천이 된다. 어떤 노력이든 시작하는 쉬운 방법은 머릿속에서 생각을 꺼내 종이 위에 정리하는 것이다. 그때가 출발선을 통과하는 순간이다. 물론 곧 또 다른 국면으로 접어들었다는 사실을 깨닫게 된다. 딱 하나 다른 점이 있다면, 이제 우리 자신이 운전대를 잡고 있다는 거다.

성찰

너 자신을 알라.

– 소크라테스Socrates

어떻게 해서 이 책을 펼치게 되었는가? 어쩌다 여기까지 오게 되었는가? 그저 읽을거리가 있나 하고 책장을 훑어보다가? 선물로 받은 책인데, 준 사람의 성의를 생각해서(그렇다면 여기까지 읽어준 것만으로도 고맙다.)? 혹은 잃어버렸지만 여기에서 찾고 싶은 거라도 있는가? 그렇다면 그 잃어버린 것을 어떻게 정의할 수 있나? 그것이 삶에 어떻게 영향을 미쳤나? 이런 질문은 내면에 켜켜이 쌓인 먼지를 날려버릴 좋은 기회다. 때로는 단순해 보이는 행동 하나가 무수한 과거 선택을 통해 쌓아올린 발자취를 담고 있다.

가장 좋아하는 조각상 중 하나가 오귀스트 로댕Auguste Rodin의 〈생각하는 사람Le Penseur〉이다. 그 조각상을 보면 한 남자가 벌거벗은 상태로 받침대 위에 걸터앉아, 머리를 팔에 괸 채로 생각을 하고 있다. 로댕의 많은 작품이 그렇듯, 그것은 완성되지 않은 것처럼 보인다. 일부 표면은 거칠고, 어딘가 세밀한 면이 부족해 보인다. 이렇게 극히 작은 수많은 선택으로 완성되어 눈에 보이는 상태는, 작품에 대한 직관과 인간미를 보여준다. 마치 예술가가 혼자 생각한 것을 우리가 볼 수 있는 것처럼.

대리석 덩어리처럼 우리 삶도 유한하다. 삶은 거칠고 뚜렷한 형체 없이 시작한다. 우리가 매번 하는 선택은 정을 돌에 대는 것과 마찬가지다. 각 행동은 되돌릴 수 없는 시간을 조금씩 잘라낸다. 우리가 집중하면 아무리 하찮은 행동이라도 뭔가 이점을 얻을 수 있다. 살다 보면 마음을 짓누를 정도로 당혹스러운 결정을 할 때가 있다. 이는 종종 집중이 부족해서 발생한다.

아무리 똑똑하고 현명한 사람이라도 분명 잘못된 결정을 할 수 있다. 또 인생이란 게 원래 제멋대로 돌아가는 법이다. 인생은 미끄러지듯 흘러가고, 산산이 부서지기도 하며, 변화무쌍하고, 으스러진다. 때때로 우리는 우리 자신이 정 끝을 받는 쪽이 되어 있다는 사실을 깨닫는다. 정은 우리를 다듬어지지 않은 거친 상태로 남겨 둔다. 우리가 살아있는 한 항상 다듬어질 수 있는 여지가 있다는 건, 정말 멋진 일이다. 로댕의 〈생각하는 사람〉이 그렇듯, 우리 삶 역시 거대하고 반질반질 빛이 나며 완벽하게 아름다울 필요가 없다. 그렇긴 하지만, 사실 우리는 지금보다 더 잘할 수 있다.

많은 결정이 형편없는 경우가 있는데, 이런 결정은 자기인식이 없는 상태에서 일어난다. 뭔가에 너무 사로잡혀 있는 탓에, 가장 먼저 *왜* 하는지 물어보는 것을 잊어버린다. *왜*라고 묻는 것은 의미를 찾기 위해 첫 번째로 할 수 있는 작지만 신중한 단계다.

해야 할 때를 놓치고, 정작 나중에 의미를 찾으려는 경우가 더러 있다. 의미를 찾는다는 게 대단한 일, 또는 난해하여 소수만 할 수 있는 힘든 일처럼 보이기 때문이다. 우리는 이런 형태의 질문을 회피하는 경향이 있다. 위기나 어려운 상황이 닥쳐 어쩔 수 없을 때까지. 그런데 위기나 어려운 상황으로 모든 것이 캄캄할 때, *왜*를 생각하면 불리할 수밖에 없다. 명확하게 바라보고 생각하는 능력이 고통으로 덮여 있기 때문이다. 자아성찰을 삶의 어두운 시기로 한정할 필요가 없다. 평온한 일상에서도 가능하다. 자아성찰은 시간과 에너지를 어떻게 투자할지, 즉 우리가 불렛저널에 충실하게 기록하는 대상을 자각하는 것부터 시작한다.

이렇게 생각할지도 모르겠다. 투두리스트를 분석한다고, 인생에 주어지는 커다란 질문에 해답을 얻을 수는 없지 않느냐고. 아마도 우리가 이런 유형의 질문을 하는 법을 배우지 않았기 때문이리라. 엄청나게 겁을 주는 질문인 '*왜(인생의 의미가 무엇인가? 내가 여기에 있*

는 *이유가 무엇인가?*'를 이해하기 위해, 우리는 작은 *왜*부터 질문하기 시작한다. '*내가 왜 이 프로젝트를 하고 있지?*' '*애인은 왜 나를 짜증 나게 할까?*' '*대체 왜 내가 스트레스를 받고 있는 거지?*' 우리는 불렛 저널에서 성찰을 실천하면서 이런 질문을 한다.

성찰은 의도성을 양성한다. 꼭 필요한 시각을 되찾고 왜라고 질문을 시작할 수 있게, 안심할 수 있는 정신적 환경을 제공한다. 성찰을 통해 진행 과정과 책임, 환경, 마음 상태를 알아가는 습관을 기른다. 또한 우리가 올바른 문제를 해결하고, 올바른 질문에 대답하고 있는지 알아볼 수 있다. 직접 겪은 경험을 질문하면서, 겨에서 밀을 가려내듯 무엇과 왜를 구분하기 시작한다.

걱정하지 마라. 성찰은 과거의 실패를 비난하는 게 아니다. 살아온 경험에 내재된 풍부한 정보를 수확하여 미래를 풍요롭게 할 수 있는 기회이다.

성찰은 무엇이 우리에게 자양분을 공급하는지 파악하고,
인생의 다음 계절에 씨를 뿌릴 때 더 나은 결정을
할 수 있도록 도와준다.

우리 삶은 풍부하거나 부족하고, 승리하거나 실패하는 계절을 지나간다. 각 계절을 거치며 우리의 필요 역시 변한다. 우리는 살고 배

우며 적응한다. 추구하는 의미에 대한 우리의 정의 역시 그래야 한다. 한 계절에서 자라는 것이 다른 계절에서는 썩는다. 맹목적으로 과거를 붙들고 있으면, 더 이상 의미가 없는 믿음을 부여잡고 있을 수밖에 없다. 그러니 우리가 종종 불만이 가득하고 마음은 텅 빈 채, 본질을 갈망하는 것도 당연하다.

끊임없이 진정한 삶의 의미를 찾으면서 우리의 경험은 시시때때로 변할 수밖에 없다. 충만한 삶을 살기 위해서는 그런 경험의 본질을 포용해야 한다. 이런 이유 때문에 불렛저널방식은 다양한 방법으로 성찰을 담아내고 있다. 바로 이 지점에서 불렛저널방식은 하나의 시스템에서 실행으로 전환한다. 그래서 불필요한 것을 계속 잘라내서 의미 있는 것을 드러내도록 도와준다.

실행

아마도 당신은 이렇게 생각하고 있을 것이다. '라이더, 나는 성찰을 더 잘하는 사람이 되고 싶어요. 그런데 그럴 시간이 없어요. 제대로 깊게 생각할 수 있는 시간이 필요해요. 생각이 온통 여기저기 흩어져 있거든요. 저 또한 정말 정신이 없고요.'

불렛저널을 작성하고 있다면, 이미 시작한 거나 다름없다. 다양한 유형으로 기록하는 것은 주어진 책임을 체계적으로 정리할 뿐 아니라, 생각과 행동을 문서로 남기는 것이다. 이건 소극적인 형태의 성찰이다! 지금 해야 하는 건, 자신에게 맞는 속도로 수동적인 성찰에서 적극적인 성찰로 바꾸는 것이다.

일일 성찰

하루 동안 간단히 생각을 담아내는 데, 데일리 로그(125페이지)를 이용한다. 이제 중요한 것은 담아둔 생각을 되돌아보는 것이다. 그래서 만든 것이 일일 성찰Daily Reflection이다. 이를 이용하여 매일 적극적인 자아성찰을 하며 하루를 시작하고 마무리한다.

아침 성찰 : 계획하는 시간

아침에 일상으로 뛰어들기 전, 몇 분만 시간을 내어 불렛저널을 앞에 두고 앉아보라. 아침에 일어날 때마다 머릿속이 생각으로 가득 차 있다면, 이제 그 압박감을 풀어야 할 때다. 밤새 어떤 생각이 솟아올랐든, 일단 내려놓아라. 마음을 비우고 하루를 담아낼 여유를

반응성
-

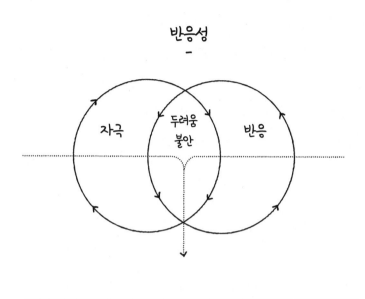

자극 · 두려움 불안 · 반응

의도성
-

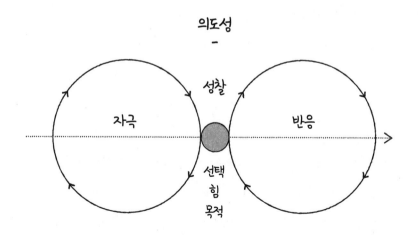

자극 · 성찰 · 반응

선택
힘
목적

만들라. 아침 성찰^AM Reflection은 아침이면 좀비 상태가 되는 사람들이 하루를 제대로 시작하도록 도와준다.

다음으로 당월 페이지에 기록된 모든 내용을 살펴보고, 미완료된 일이 무엇이든 스스로 상기시켜라. 이 과정을 거치면 집중할 수 있고 우선사항을 명확히 하여 그에 따라 계획할 수 있다. 그래서 자신감, 명확함, 방향을 갖고 하루를 시작할 것이다.

저녁 성찰 : 검토하는 시간

아침 성찰이 하루를 시작하기 위해 계획을 세우는 거라면, 저녁 성찰^PM Reflection은 하루를 되새겨 보고 긴장을 풀며 느긋하게 쉬도록 도와주는 시간이다. 잠자리에 들기 전, 불렛저널을 들고 앉아 하루 동안 기록했던 것을 훑어보라. 완료된 일에는 'X' 표시를 하라. 혹시 놓친 일이 있다면 적어라. 다시 말하지만 이 시간에는 마음의 짐을 내려놓을 수 있다.

저널에 추가로 반영된 사항이 있다면 각 항목별로 관심을 기울여라. 이런 질문으로 시작하면 된다. '이것이 왜 중요하지?' '이것을 하는 이유는 무엇일까?' '이것이 왜 우선사항이지?' 이러한 질문들은 주의집중을 방해하는 것을 밝히는 데 도움을 준다. 무의미해진 일은 과감하게 줄을 그어 지워라.

마지막으로 잠시 시간을 내서 이뤄낸 성과를 제대로 인식하라. 노력의 결실을 맺었던 간단한 방식들을 높이 평가하라. 잠들기 전 저녁 성찰을 통해 발전하고 있고 준비되어 있다는 느낌을 만끽하고, 목적의식을 되새기며, 스트레스와 불안감을 해소할 수 있다. 이것은 긴장을 푸는 훌륭한 방법이 될 수 있다.

TIP: 일일 성찰을 매일 디지털 디톡스Digital Detox를 위한 기회로 활용할 수 있다. 저녁 성찰을 한 후 디지털 기기를 '차단하는' 정책을 실행하여, 다음 날 아침 성찰을 완료할 때까지 지속하라. 이는 플러그를 뽑는 습관을 들이는 간단한 방법이다.

이동을 통한 월간 성찰과 연간 성찰

기술 덕택에 우리는 더욱 매끄럽게 상호 연결된 존재로 끊임없이 변해가고 있다. 마찰이 적을수록 더 좋아지는 세상이다. 이게 얼마나 좋은지는 피자를 주문할 때 드러난다. 주문만 하면 순식간에 문 앞에 떡 하니 나타나는 뜨거운 치즈 덩어리. 그 불가사의한 기술을 다 이해할 필요도 없다. 그러나 기술이 주는 편리함은 그 대가로 이해를 훼손시키는 경우가 더러 있다. 뭔가를 살펴보는 데 시간을 적게 쓸수록, 아는 것도 점점 적어진다. 우리 삶을 어떻게 보내는지 이해하는 일이라면, 속도를 늦추고 시간을 갖는 게 중요하다.

마이그레이션, 즉 이동은 속도를 늦추고 지난 일을 되돌아보며, 맡은 일을 생각하기 위해 필요한 마찰을 추가한다. 얼핏 보면 이것은 일종의 자동여과체계로, 얼마 되지 않는 우리의 인내심을 이용한

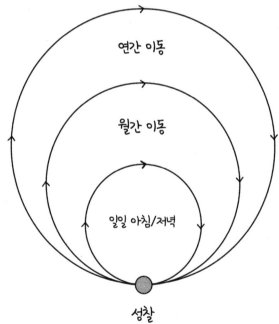

불렛저널 성찰 주기

연간 이동

월간 이동

일일 아침/저녁

성찰

다. 재작성하는 데 불과 몇 초가 필요할 뿐이고, 이 시간마저 투자할 가치가 없는 일이라면, 정말로 중요하지 않을 가능성이 크다. 게다가 손글씨는 중요한 생각을 촉발시켜 생각과 생각 사이에 새로운 연결성을 이끌어내는 데 도움을 준다. 각 항목을 이동할 때 관심이라는 현미경 아래에 놓아두고 새로운 관계나 기회를 파악할 기회를 갖는다.

우리가 뭔가를 수락한다는 것은 그 밖에 다른 것은 거절했음을 뜻한다. 이동은 진정으로 중요한 것을 다시 실행하고, 중요하지 않은 것은 내보낼 기회를 준다. 브루스 리Bruce Lee는 언젠가 이런 말을 했다. "매일 늘려가는 게 아니라 줄여나가는 게 관건이다. 필요 없는 것은 과감히 잘라버려라."

지속성

하루에 성찰을 하는 데 어느 정도 시간을 쓰는지에 대한 질문을 종종 받는다. 한 번 할 때마다 대개 평균 5~15분 정도의 시간을 쓴다. 성찰은 얼마나 많은 시간을 쓰는지가 중요한 게 아니다. 얼마나 지속적으로 하느냐가 중요하다. 성찰을 시작하는 데 번번이 실패한다면, 성찰에 쓰는 시간을 줄여라. 많든 적든, 쓸 수 있는 만큼만 시간을 할애하여 성찰을 하나의 일과로 만들라.

*왜*라는 작은 질문을 던져, 자신을 파악하는 습관을 들이는 것이 목표다. 시간이 흐르면서, 이런 질문에 더 능숙하게 대답할 수 있다. 자신의 믿음, 가치, 단점과 장점을 찾는 능력이 향상된다. 더디지만 확실하게 집중을 방해하는 요소를 없애기 시작한다. 꾸준히 현재를 더욱 자각하고 자신을 인식하게 된다.

자각

작가 데이비드 포스터 월리스David Foster Wallace는 케니언대학교에서 열린 졸업식에서 '이것은 물이다'라는 주제로 멋진 연설을 했다. 매일 찾아오는 일상과 "소위 '진짜 세상'은 우리가 처음부터 주어진 기본 설정값Default Settings에 따라 움직이는 것을 막지 않을 것이다. 이른바 남자, 돈, 권력이 주도하는 '진짜 세상'은 두려움, 경멸, 불만, 갈망, 자신에 대한 숭배를 원동력으로 삼아 움직이기 때문이다."[22] 라고 얘기했다.

그는 주의를 기울이지 않으면 우리가 자동조종장치에 따라 움직이기 시작한다고 말한다. 그리고 그것이 어떻게 우리의 세상 경험을 크게 감소시킬 수 있는지 얘기한다. 성찰하는 동안 우리는 경험을 살펴보면서 자동조종장치의 전원을 차단하는 습관을 들인다. 그리고 자기 자신에게 질문을 던지는 방식을 통해, 우리는 액면 그대로 상황을 받아들이지 않게 된다. 그 결과 자아와 세상에 대해 더 깊이 생각할 수 있다.

끊임없이 경험에 적극적으로 관여하는 과정을 통해, 우리는 가장 무디고 둔한 순간조차도 숨겨진 깊이를 알 수 있도록 자각하게 된다. 자각하는 능력을 기를수록 "실제로 떠들썩하게 붐비고, 소란스럽고, 느려터지고, 북적대는 최악의 상황에서도 의미를 찾을 수 있을 뿐 아니라 성스러운 것을 느낄 수 있는 힘이 자신 안에 존재할 것이다. 하늘에 떠 있는 별을 빛나게 하는 것과 같은 성스러움으로 연민, 사랑, 만물에 깔려 있는 조화로움을 느낄 수 있는 힘 말이다."[23]

요약

안과에 가면 우리는 여러 개의 렌즈로 이뤄진 포롭터라는 커다란 금속 장치를 통해 도표의 기호를 읽는다. 우리가 기호를 읽을 때, 시력을 측정하는 의사는 렌즈를 바꿔가면서 어느 것이 초점이 더 잘 맞는지 물어본다. 지금이 더 나아요? 딸깍. 지금은 어때요? 이것의 목적은 빛이 망막에 도달하는 방식을 바꾸는 렌즈들을 찾아, 더 선명하게 볼 수 있도록 하는 것이다.

더욱 의도적인 삶을 사는 데, 성찰은 포롭터의 역할을 한다. 그것은 인식을 개선하도록 도와준다. 그러나 성찰이 제대로 작동하게 하려면 렌즈를 추가해야 한다. 우리는 이미 가치, 믿음과 같은 렌즈를 갖고 있을 가능성이 있다. 성찰은 다채롭고 아주 오랫동안 지속된 관행이다. 각 전통은 성찰할 때 근시안적인 측면을 고치고, 통찰력을 날카롭게 할 수 있는 렌즈를 제공한다. 다음 장에서 나는 가장 유용하다고 생각하는 여러 개의 렌즈를 소개할 것이다. 우리 삶을 더욱 집중력 있게 이끌도록 도와주는 렌즈를 자세히 살펴보자.

의미

눈으로는 오직 빛만 볼 수 있고 귀로는 오직 소리만 들을 수 있지만,

마음을 들여다보면 의미를 깨달을 수 있다.

― 데이비드 스타인들 라스트David Steindl-Rast

드라마 〈환상특급Twilight Zone〉에서 가장 좋아하는 에피소드가 있다. '방문하기 좋은 곳A Nice Place to Visit'이라는 제목으로, 밸런타인Mr. Valentine의 이야기이다. 밸런타인은 허접한 절도범으로 도둑질을 하다가 경찰이 쏜 총을 맞고 그대로 죽고 만다. 그런 그를 주름 하나 없이 빳빳한 흰색 정장을 입은 상냥한 영국 남자가 사후세계로 안내한다. 그런데 놀랍게도 밸런타인은 호화로운 고급 뉴욕 펜트하우스로 안내된다. 옷장에는 맞춤 양복이 가득하고, 바는 값비싼 술로 넘쳤다. 그는 근사한 차로 마을을 돌아다니고, 자신에게 매료된 사교

계 명사들과 카지노에서 게임을 벌였다. 그는 하는 게임마다 모두 이겼다. 돈, 권력, 성적 매력, 그가 원했던 모든 것을 마침내 손아귀에 넣게 되었다.

하지만 새로움은 이윽고 희미해지기 마련이다. 즐거움은 금방 시들해지고 그는 곧 따분함을 느끼기 시작했다. 이렇게 완벽하고 오랫동안 갈망했던 생활이 전혀 만족스럽지 않았던 것이다. 밸런타인은 그의 안내자에게 돌아서서 이렇게 말한다. "여기는 나한테 천국이 아닌 것 같아. 왠지 지옥에 있는 것 같은 생각이 든다고." 그러자 그의 안내자가 냉담하게 대답한다. "대체 왜 이곳이 천국이라고 생각한 거죠?"

성공은 종종 놀라울 정도로 공허함을 안겨준다. 단지 경제적 성공뿐 아니라, 우리가 항상 유익하고 바람직하다고 생각했던 자기계발의 경우도 마찬가지다. '젠 해비츠Zen Habits'라는 블로그를 만든 리오 바바우타Leo Babauta는 '지속적인 자기계발에 대한 강박을 극복한 방법'이란 기사에서 이렇게 말했다. 울트라마라톤을 뛰고 고럭 챌린지Goruck Challenge(벽돌로 꽉 찬 배낭을 메고 10시간 동안 진행하는 장애물 코스)에 참여하며 코딩을 배우고 난 뒤에도, 자신의 삶은 여전히 더 나아지지 않았다는 사실을 발견했다고. "판타지는 존재하지 않았어요."[24] 이걸 깨달은 사람은 단지 그 뿐만이 아니다.

세상은 그 어느 때보다 풍부한 지식으로 넘쳐나고, 영양이 충분히 공급되며, 백신접종이 잘 이루어지고, 기술적으로 크게 발전하였다. 그러나 더 많은 것을 원하는 갈망 때문에 밀레니얼 세대는 베이비붐 세대보다 거의 2배나 더 많은 시간을 매달 자기계발에 투자하고 있다(노년세대 소득의 절반 밖에 안 되지만).[25] 여기서 또 다른 질문이 생긴다. 이러한 경향과 빠른 속도로 증가하는 우울증을 어떻게 받아들여야 하는가? 극심한 우울증으로 고통받는 미국 청년들이 2012년 5.9퍼센트에서 2015년 8.2퍼센트로 증가했다.[26] 미국에서만 불안장애가 4천만 명의 성인에게 영향을 미친다. 전체 인구 18.1퍼센트에 달하는 수치다.[27]

건강관리를 하고 야간 수업을 듣는 것이 전적으로 가치 있는 목표라고 생각할지 모른다. 그러나 우리가 하는 일이 미치는 영향은 그것을 *왜* 하는지에 달려 있다. 즉 우리가 하는 힘든 일에 깔린 동기를 이해하는 것이 핵심이다. 성공할 가능성은 우리가 기울이는 노력에 자극을 준다. 피, 땀, 눈물의 대가로 정확히 무엇을 기대하는가? 모든 목표 이면에 숨겨진 진짜 목표는 무엇인가? 대부분은 행복해지는 것을 목표로 삼고 있다. 그리고 바로 여기에 문제가 있다.

성취했던 마지막 목표를 떠올려봐라. 지금보다 더 행복한 인생이 펼쳐질 것이라는 가능성과 약속에 이끌려 스스로를 혹사시켰다. 마침내 결승선을 통과했을 때는 무엇을 깨달았는가? 연봉 인상, 새 집, 자동차, 휴가가 주어졌을 때 본래 바랐던 대로 느꼈는가? 아니라고 대답할 가능성이 크다. 설사 그렇다 하더라도 그다지 오래 가지 않을 거다. 왜 그럴까?

단순한 진리를 받아들이면 비로소 이 난제를 풀 수 있다. 우리를 행복하게 해주는 게 무엇인지 확실히 아는 사람이 아무도 없다는 거다. 사실은 과대영향 편향Impact Bias으로 알려진 현상 때문에, 우리를 행복하게 하는 게 무엇인지 추측하는 데 서투르다. 이 현상은 "사람들이 미래에 대한 자신의 감정을 예측할 때, 감정의 기간이나 강도를 과대평가하는 경향"이다.[28] 요컨대 우리의 적응력을 항상 과소평가하는 게 문제다.

목표를 향해 돌진하면서 우리는 새로운 것을 배운다. 그런데 배우는 도중에 처한 상황도 변한다. 마침내 결승선에 도달하면 우리는 시작할 때와는 다른 사람이 되어 있다. 우리가 할 수 있는 최선은 추측하는 것이다. 그래서 카드를 보기도 전에 돈을 건다. 행복을 추구하는 데 돈과 시간, 정신을 도박으로 날려버리는 셈이다. 행복해지려고 노력할수록, 무엇이 행복인지 더욱 종잡을 수 없게 된다. 코미디언 팀 민친Tim Minchin이 언젠가 익살스럽게 이런 말을 한 적이 있다. "행복은 오르가슴과 같아요. 행복에 대해 지나치게 신경 쓰면 쓸수록, 더 멀어져 버리거든요."[29]

얘기가 나왔으니 말인데, 수수께끼 같은 행복의 특성을 이해하는 데 중대한 요인이 또 하나 있다. 바로 즐거움을 좇는 내재된 추진력이다. 우리는 더위, 추위, 고난에 적응할 수 있도록 만들어졌다. 그리고 이것은 즐거움을 경험하는 우리 능력에서 비롯된 것이다. 즐거움을 기준으로 우리는 나쁜 것과 좋은 것, 유익한 것과 해로운 것을 재빨리 분간할 수 있다. 기분 좋은 요소를 좋아하기 때문에 피난처, 음식물, 물과 같은 좋은 것을 더 많이 얻기 위해 부단히 노력하는 것이다.

힘들었던 옛날을 떠올려보라. 시간 대부분을 죽지 않으려 발버둥치며 보냈던 그 시절에 즐거움은 제한되어 있었고, 소위 실용적이었다. 하지만 오늘날 즐거움은 상품이 되었고 상품이 행복을 대체할 수 있다고 광고한다. 그리고 상품은 요구하면 구할 수 있다.

빠르게 적응하는 능력 탓에 가장 즐거운 경험이나 구매조차 급속도로 지루해져 또 다른 일상이 돼버린다. 그러면 우리는 다른 즉효약을 찾고 싶어 못 견딘다. 이미 가진 것에 더 이상 만족하지 못하고, 점차 복용량을 늘려서 금단 증세의 고통을 치료한다. 더 많은 신발, 더 많은 술, 더 많은 섹스, 더 많은 음식, 더 많은 '좋아하는 것들', 무조건 더 많이. 이러한 현상을 쾌락적응 Hedonic Adaptation이라 한다.

페이스북의 창립 멤버인 숀 파커 Sean Parker는 이런 '인간 심리의 취약성'을 착취하는 것이 경제의 수입원이라고 말한다.[30] 얼마나 많은 광고가 '좋은 good'이 아니라 '더 많이 more'에 집중하는지 봐라. 이를테면 무조건 더 나은, 더 빠른, 더 새로운, 더 강한, 더 가벼운 것처럼. '좋은' 것으로 충분하다. '더 많은' 것은 '행복'을 약속하지만, 이는 단지 또 다른 거래일뿐이다. 곧 사라져버릴.

살 수 있는 것은 소유할 수 있다. 그것이 사회적 계약이다. 신발 가게에서 신발을, 옷가게에서 옷을, 자동차 대리점에서는 자동차를 산다. 그런데 행복을 살 수 있는 가게는 없다. 행복은 살 수 있는 것이 아니기 때문이다. 다시 말해 행복은 소유될 수 없다.

슬픔과 마찬가지로 행복 역시 왔다가 사라진다. 행복은 하나의 감정이고, 다행스럽게도 모든 감정과 마찬가지로 일시적이다. 감정이 굳어져 우리의 악마를 무한정 즐겁게 만드는 세상을 상상해봐라. 또는 모든 게 너무 완벽해서 오히려 너무 부족했던 밸런타인의 천국 같은 지옥을. 그래서 모든 것이 궁극적으로 의미 없이 느껴지는 세상을 떠올려봐라. 그것은 우리를 독살시키고 말 것이다. 감정 상태를 전환할 수 없는 것을 정신질환으로 정의하는 경우가 더러 있다. 이러한 측면에서 볼 때, 영원한 행복이라는 신화적 상태를 추구하는 것은 현실과 충돌할 뿐 아니라 바람직하지 않은 듯하다.

그럼 모든 목표가 그렇듯 노력 역시 궁극적으로 무의미한 것일까? 절대 그렇지 않다. 단지 행복 그 자체가 목표가 될 수 없다는 말이다. 분명 행복은 중요하다. 그래서 이런 질문을 할 수 있다. 행복을 우리 삶으로 어떻게 불러들일 수 있을까?

행복이라는 용어를 검색하면 12개 이상의 유의어를 찾을 것이다.

이 유의어들은 경험이 얼마나 복잡하고 미묘할 수 있는지 보여주지만, 행복해지는 방법을 말해주지는 않는다. 이것은 철학의 영역이다. 철학은 고루하다는 명성이 자자하지만, 우리가 더 나은 삶을 살도록 도와준다. 그중 하나가 그리스 행복설로, "개인의 '행복'을 이끄는 올바른 행동을 정의하는 도덕 철학"이다.[31] 행복이 단순히 개인적인 노력의 부산물이라는 생각은, 전 세계의 다양한 철학적인 전통에서 반복적으로 언급되는 주제다. 즉 행복은 여러 목표를 향하는 우리의 행동에서 비롯된 결과다.

행복이 우리 행동에서 기인한 결과라면,
우리는 자신에게 행복해지는 방법을 묻는 것을 멈춰야 한다.
오히려 자신에게 어떻게 되고 싶은지 물어야 한다.

예를 들어 일본 오키나와 사람들은 가장 행복하고 장수하는 사람들 중 하나다. 대략 인구 10만 명당 50명이 100세 이상으로, 세계에서 가장 높은 장수 비율을 보여준다.[32] 행복에 대한 비결을 물었을 때 공통적인 대답이 인생의 즐거움과 보람을 뜻하는 '이키가이Ikigai'였다. "당신의 이키가이는 잘하는 일과 사랑하는 일이 만나는 지점에 있다."고 작가 헥토르 가르시아Héctor García는 말한다. 그는 책에 이렇게 쓰고 있다. "인간은 인류가 시작된 이후, 물건과 돈을 강력하

게 갈망해왔다. 그런데 또 그만큼 어떤 인간들은 돈과 명성을 끊임없이 좇는 것에 불만족스러워하여 물질적인 부보다 더 큰 것에 집중해왔다. 이것은 수년 동안 온갖 다양한 표현과 사례를 이용해 묘사되었지만, 하나같이 삶에서 의미 있는 핵심에 귀를 기울였다."[33]

우리는 그것을 모두 제쳐뒀는지 모른다. 우리는 행복을 좇으면서 의미 있을 수 있는 것에서 서서히 멀어진 듯하다. 그러나 행복해질 가능성이 가장 높은 것은 의미 있는 것을 추구하는 것이다. 빅터 프랭클Viktor Frankl이 "행복은 추구해서 얻는 것이 아니다. 행복은 그저 부수적으로 주어질 뿐이다."[34]라고 말한 것처럼.

따라서 이런 질문을 해야 한다. 무엇이 의미 있는가? 많은 사람들은 의미 있는 것이 무엇인지 확신하지 못한다. 그래도 괜찮다. 이건 우리가 오랫동안 골머리를 앓았던 아주 복잡한 질문이니까. 학문적 정의는 의미 있는 것이 무엇인지에 대한 수많은 주관적인 견해를 포함해야 하는 탓에 모호하다. 우리는 의미 있는 것에 대한 주관적인 견해가 시간이 흐르면서 어떻게 변하는지 직접 경험했다. 열두 살이었을 때 소중히 여겼던 것들이 아직도 소중한가? 아마 그렇지 않을 것이다. 분명, 인생에는 단 하나의 의미만 있는 것이 아니다. 많은 의미가 존재한다.

봉사부터 가족에 대한 충실함 그리고 기부까지, 사람들은 갖가지 의미 있는 일을 기쁜 마음으로 한다. 그러나 가치 있는 일이 반드시

*자신*에게 성취감을 줄 거라는 의미는 아니다. 나는 자원봉사자는 물론이고 사회복지사, 선생님, 의사, 심지어 부모들까지 환멸을 느끼는 것을 많이 봤다. 그들은 자신들이 객관적으로 의미 있는 일을 하고 있다는 사실을 알지만, 의미를 *느끼지* 못하고 있었다.

느낌과 의미는 무슨 상관이 있을까? 분명 모든 것이 상관이 있다. 자기 자신이 공감하는 것을 논리적으로 설명할 수 없기 때문에, 상관관계를 분명하게 규명하는 것은 어렵다. 의미가 스스로 드러날 때, 우리는 그것을 느낀다. 이를 그리스어로 파이네스타이^{Phainesthai}라 하는데, 시대에 따라 다르지만 대략 '스스로 보여주기', '스스로 드러내기', '빛나기', '나타나기'로 번역되었다.[35]

우리는 '빛나는' 것을 느끼게 될 것이다.
그 빛나는 것이 의미가 있는 일이 될 수 있다.

빛나는 것을 추구하지 않는 삶, 즉 수동적인 삶을 살면 우리는 암흑 속에 남아 현재 머무는 곳에 대해 무지한 삶을 살게 된다. 이 상태에서는 선하고 고귀한 의도라도, 우리의 노력은 아무런 목적이 없는 것처럼 보여 종종 무의미하게 느껴질 것이다. 그 공허함을 뭔가로 채우려고 노력하지만 실패하고, 오히려 우리를 더욱 짓누를 뿐이다. 그래서 빛나는 것을 찾는 게 반드시 필요하다.

그렇다면 '빛나는 것'을 어떻게 찾을까? 우리에게 시각을 위한 내재된 메커니즘이 있는 것처럼, 우리를 부르는, 빛나는 것을 감지할 수 있는 내재된 메커니즘이 있다. 바로 호기심이다.

호기심은 잠재력이 있는 곳에서 우리가 느끼는 흥미롭고 강렬한 감정이다. 호기심은 상상력과 경이로움에 불을 붙여, 우리가 자신을 벗어나 세상 속으로 들어가도록 한다. 호기심은 종종 이성, 탐욕, 개인적 이익, 심지어 행복조차 대신하는 힘이다. 우리는 이미 여러 형태로 호기심을 경험했다. 사람에게 끌리는 매력이나, 어떤 주제에 매료되는 강한 흥미, 즐기는 일을 하며 느끼는 짜릿함이 될 수 있다. 또한 호기심은 여태껏 경험하지 못한 것을 향할 수도 있다. 가정을 꾸리거나, 회사를 차린다거나, 앨범을 제작하거나, 세상에 있는 특정 문제를 고심하는 일이 될 수 있다. 호기심이 무엇으로 나타나든, 이것은 우리 심장이 잠재적으로 의미 있는 것으로 파악한 것이다. 그렇다면 문제는 이거다. 이러한 호기심이 정확히 무엇인지 정의할 시간을 가져본 적이 있는가?

좀 더 자세히 알아보자. 체육관에 가입하기 전, 수업에 등록하기 전, TV를 사기 전, 심지어 목표를 설정하기 전에, 기본적으로 무엇이 자신의 행동을 이끌었는지 큰 그림을 파악하고 있으면 도움이 된다. 스스로 느꼈던 경험을 토대로, 의미 있는 삶을 사는 것이 어떤 비전을 의미하는지 분명하게 표현할 시간을 가져야 한다. 이런 식으로 방향을 확인하지 않으면, 진정 좋아하는 것과는 동떨어진 '지옥'에서 자신을 잃어버릴 수 있다. 따라서 이끌고 싶은 삶이 어떠한 모습인지 파악하는 것부터 시작하자. 다음의 연습문제로 시작해보자.

실행

두 가지 삶에 대한 이야기

이 생각 실험은 로버트 프로스트Robert Frost의 시 〈가지 않은 길The Road Not Taken〉에서 영감을 받았다. 자신이 갈림길에 도착한 여행자라고 상상해보라. 한쪽은 사람들이 많이 다니는 길이고, 다른 쪽은 사람들이 덜 밟은 길이다.

사람들이 많이 다니는 길

사람들이 많이 다니는 길은 우리를 익숙한 곳으로 이끈다. 위험보다 안락함을 선호하고, 현재의 삶이 이어진다. 무엇이든 단순히 자신에게 편안한 것을 추구하며 따라간다. 떨어지는 품질을 바꾸거나 개선하기 위해 좀처럼 노력을 기울이지 않는다. 이런 삶의 끝에서 개인적으로, 그리고 직업적으로 무엇을 성취할 것인가? 이런 삶의 결과는 무엇일까?

사람들이 덜 밟은 길

사람들이 덜 밟은 길은 우리를 낯선 곳으로 이끈다. 안락함보다는 위험을 선호하는 삶이다. 자신을 흥미롭게 하는 것들을 과감하게 추구하고, 스스로 발전하기 위해 적극적으로 일한다. 이런 삶의 끝에서 개인적으로, 그리고 직업적으로 무엇을 성취할 것인가? 이런 삶의 결과는 무엇일까?

이제(조금만 참으면 된다) 각각의 길에 대해, 대략 15분 동안 부고를 써봐라. '두 가지 삶' 컬렉션을 만들고, 컬렉션을 색인에 추가하라. 하나의 길에 양면을 펼쳐놓고 시작하라. 첫 번째 길에 대해 다 썼을 때만, 두 번째 양면을 준비하라. 필요한 만큼 페이지를 채워라. 깊게 파고들어라. 솔직해져라. 자기 자신만 볼 거니까. 각각의 길 너머로 멀리 내다볼 때 무엇을 볼 수 있는가?

사후 검토

1. 2개의 부고를 쭉 읽어봐라. 노트 다음 페이지에 자신에게 편지를 써라. 연습하는 동안 깨달음, 감정, 질문, 긍정, 부정이 일어났는가? 무엇 때문에 놀랐는가? 무엇 때문에 슬프거나 두려웠는가? 흥미로웠던 것은? 눈앞에 인생 전체가 주마등처럼 스쳐지나가는 것을 보며 어떻게 느끼는지 포착하는 것

이 핵심이다. 나중에 이것을 읽을 사람, 즉 미래의 자아에게 어떤 변화가 있었는지 상기시켜주는 방법으로 편지를 작성하라. 분명 변할 것이 있기 때문이다. 무엇으로부터 벗어나고자 애쓰고, 어디로 가고 싶어 했는지, 스스로를 잘 상기시켜라.

2. 자신이 가장 좋아하는 삶을 선택하고 가장 자랑스러워하는 성취를 구분하여 동그라미를 그려라. 다했으면, 이 항목들을 '목표' 컬렉션(202페이지)으로 이동시켜라(148페이지). 그렇게 하면 자신만의 생각대로 더욱 의미 있는 삶을 깨닫기 위한 첫 번째 단계를 마친 것이다. 자, 계속 가보자.

목표

우리는 위대한 일을 할 수 없다.

다만 위대한 사랑을 품고 작은 일을 할 수 있을 뿐이다.

— 마더 테레사 Mother Teresa

호기심은 우리 안에 있는 나침반 바늘을 희망적인 가능성과 의미가 있는 쪽으로 끌어당긴다. 위험을 무릅쓰고 안락한 공간에서 벗어나 불확실하고 위험천만한 낯선 영역으로 가도록 강요하는 힘, 바로 호기심이다. 문제는 바로, 우리가 어떻게 실패 위험을 줄이면서 호기심을 최대한 이용할 수 있느냐다. 우리는 목표를 설정한다. 의도를 가지고 설정할 때 목표는 체계, 방향, 집중력, 목적을 제공할 수 있다.

목표는 우리가 원하는 것을 정의할 기회를 준다.

뚜렷한 의도 없이 목표를 설정하면, 그 목표는 단지 우리 삶에 흥측하거나 고통스러운 것에 대한 반사적 반응으로 나타날 수 있다. 예를 들어 스스로 비만이라고 느껴 몇 달에 걸쳐 마라톤에 전념하는 것은, 단순히 반작용으로 생긴 목표다. 이는 역효과가 발생할 가능성이 충분하다. 목표를 달성할 가능성은 적지만, 스스로 상처받거나 실망할 가능성은 크다. 이렇게 반작용으로 생긴 목표를 설정하면 결국 제자리로 되돌아올 가능성이 크다. 위험은 크지만 보상은 작아지는 형국이다.

또 하나의 흔한 함정이 다른 사람의 목표를 쓰는 것이다. 예를 들어 '10억을 벌자'는 건, 하나 같이 많은 사람들의 입에 오르내리는 목표다. 그런 목표는 아무런 의미가 없다. 왜 그럴까? 목적이 전혀 없기 때문이다. 영양가는 없고 열량만 높은 음식이나 마찬가지다. 목표가 지속가능하기 위해서는 실질적인 내용이 필요하다. 왜 10억이 필요한지 정확히 이해해야 한다.

목표는 직접 느낀 경험에 영감을 받아야 한다. 분명히 우리의 삶속에 깃들어 있는 진정한 열정의 원천이 있다. 즐거움을 주는 긍정적인 자극이나, 실전경험을 통해 얻은 고통스러운 교훈 같은 것 말이다. 그런 자극이나 교훈을 이용하라! 둘 다 의미 있는 목표를 도출할 수 있는 강력한 원천이다.

그럼 이를 염두에 두고, 큰돈을 벌겠다는 목표를 다시 세워보자. "나는 학자금 대출을 갚고, 부모님 은퇴를 대비하여 방 두 칸짜리 집을 사며, 아이들 교육비를 충당할 수 있을 만큼 돈을 벌고 싶다."

앞의 목표 역시 야심에 찬 목표지만, 의미 있는 요인들을 지니고 있다. 그 목표가 더 나은 삶을 위해 어떻게 영향을 미칠 것인지 정확히 알고 있다. 이게 아주 중요하다. 큰 목표는 완성하기까지 시간과 꾸준한 노력이 필요하다. 목표를 따라가는 길에서 온갖 어려움들과 직면하겠지만, 그중에 인내는 종종 가장 교활하고 치명적인 적수로 드러난다. 그래서 큰 목표라면 달성하기까지 걸릴 시간, 즉 며칠, 몇 달, 심지어 몇 년을 헤쳐 나가는 데 에너지가 필요하다. 그 에너지가 바로, 실질적인 필요다. 그 필요는 강력해야 한다. 주의집중 방해, 변명, 의심을 자아내는 유혹의 말이 암초로 손짓하는 것을 뿌리치고, 우리에게 굳건한 힘을 줄 정도로. 《그릿Grit》의 저자인 앤절라 더크워스Angela Lee Duckworth 박사는 이렇게 밝혔다. "성공을 예측하는 데 장기 목표를 위한 인내심과 열정은 다른 변수들보다 훨씬 중요하다."[36]

일부는 인내심과 열정하면 이런 이미지를 떠올린다. 골절된 팔다리로 결승점을 통과하거나 완벽하게 착지하고 고통 없이 얻는 게 없다는 마인드를 지닌 선수들, 얼음장처럼 차가운 다락방에서 몸을 벌벌 떨며 예술을 위해 모든 것을 희생하는 괴짜 작가들, 몇십 년간 묵언 수행을 하는 수도자들. 그러나 다른 모든 감정과 마찬가지로, 열정과 인내심은 스펙트럼 위에 다양하게 존재한다. '전부 아니면 아무것도 아닌 것'으로 치부하는 세상에서, 우리는 *어떤 중요한 것*의 힘을 망각하는 경향이 있다. 가장 튼튼한 나무는 연약한 씨앗에서 자라난다. 열정은 호기심이라는 씨앗에서, 불굴의 의지는 인내심이라는 씨앗에서 자라난다. 목표를 전략적으로 수립하여, 호기심과 인내심이라는 씨앗을 뿌리면 기회를 만들 수 있다.

실행

목표 컬렉션을 만들라

우리의 포부는 종종 모호한 개념이나 머릿속을 헤엄쳐 다니는 추상적인 몽상에 지나지 않는다. 마음속으로 '언젠가 나는…… 할 거야.'라고 생각하는 식이다. 이제 종이 위에 아이디어를 담아내보자. 그러면 실행할 수 있는 목표로 바꿀 수 있다.

아직까지 그렇게 하지 않았다면, 불렛저널의 다음 빈 양면에 목표 컬렉션을 만들라. 목표가 크든 작든 종이에 적으면, 재사용할 수 있는 하나의 공간에 목표를 명확하게 담을 수 있다. 그렇게 하면 벌써 목표를 이루기 위한 첫 번째 중요한 단계를 밟은 것이다.

이 컬렉션은 일종의 메뉴판처럼 우리의 잠재적인 미래를 나열한다. 컬렉션은 집중하고 동기부여를 얻는 데 도움을 줄 수 있다. 그러나 가장 훌륭한 메뉴라도 주문하지 않으면 아무 쓸모없는 법이다. 다음 단계로, 조금씩 행동으로 옮기기 시작해야 한다. 그렇지 않으면 목표를 저장해두고 썩혀두기 십상이다. 시작하기에 적당한 때만 기다리면서. 그러나 적당한 순간은 절대 오지 않는다. 우리는 스스로 기회를 만들어 내야 한다. 삶은 절대 기다려주는 법이 없으니까.

5, 4, 3, 2, 1 연습

동기부여를 얻는 훌륭한 방법은 우리에게 주어진 시간이 얼마나 한정되어 있는지 깨닫는 것이다. '5, 4, 3, 2, 1 연습'은 시간적인 측면에서 목표의 전후 맥락을 설정하는 것을 돕는다. 이것은 단기, 중기, 장기로 목표를 나눠 목적을 숫자로 표현한다. 목표를 다루는 게 힘들다면 이 방법을 한 번 시도해봐라.

우선 다음 빈 양면을 펼쳐라. 새로운 컬렉션을 위한 주제는 '5, 4, 3, 2, 1'이 될 것이다. 양면의 각 페이지를 다섯줄로 나눠라(208페이지). 왼쪽 페이지는 개인적인 목표, 오른쪽 페이지는 직업적인 목표를 적는다. 맨 위 칸은 앞으로 5년 내에 달성하고 싶은 목표를 적는다. 다음 칸에는 4개월 내에 달성하고 싶은 목표를, 그다음 칸은 3주 내에, 그다음 칸은 2일 내에 이루고 싶은 목표를 적는다. 그리고 마지막 칸은 앞으로 1시간 내에 달성하고 싶은 목표를 적는다.

이제 '목표' 컬렉션으로 돌아가서, 거기에 적힌 목표를 적절한 칸으로 이동시켜라. 목표를 각 칸에 맞춰 정확하게 넣을 필요는 없다. 다만 개인적으로 그리고 전체적으로 목표에 필요한 시간과 에너지의 양(불굴의 의지와 열정)을 규정함으로써 과정을 시작하자는 게 핵심이다. 이것은 꼭 필요한 맥락을 제공할 것이다.

목표의 우선순위를 정하라

일단 목표를 계획했다면, 각 목표를 개별적으로 검토하라. 그 목표에 소요될 예상 시간을 투입할 가치가 있는가? 그렇지 않다면 줄을 그어 지워버려라. 남은 항목들의 우선순위를 정하라. 어떤 항목이 자신의 경험과 진심으로 통하고 있는가? 다른 것들보다 더 밝게 빛나는 항목은 무엇인가? 그러한 항목들을 우선사항 기호인 '*'로 표시하라.

5, 4, 3, 2, 1 연습을 실행하면, 각 칸에 하나의 목표만 우선사항으로 정할 수 있다(209페이지). 개인적 그리고 직업적 페이지는 별도로 평가되어야 하므로, 우선사항은 총 열 가지가 된다.

데일리 로그에 단기 목표(1시간과 2일 칸에 있는 목표)를 추가하고,

5, 4, 3, 2, 1 — 개인적

5년

- 가정 꾸리기
- 건물 소유하기
- ✳ 다른 외국어 유창하게 구사하기

장기 목표

4개월

- ✳ 하와이 여행하기
- 체중 5킬로그램 감량하기
- 니클라스 방문하기

3주

- 의류 기부하기
- 자원봉사 하기

중기 목표

2일

- 옷장 정리하기
- 부엌 청소하기
- ✳ 운전면허증 갱신하기

1시간

- 냉장고 청소하기
- ✳ 부모님께 전화하기
- 레아와의 저녁식사를 위해 예약하기

단기 목표

거기에 '*'를 덧붙여 우선사항으로 설정하라. 좀 더 큰 목표를 다루기 위해 필요한 추진력을 구축하려면, 그 단기 목표들을 먼저 해치워야 한다. 단기 목표는 10개의 목표 중 4개를 차지한다! 남은 목표에는 모두 별도의 컬렉션이 주어진다. 예를 들어 '하와이 여행하기'나 '다른 외국어 유창하게 구사하기'가 그렇다.

새로운 컬렉션 6개를 만드는 게 망설여진다면(개인적 3개, 직업적 3개), 목표가 생각했던 것만큼 중요하지 않다는 표시일 수 있다. 괜찮다. 그 목표들은 지워버려라. 목표가 몇 개인지는 전혀 중요하지 않다. 진정으로 중요한 목표를 찾는 것이 중요하다.

우선사항에 집중하라

컬렉션이 준비되면 잠시 시간을 내어 자신과 약속하라. 직접 선택한 목표가 완료되거나 무관해지기 전까지, '목표'나 '5, 4, 3, 2, 1 연습' 컬렉션을 다시 찾지 않겠다고 말이다. 야심 있는 사람에게 잠재적 프로젝트 목록은 집중력을 방해할 수 있다. 새로운 것을 시작한다는 생각에 솔깃한 마음이 들 수 있다. 특히 현재 진행하고 있는 일이 질질 늘어지고 있다면, 더더욱. 저항하라! 의도적인 삶이란 지금 가장 중요한 일에 집중하는 것이다. 목표를 선택할 때 이러한 점을 명심하라. 지금 삶에 더하고 싶은 것이 무엇인가? 그리고 이보다 더욱 중요한 질문, *왜일까?*

우리는 진행하는 일을 가장 최소한의 수로 한정하고 싶다. 뭐라고?! 멀티태스킹Multi-tasking을 하는 게 더욱 효과적이지 않을까? 아니다. 우리는 완전 최소한으로 멀티태스킹을 유지하고 싶어 한다. 왜 그럴까? 연구결과에 따르면 인구의 약 2퍼센트만이 심리적으로 멀티태스킹을 할 수 있다.[37] 나머지 사람들은 멀티태스킹을 하지 않고, 단순히 저글링을 하고 있을 뿐이다. 사실 우리는 여러 일을 동시에 하는 게 아니라, 마이크로태스킹Micro-tasking을 한다. 즉 공을 떨어뜨리지 않으려고 안간힘을 쓰면서, 해야 할 일 사이를 빠르게 오가는 것이다.

할 일이 미완료된 상태에서 다른 일로 재빨리 이동하면, 집중력 일부는 뒤에 남아 작업하고 있던 프로젝트에 여전히 붙들려 있다. 미네소타대학의 소피 리로이Sophie Leroy 교수는 이것을 '주의 잔류물Attention Residue'이라 부른다. 그녀는 이렇게 말한다. "집중력을 완전히 옮겨 다른 일을 잘 수행하기 위해서는, 진행하던 일에 대해 생각하는 것을 멈춰야 한다. 그러나 연구결과에 따르면, 할 일을 완료하지 못한 경우 집중을 옮기는 것이 어렵다. 그 결과 뒤이어 진행하는 일에서 부진한 성과를 도출한다."[38] 다시 말하면 집중력과 시간을 더욱 잘게 자를수록, 주의력이 더 떨어진다. 그래서 '어마어마하게 바쁘면서도', 정작 한 일이 별로 없다고 느끼는 거다.

핵심 우선사항에 집중하라. 핵심 우선사항을 장벽으로 이용해서 집중력이 흐트러지는 것을 막아라. 우선사항을 체계적으로 검토하고 한 번에 하나씩 가능한 한 많이 집중하라. 과정에 집중하여 목표를 통해 교훈을 얻을 수 있도록 하라. 분명 가장 가치 있는 것은 목표 그 자체가 아니라 과정이다. 과정은 다수의 경험을 내포하고 있어, 우리가 성장하도록 도와줄 많은 정보를 제공한다.

목표를 단기 목표로 나누기

아주 어렸을 때, 내가 인생에서 하고 싶은 일은 딱 하나였다. 바로 스톱모션 애니메이터였다. 나는 자라면서 아라비안 나이트와 그리스 신화에 영감을 받은 영화들을 수없이 반복해서 보았다. 그 영화에는 레이 해리하우젠Ray Harryhausen이 디자인한 상상 속 존재들이 등장했다. 나는 생각했다. 이것이 바로 내가 하고 싶은 일이라고, 의심의 여지없이……, 실제로 그 일을 해보기 전까지는.

마침내 나는 친구와 함께 짧은 스톱모션 애니메이션 영상을 촬영했다. 결과는 상당히 성공적이었다. 냉동피자와 점토에 막대한 예산을 들인 영화치고는 말이다. 프로젝트를 진행하며 많이 배웠다. 그러나 내가 배운 가장 중요한 것은, 이 일을 직업으로 삼는 게 그다지 합리적인 선택이 아닌 것 같다는 점이다. 그런 사실을 깨달은 건 마음이 아팠지만, 한편으로 안도가 되었다. 그 덕분에 자유롭게 다른 일을 알아볼 수 있었기 때문이었다. 이제는 옛날 일을 뒤돌아보지 않고, 직업으로 삼았다면 어땠을까 궁금해하지도 않는다.

뭔가에 푹 빠져 있다고 곧 직업이 되는 건 아니다. 그러나 그 자체로 깨달음을 주는 귀중한 교훈이 된다. 특히 나이가 어리다면 더욱. 흥미를 느끼는 일이 인생에서 어떤 역할을 하는지 파악하는 것은 중요하다. 모든 취미나 호기심이 천직으로 이어지는 건 아니지만, 일부는 천직으로 이어진다. 심각하게 몰입하기 전에, 짧은 시간 동안 직접 해보면서 과연 자신에게 맞는 일인지 확인해볼 수 있다. 큰 위험 없이 안전하게. 나 역시 영화학교 애니메이션 과정에 지원하는 것처럼 중대한 목표에 전념하기 전에 작은 방식으로, 즉 단기 프로젝트 성격의 스톱모션 애니메이션을 시도했다.

장기 목표를 더 작은 독립적인 목표로 나누면, 하나의 마라톤을 몇 개의 단거리 질주로 바꿀 수 있다. 마찬가지로 좀 더 짧게, 더욱 감당하기 쉬운 단기 목표로도 나눌 수 있다. 스프린트Sprints라 불리는 이 기법은 신속한 소프트웨어 개발에서 적용되는 유사한 접근법을 살짝 변형한 형태다. 그러나 이것은 어떤 유형의 목표든 다룰 수 있는 강력한 기법이 될 수 있다.[39] 제법 적당한 크기의 목표도 대개 좀 더 작은 목표로 나누면, 인내심이라곤 전혀 없는 사람의 삶에도 들어맞을 수 있다(그 설명에 딱 맞는 사람이 바로 나다).

목표를 단기 목표로 쪼개면 압박감을 느끼고 무기력해지는 위험을 완화시킬 수 있다. 잘못하는 요리를 한 번 해보기로 결심했다면,

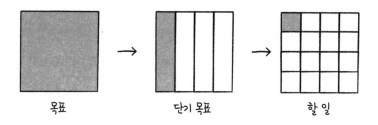

목표　　　　　　단기 목표　　　　　할 일

처음부터 미식가 친구들에게 수플레를 만들어 주겠다고 덤비지 마라. 실제로 수플레를 만들 수 있다고 해도, 압박감 때문에 기분 나쁜 경험으로 남아 요리에 대한 호기심을 망쳐버릴 수 있다. 고충을 겪으면 호기심이나 만족감이 재빨리 사라질 수 있다. 더 작게, 더 간단한 음식으로 시작하라. 그리고 음식을 완성했을 때 어떤 느낌이 드는지 봐라.

그렇다면 단기 목표는 하나의 목표를 단계별로 나누는 방식과 어떻게 다를까? 단계별은 그 단계 자체로 끝이 아니지만, 단기 목표는 독립적인 형태 그 자체로 완벽한 프로젝트다. 그래서 목표의 결과는 지속할 수 있는 만족감, 정보, 동기요인이 된다(또는 나의 스톱모션 애니메이션 프로젝트가 그랬듯이, 특정 목표를 그만두는 유익한 단서가 되기도 한다).

예를 들어 어느 작가이자 기업가는 팟캐스팅에 호기심이 있었지만, 팟캐스팅에 대해 아는 게 거의 없었다. 그래서 그는 팟캐스트 제작자가 되기 위해 전력을 다하기보다, 먼저 친구 케빈 로즈^{Kevin Rose}와 함께 에피소드 6개를 진행하는 것으로 시작했다. 그 실험은 〈팀 페리스 쇼^{The Tim Ferriss Show}〉로 변했고, 쇼는 아이튠즈 팟캐스트 비즈니스 분야에서 청취율 1위를 달성했으며, 에피소드는 200여 개가 넘어서고, 다운로드는 1억 회를 돌파했다. 이것은 규모는 작을지라도 집중된 프로젝트의 잠재적인 효과를 과소평가하면 안 된다는 사실을 보여준다. 불렛저널의 첫 번째 웹사이트 역시 단기 목표를 통해 이뤄낸 결과였다.

단기 목표를 준비하기 위해 장기 목표에 필요한 구체적인 하위 목표나 기술을 구성하라. 다시 요리에 비유하면 이렇게 볼 수 있다.

장기 목표: 요리 배우기

가능한 단기 목표:

- 칼 다루는 법 배우기

- 굽고 지지는 법 배우기(진행하면서 동시에 다른 방법들을 배우기 위해 할 일 추가하기)

- 신선한 채소를 선택하는 법 배우기(과일, 육류, 조류 등을 선택하는 일까지 수준 높이기)

- 달걀 요리법 배우기(하나씩 관련 일을 계획하기: 완숙 요리, 스크램블 요리, 반숙 요리, 오믈렛)

단기 목표의 필수조건

1. **진입 장벽이 낮아야 한다**(그래야 시작할 수 있다). 예를 들어 칼 다루는 법을 배우기 위해 요리 전문가용 칼 세트처럼 비싼 제품을 구입할 필요는 없다. 기본형 다용도 칼만 있으면 된다. 이미 갖고 있거나, 없어도 최소한의 돈을 들여 살 수 있다.

2. **할 일은 아주 뚜렷하게 규정되고, 실행 가능해야 한다.** 칼 다루는 솜씨는 칼 제대로 쥐기, 칼 갈기, 껍질 벗기기, 얇게 썰기, 깍둑 썰기, 잘게 다지기 등으로 쪼갤 수 있다.

3. **완료하는 데 드는 시간은 짧아야 한다**(한 달 내에 완료해야 하고, 일주일이나 이틀이 이상적이다). 일주일 중 며칠 동안 샐러드 하나를 만들고 간단한 야채스프 레시피를 습득하면, 칼 다루는 기술을 아주 빨리 습득할 수 있다.

앞의 세 가지 규칙을 따르면 단기 목표는 초점을 잃지 않으며, 실행 가능하고, 감당할 수 있는 수준이 될 것이다. 단기 목표를 올바르게 설정하면, 실행을 미루기에 타당한 핑곗거리를 생각해내는 게 어렵다. 단기 목표 하나가 한 달 이상 걸린다면, 작은 단기 목표 2개로 쪼개라.

핵심은 호기심을 안전하게 충족시키고, 시간을 낭비하지

않으면서 자신에게 맞는지 알아보는 것이다.

브레인스토밍

목표를 작게 나누기 전에, 우리는 머리를 싸매고 열심히 고민해야

한다. 목표를 선택하여 불렛저널에 그 목표를 위한 컬렉션을 만들었

다면, 첫 번째 양면을 이용하여 대상과 그 이유를 브레인스토밍 하

라. 깊이 파고들며 고민하라. 머릿속에 떠오르는 무엇이든 적어라.

이러한 과정을 거쳐야 일이 순조롭게 진행된다. '요리 배우기' 목표

를 위한 브레인스토밍 페이지는 다음과 같다.

1. 이 목표의 무엇이 호기심에 불을 붙였는가?

나는 늘 궁금했다. 가게 안에 앉는 것부터 시작해서 아름답고 영양

가 있는 음식이 접시에 담기기까지, 그 전체 과정이 어떻게 이뤄지

는지 말이다. 정확히 어떻게 진행될까?

2. 시간과 에너지를 여기에 투자하도록 동기부여를 준 것은 무엇인가?

나는 포장 음식과 조리 식품에 많은 지출을 하는데, 내가 봐도 이건

건강에 전혀 좋지 않은 방법이다. 게다가 최근 몸무게가 좀 늘어서 칼로리를 관리하고 싶다.

3. 나는 무엇을 성취하려고 노력하고 있는가?

요리하는 법을 배워 돈을 절약하고 좀 더 건강한 음식을 먹으며, 몸무게를 줄이고 싶다. 또한 친구나 애인을 식사에 초대해놓고, 망칠까 봐 전전긍긍하고 싶지 않다.

4. 무엇이 필요한가?

기본적인 음식 준비 솜씨, 기본적인 요리 실력, 본인 식사를 준비하는 간단한 조리법, 멕시코 음식, 수프, 햄버거 종류처럼 인기 있는 음식 조리법

5. 이 목표의 성공을 어떻게 정의하는가?

포장 음식과 조리 식품에 지출을 줄이고, 더 건강한 식단을 꾸리며, 저녁식사에 친구들을 초대하는 것

브레인스토밍을 끝마쳤을 쯤에는, 목표의 필수조건에 대해 더 나은 아이디어가 떠올랐을 것이다. 이를테면 목표의 범위, 목표의 이정표, 목표가 중요한 이유.

이제 목표를 단기 목표로 나눠라. 각각의 단기 목표가 불렛저널의 다른 하위컬렉션(141페이지)으로 펼쳐질 수 있다. 다음에는 각 단기 목표를 구체적인 할 일로 더 자세히 나눈다.

해야 할 일을 나열했으면 각 단기 목표가 얼마의 시간이 소요될지 파악하기 시작하라. 외부업체와 함께 일해봤다면, 알 거다. 같은 격언이 여기에도 적용된다. 시간을 추정하고, 추정치를 3배로 늘려라. 진행 과정이 속도보다 더 중요하다. 일이 예정보다 빨리 이뤄졌다면, 훌륭하다! 예정보다 빨리 일이 이뤄진들 무슨 문제가 있겠는가(속도에 집중하지 않는다면). 피하고 싶은 건 일이 늦어지는 경우다. 일이 늦어지면, 즐거움과 고통 중 고통 쪽으로 저울이 기울어진다. 그래서 집중하는 게 더욱 어려워진다. 시간이 있다면 시간을 자신한테 유리하게 이용하라. 시간이 충분하지 않다면 단기 목표의 범위를 줄여라.

단기 목표를 계획했으면, 해당되는 달력 위에 대략적인 계획을 세워라. 할당된 시간 내에 해야 할 일을 끝까지 완료하라. 이제 우리는 프로젝트가 언제 시작하고 얼마나 걸리는지, 언제 그 일을 진행하고 완료하는지 알고 있다.

목표를 달성하기까지 시간이 오래 걸릴수록 동기부여는 점점 약해진다. 동기부여가 바닥나면 목표가 허물어지는 경향이 있다. 단기 목표의 프로젝트는 부담을 줄여준다. 일이 순조롭게 진행되는 과정을 보면서 만족감을 즐길 수 있다. 프로젝트에 대해 느끼는 감정은 성공에서 아주 중요하다. 특히 자기계발을 위한 노력에는 더욱 중요하다. 자기계발을 할 때는 일을 지속할 수 있도록 도와줄 팀이나 상사가 없기 때문이다. 일이 제대로 진척되면 탄력을 얻는다. 탄력은 우리의 인내심이 향상되도록 도와준다.

스웨덴 작가 올로브 위마크^{Olov Wimark}는 우울증에 빠져 있었다. 해야 할 일의 목록이 전혀 줄어드는 것 같지 않았기 때문이다. 그는 앱을 이용해서 목록에서 할 일을 지워갔다. 그러던 어느 날 컴퓨터가 고장 나는 바람에 오래된 타자기를 이용하기 시작했고, 그때 돌파구를 찾았다. "타자기를 써보니 알겠더군요. 내가 오타에 그다지 엄격한 편이 아니라는 사실을요. 타자기로는 이미 쓴 것을 편집할 수 없기 때문에, 오타가 있으면 그저 참거나 전체 페이지를 다시 써야만 했죠. 그런데 단어들이 정말로 나에게서 술술 흘러나오기 시작했어요. 이게 어떻게 된 영문인가 싶었죠. 저녁 때가 되니 타자기 옆에 하루 동안 한 많은 일들이 쌓여있더군요. 나는 스스로 이룬 성취에 대해 기분이 좋아지기 시작했어요." 그는 말을 이었다. "불렛저널은 매우 가시적입니다. 일의 진척이 뚜렷하고, 새로운 기호를 표시하기 위해 노트를 펼칠 때마다 지속적으로 검토가 이뤄지죠." 그는 낡은 펜에 블루 그레이 잉크를 채우고 시내로 나갔다. "나의 구식 시스템을 이용해서, 완료되지 않은 일이 있으면 무엇이든 일정을 옮기

기존 단계별 모형

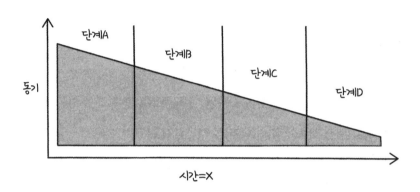

단기 목표 모형

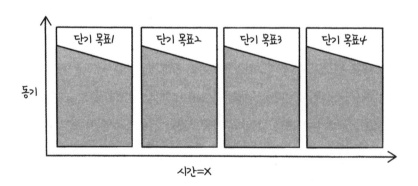

거나 계획을 세우고 진행합니다. 또는 간단히 지워버리기도 하죠."

또한 좀 더 큰 목표를 단기 목표로 나누면 피해를 수습할 때 유용하다. 어쩌면 하나의 단기 목표가 제대로 이뤄지지 않을 수 있다. 그 목표가 우리에게 맞지 않거나, 계획을 망칠 정보나 상황이 있을 수 있다. 단기 목표를 잘 계획했다면, 그것을 중단한다고 해서 관련된 단기 목표들이 실패하지는 않을 것이다. 최악의 경우라고 해봐야 일정을 살짝 조정해야 하는 정도다.

성공하든 실패하든 단기 목표는 성찰을 위한 여지를 마련해준다. 데일리 로그와 프로젝트에 적용할 수 있는 일일 성찰 이외에(180페이지), 매 단기 목표가 끝난 후에 잠시 멈춰 서서 지금까지의 경험을 되돌아볼 기회를 가질 수 있다. 예를 들면 다음과 같다.

1. 나의 강점과 약점에 대해 무엇을 배우고 있는가?
2. 제대로 이뤄지고 있는 것과 아닌 것은 무엇인가?
3. 다음번에 무엇을 더 잘할 수 있을까?
4. 삶에 어떤 가치를 더했는가?

여태껏 배운 것을 토대로 우리의 주요 목표를 개선해야 한다고 깨달을 수 있다. 훌륭한 일이다! 이탈리안 음식을 요리하고 싶고, 혹은 많은 사람을 위한 요리를 하고 싶다거나, 요리하는 것보다 먹거리 재배에 훨씬 더 관심이 있다는 걸 깨달았다고 가정하자. 어떤 경우라도, 이러한 깨달음은 목표를 조정하여 시간과 에너지를 더 효과적으로 할당하도록 도와줄 것이다. 진로의 방향을 수정하는 것은 단지 훨씬 더 의미 있는 것을 발견했다는 뜻이다. 바로 이것이 핵심이다. 지난 단기 목표에서 배웠던 교훈을 다음 단기 목표에 다시 적용하라. 이러한 순환 덕택에 우리는 진정 중요한 것에 가까이 다가가고, 그럴 때마다 계속 성장할 수 있다.

작은 발걸음

　나한테는 친구 세 명이 있는데, 그들에게는 세 가지 공통점이 있다. 지루하기 짝이 없는 사무직, 요가에 대한 남다른 열정, 전원적 풍경을 자아내는 인스타그램 피드. 무슨 말인지 눈치 챘을 거다. 빽빽이 들어선 야자나무와 하늘빛 바다로 둘러싸인, 아주 깨끗한 백사장. 코코넛 칵테일을 손에 들고, 바닷가 모닥불 주변을 어슬렁거리며 웃음을 터트리는 근사한 사람들 같은 무수한 이미지.

　우선 카렌이라는 친구가 있다. 그녀는 일을 그만두고 갖고 있는 물건들을 모두 팔아치운 후, 코스타리카로 떠나 요가 강사가 됐다. 그리고 1년 뒤, 본래의 자리로 돌아왔다. 왜일까? 리조트에서 여행객들을 상대로 요가를 가르치는 일이 즐겁지 않았단다. 카렌은 세계를 여행하며 지역 문화를 경험하고 싶었다. 그런데 그녀가 미처 생각하지 못한 것이 있었다. 현지인들은 돈을 줘가며 요가를 배울 여유가 많지 않았고, 막상 이리저리 옮겨 다니며 일을 해보니 여행하는 즐거움이 크게 떨어졌다. 일이 고된 건 똑같았다. 그저 날씨만 좀 더 좋았을 뿐. 게다가 사랑하는 사람들과도 멀리 떨어져 있을 수밖에 없었다.

두 번째로 레이첼이라는 친구 역시 꿈에서나 나올듯한 해변 리조트에서 요가 강사로 일하고 싶었다. 그래서 일을 그만두었다. 그런데 1년이 좀 지나 다시 사무직으로 돌아왔다. 이유는 무엇이었을까? 요가를 가르치는 일이 그다지 재미가 없었다. 소중한 안식처였던 요가가 이제는 하나의 직업이 돼버렸고, 체력적으로도 훨씬 힘이 들었던 것이다.

마지막으로 리라는 친구가 있다. 그녀는 10년 전에 사무직을 그만두고 다시 돌아오지 않았다. 그녀는 여전히 전 세계를 돌아다니며 요가를 가르친다. 그녀의 경험을 다르게 만든 건 무엇이었을까? 그녀는 작게 시작했다. 일주일에 한 번 주말 요가 수업을 하나 맡아서 가르쳤다. 여전히 사무직으로 일하면서 말이다. 열렬한 여행자였던 그녀는 휴가를 이용해 1~2주 동안 다양한 리조트에서 시험 삼아 요가를 가르쳤다. 리조트에서 일하는 방식은 그녀와 맞지 않았다. 그렇지만 그런 시도를 통해 그녀는 아무것도 잃지 않았고, 오히려 깨달음을 얻었다. 다음으로 여러 요가 리트리트 센터에서 초청 강사로 시험 삼아 일을 했다. 빙고! 그녀는 리트리트 방식(인도 등 요가로 유명한 나라에서 단기간 머무르며 요가, 명상, 휴식 등을 함께 진행하는 방식—옮긴이)을 사랑했다. 리트리트 센터에서 일한 경험은 친밀감이 들었고, 즐거웠으며, 수익성도 있었다. 또한 그 경험을 통해 리트리트 방식을 어떻게 개선할 수 있을지 좋은 아이디어를 얻었다. 그녀는 자신만의 현지 리트리트 센터를 조직하기 시작했다. 어느 정도 성과가 나기 시작하자, 센터를 열대 지역으로 옮겼다. 그리고 계속 했다. 그녀는 처음부터 삶을 뿌리째 뽑지 않고, 자신의 목표를 이루기 위해 체계적으로 접근했다. 한 번에 퍼즐 한 조각씩 맞춰가듯, 인내심과 호기심을 갖고 변화에 접근했다. 탐구하듯 체계적으로 접근하는 방법 덕분에, 그녀는 전과는 아주 다른 종류의 삶에 성공적으로 안착할 수 있었다.

변화는 개인적 그리고 직업적으로 생산성과 성장에 아주 중요하다. 변화는 우리의 환경을 바꾸는 강력한 방법이 될 수 있지만, 또한 역효과를 낳을 수 있다. 큰 변화는 공포라는 반응을 일으킬 수 있다. 두려울수록 우리는 더욱 침착해야 한다. 생산적인 제스처나 행동이, 오히려 동일하거나 더 큰 수준의 무기력을 불러오는 경우가 많다. 어떤 것이든 가능하다고 믿는 정점에 이르자, 오히려 가능한 것은 아무것도 없다고 생각하는 불안하고 공포스러운 상황이 이어지는 것이다.

그렇다면 우리는 어떻게 스트레스를 받지 않고 지속적인 방식으로 변화에 영향을 줄까? 일본에 카이젠Kaizen이라는 개념이 있다. '카이'는 대략 '변화'를 뜻하고, '젠'은 '좋은'을 의미한다. 즉 '좋은 변화'라는 뜻이며, 달리 번역하면 '지속적인 개선'이다.

서양에서는 우리가 가장 좋아하는 전진을 나타내는 핵심 키워드로 '파괴Disruption'가 각광받고 있다. 반면에 카이젠은 점진적 개선을 위한 기회를 드러내는 데 집중한다. 작은 질문을 통해 문제를 해결하는 접근법이다. 이를테면 이렇다. *'상황을 개선하기 위해 변화시킬 수 있는 작은 것은 무엇인가?' '다음번에 더 잘하기 위해 무엇을 할 수 있는가?'* 이것은 달성 가능한 개선을 파악하는 강력한 방법이다. 이를 통해 지속적인 진전을 훨씬 쉽게 이뤄낼 수 있다.

카이젠은 일본 자동차 산업의 품질과 기업 문화를 개선하는 방법으로 시작되었지만, 어디든 적용할 수 있다. 일상생활에 적용될 때, 카이젠은 중요한 변화 인자가 될 수 있다. 작은 것에 집중하면 압박감을 느끼지 않고 변화를 가져올 수 있다. 우리가 할 일은 한 번에 작은 문제 하나씩 해결하는 것이다. 각 해결책은 앞서 했던 것을 기반으로 이뤄진다. 이러한 작은 발걸음이 빠르게 차곡차곡 쌓이고, 시간이 흐르면서 거대한 변화를 가져온다.

실행

작은 질문을 하라

목표를 설명한 장에서(202페이지) 우리는 목표를 더 작은 독립적인 단기 목표로 쪼개어 성취하는 방법을 논의했다. 이제 단기 목표들을 실행 가능한 단계나 할 일로 나눠보자. 자신에게 명령을 하거나 최후통첩을 하듯 엄포를 놓기보다, 호기심이라는 렌즈를 통해 해야 할 일을 작성하라. '살 좀 빼!'와 '식단에서 뺄 수 있는 건강하지 못한 음식은 무엇일까?' 사이에는 엄연한 차이가 있다.

우리는 문제를 해결하는 사람이다. 그래서 우리 마음은 질문에 잘 반응한다. 상상력에 불을 붙일 질문을 스스로에게 던져 호기심을 사로잡을 수 있다.

- 무엇을 하고 싶은가?
- 왜 그것을 하고 싶은가?
- 지금 바로 시작하기 위해 할 수 있는 작은 일은 무엇인가?

질문을 작게 유지하면, 할 일을 감당하는 게 훨씬 쉬워진다. 일이 힘들수록 더 많은 노력이 필요하고, 그러다 보면 미룰 가능성이 더 커진다. 할 일을 가능한 한 수월하게 만들라.

프로젝트가 답보 상태에 있을 때, 이 기법을 적용할 수 있다. 어떤 상황이나 누군가로 인해 프로젝트가 지체되었다 해도, 여전히 취할 수 있는 행동은 남아 있을 것이다. 스스로에게 다음과 같은 질문을 하라.

- 진척이 있도록 지금 할 수 있는 작은 단계가 무엇인가?
- 지금 개선시킬 수 있는 것은 무엇인가?

사실 할 일은 간단할 수 있다. 인터넷으로 관련 정보를 찾아보거나, 박식한 친구나 동료에게 몇 가지 질문을 던지는 것일 수 있다. 또는 단기 목표를 재조정하거나 지금까지 배웠던 것을 노트에 장문 형태로 기록할 수도 있다. 점진적으로 개선할 수 있는 기회를 찾는 데 계속 도전하면, 종종 앞으로 나아갈 길을 볼 것이다. 이것은 더욱 능동적인 사람이 되도록 자신을 훈련시키는 간단한 방법이다.

이러한 기법의 가장 강력한 효과는 문제를 해결할 때 드러난다. 불렛저널방식은 완전히 형태를 갖추고 등장한 것이 아니다. 그것은 한 번에 문제를 하나씩 해결하면서, 천천히 구성을 갖춰갔다. 몇 년 동안 내가 시도했던 해결책 대부분은 효과가 없었다. 그러나 나는 그러한 노력들을 실패라고 보지 않는다. 각 시도는 목표를 달성하지 못했지만 내게 새로운 것을 가르쳐 주었고, 결국 더 나은 해결책을 도출했다. 알렉산드르 솔제니친^{Aleksandr Solzhenitsyn}은 이렇게 말했다. "사람이 정직하게 실수를 인정하고 실수로부터 배우려고 할 때, 실수는 훌륭한 교육가다."

문제에 맞닥뜨렸을 때, 잠시 한 발짝 뒤로 물러나 다음과 같은 작은 질문을 하자. 그리고 문제를 자세히 풀어헤쳐보자.

- 정확히 효과적이지 않은 것이 무엇인가?
- 왜 제대로 효과가 나타나지 않았는가?
- 다음번에 개선할 수 있는 작은 것은 무엇인가?

도중에 만나는 장애나 어려움이 무엇이든, 호기심을 갖고 마주하라. 작은 질문들을 하면서 그것들을 포용하고 자세히 살펴보라. 두려움, 자만심, 성급함 때문에 질문할 기회를 날려버리지 마라. 칼 세이건^{Carl Sagan}이 이런 말을 한 적이 있다. "유치한 질문, 따분한 질문, 잘못 표현된 질문, 부적절한 자기비판 후에 나오는 질문들이 있다. 그러나 모든 질문은 세상을 이해하기 위한 외침이다. 바보 같은 질문은 없다."[40]

반복

일단 답을 찾으면 확인해봐야 한다. 답도 종종 틀리기 때문이다.

괜찮다. 이건 단순히 해결책을 찾아가는 과정의 일부다. 토마스 에디슨Thomas Edison은 이런 우스갯소리를 한 적이 있다고 한다. "나는 실패한 적이 없어요. 안 되는 방법 만 가지를 찾았을 뿐입니다." 실패도 이롭고 유용하다. 학습 메커니즘으로서 실패를 적극 포용했을 때, 성장하는 데 도움을 얻을 수 있다. 실패를 끝으로 인식해선 안 된다. 오히려 창의적인 과정의 핵심적인 요소, 즉 성공을 위해 피할 수 없는 선행요건으로 재정의해야 한다. 예를 들어 다이슨 청소기를 발명한 제임스 다이슨James Dyson은 자신이 원하는 결과를 도출하기까지 5,126개 시제품을 시험했다. 그 결과 현재 그 가치는 4조 원이 넘는다.[41]

에디슨과 다이슨은 물론, 그들과 같은 많은 사람들이 실패를 귀히 여기고 자신들이 배운 교훈을 적극적으로 다시 적용하였다. '실패'를 통해 그들의 아이디어는 지속적으로 개선되었고, 마침내 효과가 있는 해결책을 찾아낼 수 있었다. 이것은 반복 주기Iterative Cycle로 알려져 있으며 카이젠을 강화시킨다.

반복은 복잡하게 들리지만 실제로는 그렇지 않다. *'이것을 더 나아지게 하기 위해 변화시킬 수 있는 작은 것은 무엇인가?'*처럼, 스스로에게 작은 질문을 하자. 그러면 우리는 이미 카이젠의 아버지라 불리는 에드워즈 데밍W. Edwards Deming의 이름을 딴, 데밍 사이클 Deming Cycle로 알려진 과정을 시작한 것이다.[42] 데밍 사이클은 지속

적인 개선을 위해 4단계로 이뤄진 체계이다. '계획→실행→평가→
개선'으로 이뤄진 체계를 자세히 살펴보자.

1. **계획**: 기회를 식별하고 변화를 계획하라.
2. **실행**: 계획을 실행하고 변화를 시험하라.
3. **평가**: 시험 결과를 분석하고 배운 것을 확인하라.
4. **개선**: 배운 것을 실행하라. 변화가 개선효과가 없다면, 다
   른 계획을 가지고 다시 반복하라. 성공했다면, 새로운 개선
   을 계획하기 위해 배웠던 것을 구현하라. 그리고 계속 반복
   하라.

이제 불렛저널을 이용하여 어떻게 이것을 실행할 수 있는지 알아
보자. 하루를 하나의 반복 주기로 본다. 가장 직접적인 방법은 아침
성찰을 하는 동안(180페이지) 계획하는 것이다. 그리고 낮 동안 실행
하고 평가하며, 저녁 성찰을 하는 동안 개선하라.

불렛저널에서 모든 것이 그렇듯, 이것이 적용될 수 있는 유일한
방법은 아니다. 언제든 원할 때 일간, 주간, 심지어 월간 이동을 하
는 동안 반복 주기를 수행할 수 있다(150페이지). 중요한 건 규칙적으
로 하는 거다.

생산성은 대체로 지속성이 문제다. 아주 빠른 속도로 일해야 한다

하루 일정

7

               아침 성찰

8

9

10

               우선사항

11

12

1

               점심식사

2

3

4

               할 일

5

6

7

               저녁식사

8

9

               개인적 우선사항

10

11

               저녁 성찰

12

계획

실행

평가, 개선

232

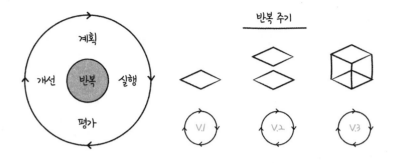

는 생각을 머릿속에서 지워버리면, 과정에 집중할 수 있다. 초인적인 의지력이 없다면 과정에 집중하자. 이것만이 지속할 수 있는 유일한 방법이다.

더 나은 날들

모든 것이 과도한 일처럼 보일 수 있다. 특히 무기력하고, 답답하며, 압도당한 느낌이 든다면 더더욱. 이런 생각이 들 수도 있다. 개인적인 목표는 고사하고, 직업적인 목표를 해결할 돈과 에너지, 시간, 의지도 부족하다고. 실제로 그런 생각을 할 수도 있지만, 그게 진실은 아니다. 어쨌든 우리에게는 선택의 여지가 있으니까.

온갖 이유를 들며 도저히 할 수 없는 일이라고 할 수 있다. 아니면 할 수 있는 작은 방법을 찾거나. 삶이 행복하지 않다면 스스로에게 물어봐라. '삶을 조금 더 나아지게 하기 위해 내일 할 수 있는 작은 일은 무엇일까?' 친구에게 전화를 걸 수 있다. 날이 좋으면 몇 분 일찍 집에서 출발해, 경치 좋은 길을 선택해 회사로 갈 수도 있다. 또는 의자에 수북하게 쌓인 옷가지를 정리한다거나. 다시 한 번 말하지만, 뭐라도 좋으니 승리를 경험할 수 있는 기회를 찾아라. 아무리 작은 승리라도 상관없다. 기준을 아주 낮게 설정해서 실제로 해보는 거다. 그 기회를 불렛저널에 할 일로 적어라.

다음 날에도 자신에게 같은 질문을 하라. 뭔가를 찾아라. 삶을 조금 더 나아지게 할 *어떤 것*이라도 찾아라. 어제 전화통화를 하다가 불쑥 얘기가 나왔던 또 다른 친구에게 연락해도 좋다. 경치 좋은 길에서 발견한 독특하면서 멋진 작은 카페에서 커피를 마시거나, 서랍을 정리해도 좋을 일이다.

한 달 동안 이것을 매일매일 하라. 그리고 불렛저널에 기록하라.

28일간의 개선

		22	23	24	25	26	27	28	4주차
	15	16	17	18	19	20	21		3주차
8	9	10	11	12	13	14			2주차
1	2	3	4	5	6	7			1주차

미처 깨닫기 전에 좋아하는 사람들과 다시 연결되고, 재미있는 새로운 장소를 발견하며, 정돈된 집으로 돌아갈 수 있을 것이다. 현재 위치와 가고자 하는 곳의 간격을 좁힌 셈이다. 이렇게 작은 질문으로 영감을 얻어 이뤄낸 작은 행동이, 우리 삶에 급격하게 긍정적 영향을 줄 수 있다. 하나씩 질문을 하고 해야 할 일을 하면서, 우리는 지속적인 개선과 좋은 변화로 향하는 길을 가꿔나가는 것이다. 한 번에 작은 걸음 하나씩.

시간

결국 중요한 것은 살아온 날이 아니라,

살아온 날 속의 삶이다.

— 에이브러햄 링컨Abraham Lincoln

상대성 이론을 설명해달라고 하자, 아인슈타인은 (자비롭게도) 이렇게 예를 들어 설명하였다. "예쁜 여자를 만나는 1시간은 1분처럼 느껴지지만, 뜨거운 난로 위에 앉아있는 1분은 1시간보다 훨씬 길게 느껴질 겁니다. 바로 이것이 상대성 이론입니다."[43] 다시 말하면 시간에 대한 인식은 우리가 하는 일에 따라 변한다.

우리가 아이였을 때와 비교해보면, 시간의 인식이 어떻게 달라지는지 알 수 있다. 그때로 돌아가보자. 자동차를 1시간만 타도 영원히 계속될 것처럼 길게 느껴졌다. 지금은 어떤가. 아직까지 그 자동차를 타고 있는가? 나이를 먹을수록 시간의 흐름에 덜 민감해지고, 시간을 어떻게 쓰고 있는지 신경 쓰는 일이 줄어든다. 잇따른 마감을 처리하고 계속되는 목표를 수행하다 보면, 시간은 쏜살같이 흘러간다. 특히 우리가 바쁠 때는 더더욱. 시간에 대해 우리가 느끼는 경험은 너무 상대적이라, 시간이 한정된 자원이라는 사실을 쉽게 망각한다. 미처 그 사실을 깨닫기도 전에 시간을 써버린다.

믿기 힘든 진실은 우리는 '시간을 만들 수' 없다는 것이다.

단지 '시간을 가질 수' 있을 뿐이다.

시간을 더 많이 만들 수는 없지만, 우리가 갖는 시간의 질을 증가시킬 수는 있다.

정확한 과학으로 시간의 질을 측정할 수는 없지만, 중요한 측정지표는 바로 영향이다. 하루 종일 책상에 앉아 있었지만, 막상 한 일은 별로 없다고 느낀 적이 얼마나 많았는가? 반대의 경우도 있다. 때로는 고작 몇 시간동안 앉아 있었는데, 며칠 동안 했을 일을 해치우는 식이다. 이건 우리가 갖고 있던 시간의 양과는 무관하다. 현재의 순간에 얼마나 집중하고 있느냐에 달려 있다. 집중을 통제하는 게 어려울 수 있다. 우리 마음은 서투른 시간 여행자나 마찬가지라, 마음이 과거와 미래에 빠져 길을 잃는 경향이 있기 때문이다. 바꿀 수 없는 것에 집착하거나, 예측할 수 없는 것을 걱정하는 일이 부지기수다. 우리가 실제로 차이를 만들어 낼 수 있는 유일한 곳, 바로 현재에서 쓸데없이 낭비되는 시간과 에너지가 너무 많다.

시간의 질은 현재에 몰두하는 능력에 달려 있다.

우리의 집중은 하나의 스펙트럼 위에 놓여 있다. 한쪽 끝에는 차량교통국에 가는 것처럼 호기심을 쫓아버리는 일들이 있다. 반대쪽에는 종종 '몰입Flow'이라 언급되는 상태가 있다. 우리가 가장 현재에 충실하고 가장 큰 영향을 미칠 수 있는 상태다.

이 용어를 만든 헝가리의 심리학자 미하이 칙센트미하이Mihaly Csikszentmihalyi는 무엇이 사람들을 행복하게 하는지 연구하였다. 연구하는 동안 그는 화가부터 시인, 과학자까지 모든 영역의 창작자들을 인터뷰했다. 그들 모두 이상적인 상태를 자신이 하는 일이 저절로 진행되는 것 같은 상태라고 설명했다. 어떤 사람들은 그것을 희열을 느끼는 순간으로 설명했다. '희열Ecstasy'이라는 말의 뿌리는 그리스어로 'Ekstasis'로, '자기 밖에 서기Standing Outside Oneself'라는 뜻이다. 칙센트미하이는 이 감정을 마음이 일에 완전히 빠져들어, 자아가 사라져 의식적으로 경험을 처리할 수 없는 상태라고 하였다.[44] 우리는 뭔가에 완전히 빠져 있을 때 몰입 상태에 들어간다. 바로 우

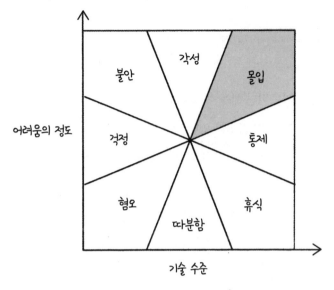

미하이 칙센트미하이 박사의 결과를 토대로.

리가 전적으로 현재라는 순간에 머물 때다. 완전히 생산적이고 창의
적인 잠재력이 열리는 순간이다. 그렇다면 몰입을 만들어 내는 것이
가능할까? 행복이 그렇듯, 몰입은 강요될 수 있는 게 아니다. 그러
나 시간을 전략적으로 이용하면, 몰입이 일어날 가능성이 높은 상황
을 만들 수는 있다.

실행

타임박싱

아무리 의도적인 삶을 산다 하더라도 즐겁지는 않아도 피할 수 없는 책임을 떠안는 경우가 있다. 우리 모두 그렇다. 그중에는 두려울 정도로 어려워 보이는 일이 있다(중요한 사람들과 마음을 터놓고 대화하기, 상사에게 연봉 인상 요구하기, 중요한 프레젠테이션을 하기). 반대로 지루할 정도로 너무 쉬워 보이는 일도 있다(집안 청소하기, 고지서 납부하기, 직장에서 일상적인 업무 처리하기). 우리는 이런 두 가지 유형의 활동을 최대한 미루는 경향이 있다. 물론 미뤄봤자 사라지지 않는다. 시한폭탄처럼 할 일 목록에서 째깍거리며 시간을 보낼 뿐이다. 미루면 미룰수록, 우선사항이 더 많아진다. 고지서 납부 같은 일에 어영부영 시간을 질질 끌다 보면, 에너지를 낭비하고 쓸데없이 많은 시간을 허비하게 된다. 어디 그 뿐인가. 내지 않아도 될 연체료를 납부해서 잔고만 줄어들고, 괜히 재정 상태에 대한 불안만 생긴다.

우리는 타임박싱Time Boxing을 통해 이런 책임을 완화시킨다. 이름에서 알 수 있듯이, 타임박싱은 각 활동에 시간을 할당하는 것이다. 그렇게 하면 사전에 설정된 시간 동안만 해당 활동에 집중하여 완전히 몰입할 수 있다.

타임박싱은 우리가 미룬 일에 동기를 부여하기 위해
핵심 요소 두 가지를 제공한다. 바로 체계와 긴급성이다.

하루에 딱 30분만 시험에 나올 자료를 읽을 수 있다면 어떨까. 당연히 그 30분을 더 없이 소중하게 여기지 않겠는가. 괴롭지 않을 정도로 적당한 초조함을 주고('이건 질질 끌면 안 되겠다. 잘됐네'), 압도되지 않을 만큼 단순하며('이 정도는 나도 할 수 있지!'), 집중할 만큼 충분히 도전적인 일('좋아, 딱 30분만 여기에 집중하는 거야. 머리야, 이걸 하자. 시작!')이 될 것이다.

한 달 안에 세금을 신고해야 한다고 가정하자. 신고 마감 직전까지 미루고 미루다, 검토하지 않은 갖가지 사항을 깨닫고 스트레스를 받지 말자. 타임박싱을 이용하여 시간별로 쪼개라. 예를 들면 다음과 같다.

- 세션 1~2: 일 PM 8:30~9:00 – 자료 모으기
- 세션 3~6: 월, 수, 일 PM 8:30~9:00 – 자료를 스프레드시트로 정리하기
- 세션 7: 화 PM 8:30~9:00 – 마무리하고 파일 제출하기
- 세션 8: 목(마지막 날) PM 8:30~9:00 – 추가정보 제공하기

몰입의 핵심은 일에서 느끼는 어려움의 정도와 기술 수준의 균형을 맞추는 것이다. 해야 할 일을 수행하기에 기술이 부족하다면, 급격히 불안해지고 압도되고 만다. 타임박싱은 해야 할 일을 1개로 줄이고, 일을 수행하는 과정에서 기술을 향상시킨다. 시간이 흐르면서 느끼는 어려움의 정도가 낮아질 수 있다. 반면에 노력을 거의 필요로 하지 않는 일이라면, 그 일에 매진하는 능력 또한 아주 낮은 수준이 된다. 이런 상황에서 타임박싱은 긴급성을 창출하여 어려움의 정도를 높이는 데 사용될 수 있다.

일정 짜기: 미루지 말고 맨 처음 하라

집중력 지속 시간은 하루에 걸쳐 소모된다. 일을 언제 하는지는, 그 일을 얼마나 잘하는지에 큰 영향을 미친다. 하기 싫은 일은 미루는 경향이 있다. 미루다 보면 그 일이 해야 할 목록에서 가장 어려운 일이 될 수 있다. 불안감만 커질 뿐 딱히 흥미를 불러일으키는 일도 아니기 때문이다. 그러므로 그 일을 맨 먼저 하라.

물론 흥미롭지 않거나 동기부여가 되지 않는 일로 하루를 시작하고 싶지 않을 거다. 전적으로 이해한다. 그러니까 더더욱 그 일부터 즉시 해결해야 한다. 그런 일은 신발 속의 자갈이나 다름없다. 진짜 골칫거리가 되기 전에 자갈을 꺼내라. 미루는 버릇의 전형적인 형태가 바로 쉬운 일부터 하는 거다. 우선 더 힘든 일을 하면, 남은 하루를 더욱 편안하게 보낼 수 있다. 무거운 물체를 매달고 달릴 때처럼, 그것들을 떼어내자마자 더 가볍고 강해진 느낌을 받을 수 있다.

해야 할 일을 이렇게 역순으로 하면, 가장 흥미로운 일 쪽으로 나아가며 일을 하게 된다. 기대할 만한 것이 있을 때, 하루 종일 집중과 동기부여를 유지하는 게 훨씬 쉬워진다. 그렇긴 해도 우리는 모두 다른 생체리듬을 갖고 있다. 어떤 사람들은 밤에 기운이 나기도 하니까. 비법은 가장 집중력 있고 생산적인 시간을 파악하고 그에 맞게 계획하는 것이다.

사람은 누구나 죽는다는 사실을 기억하라

할아버지와 마지막으로 얘기를 나눈 게 1년 전이었다. 나는 할아버지의 건강이 나빠지고 있다는 사실을 알고 있었던 터라, 불렛저널에 '할아버지께 전화하기'를 적어 두었다. 그런데 미처 시간을 내기도 전에 할아버지는 돌아가시고 말았다. 내가 아는 사람들 대부분이와 비슷한 이야기, 비슷한 후회를 마음에 품고 있다. 죽음은 우리에게 시간이 얼마나 중요한 가치인지 가장 잘 상기시킨다.

고대 로마에 이런 격언이 있었다. '메멘토 모리memento mori', 대략 '죽는다는 사실을 기억하라'는 뜻이다. 전설에 따르면 장군들이 전투에서 승리를 거두고 돌아와 시가행진을 할 때, 노예가 이 문구를 그들의 귀에 반복해서 속삭이도록 시킨다고 한다. 겸손하고 집중할 수 있도록.

모든 살아있는 존재는 죽는다. 이것은 우리가 알고 있는 소수의 절대 진리 중 하나이다. 그러나 서양에서는 거의 일시성을 악마로 묘사한다. 죽음은 죽음의 신^{Grim Reaper}으로 의인화된다. 죽음의 신은 악귀 같은 적으로, 그림자에 가린 채 우리에게서 모든 것을 앗아가길 기다린다. 이 무서운 생각은 불가피한 죽음과 우리를 일방적인 관계로 만들어 버린다. 꼭 이런 식일 필요는 없다. 일시성이라는 현실을 포용하면, 우리가 가진 시간을 더 충만하게 만들 수 있다.

가장 좋아하는 음식을 떠올려봐라. 예를 들어 피자라고 치자. 어느 날 앞으로 살면서 피자를 먹을 수 있는 기회가 87번밖에 없다는 말을 들었다고 가정하자. 그 말을 듣고 나면 피자를 먹는 일이 싫어질까? 피자를 먹는 일을 회피하고 두려워할까? 아니, 정반대일 가능성이 높다. 단순히 제한되어 있다는 사실을 인식하는 것만으로 피자를 경험하고 즐기는 순간에 더욱 충실하며, 한 입 베어 물 때마다 맛을 음미하는 능력이 놀랍게 향상될 것이다. 전에는 불가능했던 일일 것이다.

우리는 물론이고 참을 수 없는 동료, 애완동물, 애인, 형제, 부모가 죽음을 맞이한다는 사실을 스스로에게 끊임없이 상기시키자. 그러면 근본적으로 모두와 더 좋은 관계를 유지할 수 있다. 우리 안에 이해심, 너그러움, 인내심, 친절함, 고마움이 더욱 커질 수 있다. 그 무엇보다 우리는 더욱 현재에 충실하게 되어 시간의 질을 개선시킬 수 있다.

로마 제국의 황제이자 스토아학파 철학자인 마르쿠스 아우렐리우스Marcus Aurelius가 이런 말을 한 적이 있다. "지금 바로 삶을 떠날 수 있다. 그 사실에 따라 행동하고, 말하고, 생각하라."[45] 진실로 그 지시에 따라 움직인다면, 우리 삶은 어떻게 변할까? 모든 것이 그대로일까? 우리의 행동은 어떻게 변할까? 우리의 말은 어떻게 변할까? 이렇게 *생각하는* 것만으로도 모든 일이 더 명확해지고, 새로운 시각이 생기지 않았는가? 진정한 질문은 이거다. 우리는 왜 이런 식으로 움직이지 않을까? 이것이 우리가 살고 있는 진짜 현실인데.

어떤 운명이 주어질지를 우리가 항상 통제할 수 없다. 선택하는 순간 일상에 무엇을 들여보낼지 늘 방심하지 말고 신경 써야 한다. 우리에게는 여분의 삶이 없기 때문이다. 불렛저널에서 마이그레이션, 즉 이동을 하는 동안 스스로에게 '무엇이 꼭 필요한지', 그리고 '무엇이 가장 중요한지' 질문하자. 그런 질문을 통해 삶에서 집중을 방해하는 것을 거를 수 있다. 때로는 그 질문들에 대답하기 어렵다. 그럴 때 일시성이라는 렌즈를 더하면, 무엇이 중요한지 명확하게 떠올릴 수 있다. 주어진 시간을 최대한 활기차게 살 수 있도록, 반드시 죽는다는 사실을 기억하라.

감사함

삶이란 아주 미묘해서, 때때로 열리기만을 고대했던 여러 문들을
이미 통과하고 있다는 것을 알아차리지 못한다.
― 브리아나 위스트^{Brianna Wiest}

데이빗 린치^{David Lynch}가 만든 〈트윈 픽스^{Twin Peaks}〉에 이런 장면
이 나온다. FBI요원인 데일 쿠퍼와 보안관 해리 트루먼이 기묘한 분
위기를 자아내는 더블 알 카페로 들어간다. 카페로 들어서자 FBI요
원인 쿠퍼가 보안관 트루먼의 가슴을 툭툭 치더니 웃으며 말한다.
"해리, 내가 작은 비밀을 알려줄게요. 매일, 하루에 한 번씩, 자신에
게 선물을 해줘요."

어떤 선물일까? 바로 '맛있는 뜨거운 블랙커피' 2잔을 주문하는 거
였다.

이 장면에는 깊은 감동이 있다. 바로 쿠퍼가 자신을 둘러싼 기이하고 폭력적이고 미심쩍은 분위기를 자아내는 세상에서, 삶에 약간의 밝음과 쾌활함을 불어넣을 방법을 찾았다는 것이다.

쿠퍼는 좋은 것을 찬찬히 살펴본다. 현재 주어진 저녁식사와 커피를 사랑하고, 찬찬히 살펴보고 음미할 시간을 자신에게 준다. 그는 이런 의식이 비밀이라고 했지만, 그건 누구에게나 가능하지만 저평가된 기술이다.

마음챙김이라는 명상에서 우리는 관심을 현재에 집중하라고 배운다. 설거지를 하거나, 이를 닦거나, 계산대 앞에서 줄을 서든, 우리는 명상을 통해 현재의 순간에 충실하며 완전히 집중하는 능력을 기른다. 명상을 하면서 생각을 없앤다는 오해를 많이들 한다. 오히려 마음챙김은 생각과 거리를 두도록 돕는다. 나의 선생님이 공유했던 유익한 은유법이 있었다. 생각이 자동차라면, 명상은 우리가 교통 체증에 갇혀있기보다 도로가에 멈춰 설 수 있도록 도와준다는 것이다.

우리는 인생이라는 교통에 갇혀 있는 탓에, 가장 중요한 순간들조차 쉽게 지나쳐버릴 수 있다. 이것을 잘 나타내는 예가 성취에 집착하는 모습이다. 성취가 생산성을 규정하는 척도라면, 성취를 규정하는 척도는 무엇인가? 다시 말해 성취가 가치 있는 이유는 뭘까? 발전하기 때문에? 성장하니까? 그럴 수 있다. 단, 노력의 효과를 살

퍼볼 시간이 있어야 가능하다. 전속력으로 차를 모는 것이, 올바른 방향으로 가고 있다는 의미는 아니다.

다음번에 불렛저널에 적힌 해야 할 일에 줄을 그어 지워버릴 때는, 천천히 하라. 잠시 멈춰 자신이 이룬 성취의 효과를 생각해봐라. 어떤 느낌인가? 안도감 말고 아무런 느낌이 없다면, 삶에 많은 가치를 더하지 않는 쪽으로 부지런하게 일했을 가능성이 있다. 이것은 반드시 인식해야 할 중요한 통찰력이다. 반면에 소박한 즐거움, 자부심, 감사함, 성취감을 느꼈다면 대단한 것을 발견할 가능성이 있다. 성취를 감사히 여기고 인정할 시간을 스스로에게 선물하라. 그 성취는 우리에게 뭔가를 보여주고자 애쓰고 있기 때문이다. 자신의 성취를 이해하고 제대로 평가하지 않는다면, 무슨 소용이 있겠는가?!

성취는 가르침을 주고 길을 안내해줄 힘을 갖고 있다. 단, 그러려면 그 성취에 감사할 시간을 갖는 게 필요하다.

실행

축하

불렛저널에는 해야 할 일을 나열한 목록이 있다. 완료되면 할 일은 하나의 성취로 바뀐다. 일을 완료한 후 줄을 그어 지워버릴 때, 그 성취를 제대로 인정할 기회가 주어진다. 긍정적인 영향이 아주 미미하더라도, 성취를 축하하라! 하나의 이정표에 도달했거나 장기 목표와 같은 큰 승리라면, 제대로 된 축하를 계획하라. 관련된 사람들이나 승리를 기뻐해줄 사람들과 함께라면, 더할 나위 없이 좋다. 중간 정도 수준의 성취라면, 친구에게 전화를 하거나 평소보다 일을 일찍 끝내라. 작은 성취라면 그저 웃기라도 해라! 손가락으로 딱 소리를 내라! 주먹을 불끈 쥐고 외쳐라. "끝났다!" 도파민이 마구 솟구치는 것을 즐거라. 승리를 축하하는 건, 단지 스스로 등을 두들기며 격려하는 것이 아니라 긍정적인 순간들을 확인하도록 훈련하는 것이다. 그래야 긍정적인 순간을 훨씬 잘 발견하고 즐길 수 있다.

작은 승리를 축하하면, 자아인식과 태도를 크게 개선시킬 수 있다. 우리는 뭐라도 잘못한 일이 있으면 깊이 생각하는 경향이 있다. 그런데 막상 제대로 한 일은 알지 못하거나 무시한다. 성취를 축하하면, 우리 스스로 능력을 인정하고 자신이 기여할 수 있는 증거를 확인할 수 있다. '내가 이걸 다 어떻게 하지?'에서 '내가 한 것 좀 봐! 내가 해냈다니까.'로 태도를 변화시킨다. 실패에 대한 두려움이 내면에서 서서히 힘을 잃어갈 것이다. 이건 방종이 아니다. 추진력, 낙관주의, 회복력을 구축하는 의도적인 수단이다. 성취에 대한 올바른 평가를 시작하는, 간단하지만 의미 있는 방법이 있다. 바로 성취를 적는 것이다. 종이 위에 성취를 남겨 두면, 잠시 멈추고 관심을 기울여 기분 좋은 순간을 만끽할 수 있다. 불렛저널에서는 감사할 이벤트가 있을 때 데일리 로그, 먼슬리 로그의 달력, 감사 로그에 기록할 수 있다.

감사 연습

연구결과에 따르면, 부정적인 말을 들을 때마다 이를 상쇄하려면 칭찬 다섯 번을 들어야 한다. 우리는 긍정적인 이벤트보다 부정적인 이벤트를 더 강력하게 기억하기 때문이다. 감사 연습은 감사할 일을 주기적으로 알아보는 간단하는 과정으로, 삶에 긍정적인 것을 적극 인식하여 부정적인 편향을 공격하는 좋은 방법이다.[46]

감사 습관을 들이면 공격성을 낮추고 인간관계, 신체 건강과 정신 건강, 공감, 자부심이 개선되는 것으로 드러났다. 이 밖에도 많다.[47] 삶과의 지속적인 대화가 많은 결실을 맺도록 돕는 수단이 바로 감사 습관이다. 이를 염두에 두고 다음과 같은 두 가지 간단한 사례를 살펴보자. 불렛저널에 감사 연습을 포함하는 방법을 보여준다.

1. 저녁 성찰을 하는 동안(182페이지), 데일리 로그(125페이지)에 감사한 일을 한 가지 이상 적어라. 매일 하려고 노력하라.
2. '감사' 컬렉션을 만들라(그리고 색인에 반드시 추가하라). 다시,

감사한 일을 한 가지 이상 적어라. 매일 하려고 노력하라. 가장 좋아하는 순간을 어떻게 포착할지, 창의적으로 마음에 드는 방법을 활용할 수 있다(25페이지).

감사할 뚜렷한 대상을 찾아보면 건강, 집, 가족, 친구, 강아지 등이 있다. 그런데 얼마 지나지 않아 그 대상은 바닥나기 마련이다. 전에 적어 두었던 것을 살짝 바꿔 다시 사용하는 일은 피하는 게 좋다. 그러면 그때부터 재미있는 일이 일어난다. 구태의연한 대답이 고갈되면, 소재를 위해 우리는 일상 속 경험에 깊게 파고들기 시작한다. 그 덕분에 현재에 더욱 충실해진다. 좋은 것을 찾기 위해 적극적으로 경험을 자세히 살펴볼 때, 좋은 것을 찾고 감사히 여기는 일에 능숙해진다. 베네딕트 수도회 수사신부인 데이비드 스타인들 라스트 David Steindl-Rast의 말을 빌려 표현하자면, "우리는 모든 것에 감사할 수 없지만 매 순간에 감사할 수 있다."[48]

진척되는 일이 많지 않은 날에도 감사 연습은 감사할 일을 발견하는 데 도움이 된다. 이를테면 도움을 준 동료, 문을 열어준 낯선 사람, 맛있게 먹은 음식, 입구에 가까운 주차공간처럼. 감사 연습을 통해 우리는 삶을 조금 더 즐겁게 만들어 주는 것을 잘 알아보게 된다. 매일, 하루에 한 번, 인생에서 좋은 것을 음미할 선물을 스스로에게 주어라.

Gratitude

the rain gave me a break!

Mark

analog tools

POSITIVE COMMENTS ♡

lisa AND bonnie!

#OMIMBJ

Peloton

TAKING A ME DAY!

FEELING healthy

long hot baths

NAPS

REST

CREATIVE TIME

Cream Ridge Veterinary Clinic

ENERGY

baby fever

Puppy Snuggles

hubby

SUNNY DAYS

TACOS!

♡ BELLA ♡

getting BACK TO normal

being self-employed

통제

신이시여, 제가 바꿀 수 없는 것들은 받아들이는 평온함을,

바꿀 수 있는 것들은 바꿀 수 있는 용기를,

그리고 이 두 가지를 구별할 줄 아는 지혜를 주소서.

— 라인홀드 니부어Reinhold Niebuhr

모든 것은 변한다. 이건 보편적 진리다. 한편으로는 그 사실이 우리를 두렵게 한다. 나쁜 쪽으로 변할 수 있기 때문이다. 우리는 돈은 물론이고 막대한 시간과 에너지를 투자하여 직장과 지위, 안전, 건강, 관계를 잃는 것과 같은 부정적인 변화를 막거나 완화시키고자 부단히 애쓴다. 교육, 외모, 능력, 일반적인 개인적 성장과 같은 긍정적인 변화를 일으키는 것도 마찬가지다. 두 가지 경우 모두 많은 노력이 낭비된다. 바꿀 수 없는 일에 노력을 쓰기 때문이다. 우리가

무엇을 바꿀 수 있는지 알기 위해서는, 먼저 무엇을 통제할 수 있는지부터 규명해야 한다.

이러한 노력은 스토아철학의 핵심이었다. 이 철학은 제대로 된 삶을 사는 방법이라는, 아주 오래된 수수께끼 같은 문제를 해결하는 데 집중하였다. 스토아철학에서 해결책의 핵심은 우리가 통제할 수 있는 대상과 없는 대상의 '차이를 아는 것'이었다.

스토아철학에 따르면 주변 세상은 물론이고 그 안에 사는 사람들도 우리가 통제할 수 없다. 우리를 좌절시키고 엄청난 충격을 주며 정말 막막하게 만드는 건, 이러한 진실에 저항해봤자 아무 소용없다는 사실이다. 예를 들어 노력에 대한 보상으로 우리는 다른 사람의 지지나 인정을 구하는 경우가 있다. 그런데 지지나 인정을 얻지 못했을 때, 우리는 부족함을 느끼거나 더할 수 없이 화가 나고 혼란스러워한다. 우리는 왜 기분이 나빠질까? 바로 통제할 수 없는 것을 기대하고 있기 때문이다.

이 렌즈를 통해 삶을 바라보면, 많은 예들이 드러난다. 사람들에게 아무리 친절해도, 우리를 좋아하지 않는 사람들이 있다. 친구에게 바람직한 조언을 해주고 친구가 노력을 해도, 정반대의 결과가 나타난다. 야근을 수없이 해도 승진에서 누락된다. 마음을 터놓고 얘기했지만, 관계가 깨진다. 하려고 하면 이런 예는 끝도 없다. 우리가 타인과 세상을 통제하려고 노력할수록, 삶은 더욱 팍팍해진다.

주변 세상이나 사람을 통제할 수 없다면, 우리에게 남겨진 건 내면에 있는 세상뿐이다. 그렇지 않은가? 그런데 우리는 복잡한 감정을 지닌 생물체다. 우리에게 잘못한 사람에게 당연히 화가 나고, 누군가의 상실로 인해 슬퍼할 수밖에 없다. 우리는 자기 자신조차 전혀 통제할 수 없다. 핵심은 우리 감정, 사람, 외부에서 일어나는 일을 통제할 수 없다는 거다. 그러나 우리가 통제할 수 있는, 강력한 것이 하나 있다.

우리에게 일어나는 일에 어떻게 반응할지 통제할 수 있다.

우리가 속한 세상, 사람들, 심지어 감정이 일으키는 새로운 문제를 놓고 의도적으로 어떻게 반응할지는 전적으로 우리 자신에게 달려 있다. 인생에 무슨 일이 일어나든 일이 얼마나 나빠지든 상관없이, 우리가 겪고 있는 일에 전적으로 휘둘리지 않는다. 우리가 행동하기로 선택한 방법에서 언제나 기회와 자유를 찾을 수 있다. 그리고 이러한 자유를 최대한 이용하는 게 우리 의무다.

컴퓨터에 문제가 생기면, 나는 마우스와 키보드에 끔찍한 방법으로 화풀이를 합니다. 빗속에서 웅덩이를 세게 치며 후려갈기듯이 말이죠. 불렛저널링을 시작하고 나서는 작은 일에 매번 화를 내기 전에, '왜?'라고 질문하기

255

시작했어요. 고속도로에서 누군가가 내 앞으로 갑자기 차를 몰며 끼어들면, 내가 통제할 수 없는 일에 왜 화가 났는지 스스로 질문하죠. 그리고 이제는 그저 앞차와의 간격을 더 멀리하고 있답니다.

－ 불렛저널 사용자 트레이 카우프만

실행

대응하기 vs. 반응하기

우리는 종종 의도적이기보다 본능적으로 반응한다. 특히 상황이나 사람이 우리에게서 최악의 모습을 끌어내리고 할 때는 더더욱. 동료 채드가 기분을 상하게 했다. 당신은 복어처럼 얼굴이 부풀어 오른 채 자기방어에 열을 올린다. 이때 당신은 채드가 잘못한 일을

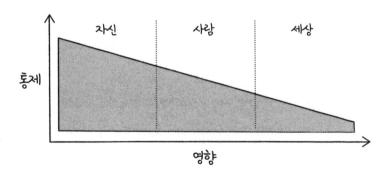

이것저것 생각하느라 지나치게 많은 시간을 낭비할 수 있다. 또는 네가 잘했네, 내가 잘했네, 입씨름을 벌이다 더 나쁜 상황으로 치달을 수 있다. 결국 둘 다 똑같은 수준으로 뚝 떨어지고 만다.

우리는 자신을 '방어하기' 위해 에너지를 낭비한다. 깊이 들여다보면 우리 모두 동물이기 때문이다. 우리 조상들은 총알이 발사되면 뛰거나 물어뜯으며 살아남았다. 투쟁하거나 도주하거나. 나무를 이리저리 옮겨 다니던 시절 이후로 시간이 꽤 흘렀다. 이제는 이용 가능한 대안이 많지 않은가. 우리는 분명 더 잘할 수 있다.

분노가 던지는 미끼를 덥석 물지 마라. 채드에게 화를 내며 밀어붙이기보다 숨을 깊이 들이마시라. 열 받은 결정적인 순간이 지나가게 하라. 일일 성찰을 하는 동안 더 나은 환경에서 경험을 들여다볼 수 있다. 채드가 그런 말이나 행동을 한 이유가 뭘까? 왜 그런 모호한 의견을 자진해서 말했을까? 그 말에 내가 화가 난 이유는 뭘까? 그럼 지금 내 생각은 뭐지?

불렛저널에 이런 생각을 편지 형식으로 적으며 침착하게 반응하라. 좀 더 명확하게 설명하자면 이 편지는 꼭 채드를 위한 건 아니다. 우리 생각을 명쾌하게 정리하기 위한 것이다. 너무 흥분해서 화를 억제하지 못한 순간에는 잘 보이지 않았던 기회와 통찰력을 드러내기 위함이다. 이러한 비법으로 나는 상대하기 아주 힘든 사람들과 상황을 다루는 데 도움을 받았다. 먼저 우리는 안전하게 분통을 터트릴 수 있다. 머릿속에서 분노에 대한 생각을 끄집어내면, 꼭 필요한 위안을 얻는다. 또한 종이 위에 적힌 생각을 보며, 우리 안에 있는 속 좁은 구석과 부당하고 비이성적인 면을 확인할 수 있다. 그런 식으로 감정을 추스르고, 차분하고 신중하게 상황을 다시 바라보면서, 생산적인 다음 단계를 파악할 수 있다.

예를 들어 다른 사람이 왜 그런 말을 했는지 이해하지 못해서 논쟁이 일어났다고 해보자. 그 이유를 명확하게 이해할 수 있는 방법이 있을 것이다. 대화를 나눌 수 있다면, 그들이 하는 말을 잘 들으려고 노력하라. 그럼 그들에게도 일리가 있다는 사실을 깨달을 수 있다. 혹은 그들이 뭔가를 오해했을 수도 있다. 우리가 그들 입장이라면, 우리도 화를 낼 수 있다. 그들이 어리석은 행동을 했다는 사실이, 그들이 틀렸다는 의미는 아니다. 단지 기분이 나빴다는 이유로자기 자신이 옳다고 주장해서도 안 된다.

편지를 쓰는 도중에, 그들이 말하거나 한 일이 사실 우리와 아무상관이 없다는 사실을 깨달을 수 있다. 화가 머리끝까지 오른 순간에는, 우리를 공격한 사람 역시 그들 나름대로 고통스러운 시간을보낼 수 있다는 사실을 쉽게 잊어버린다. 고통이나 분노에 단순히반응하면서 우리는 그들과 우리의 상처를 악화시키고 이해, 전진,불화 해결을 위한 기회를 차단해버린다. 또한 통제할 수 없는 것을걱정하느라 시간과 에너지를 계속 낭비한다.

과정 vs. 결과

마크 트웨인Mark Twain은 언젠가 이런 글을 썼다. "일평생 많은 걱정이 있었다. 대부분은 결코 일어나지 않았다."[49] 걱정은 우리의 관심을 인질로 붙잡아 둔다. 특히 불확실성이 높아 우리가 통제할 수 없는 경우에 더욱 그렇다. 우리는 발생 가능한 결과에 집착하고 비상사태 대책을 계획하며 많은 자원을 다 써버리지만, 실제로 불안감만 부채질할 뿐이다. 통제할 수 없는 상황을 벗어나고자 애쓰는 게, 자칫 생산적인 일처럼 보일 수 있다. 그러나 그것은 단지 강력하게 집중을 방해하는 요소일 뿐이다.

걱정은 해결책을 약속하며 우리에게 미끼를 던지지만,

실제로 아무것도 제공하지 않는다.

달라이 라마Dalai Lama가 언젠가 이런 말을 했다. "해결될 수 있는 문제라면 걱정할 필요가 없다. 해결될 수 없는 문제라면 걱정해도 소용없다."[50]

일일 성찰이나 또는 월간 이동을 하는 동안, 해야 할 일을 훑어보고 통제할 수 있는 대상과 통제할 수 없는 대상을 식별하려고 노력하라. 할 일이 과정보다 결과에 집중되어 있다면 가려내기 쉽다. '• 끝내주는 프레젠테이션 하기' '• 체중 5킬로그램 감량하기' '• 책 5권

읽기' '• 채드가 분별 있게 행동하도록 만들기'는 목표다. 목표는 방향을 제공하지만, 궁극적으로 우리가 통제할 수 없는 결과에 초점을 맞춘다. 그래서 목표를 실행 가능한 작은 단계로 쪼개야 한다. '• 프레젠테이션 암기하기' '• 일요일에 탄산음료 마시지 않기' '• 독서시간 확보하기' '• 채드의 걱정 고민해보기', 이건 통제할 수 있는 일이다.

통제할 수 없는 일을 확인하고 내보내면, 집중력을 되찾아 통제할 수 있는 일에 다시 투자할 수 있다. 통제할 수 있는 일을 하는 것에 집중하면, 성공하는 데 도움을 얻을 수 있다. 이것이 우리가 할 수 있는 최선이다. 타인은 물론이고 자기 자신에게 그 이상 바랄 수 없다.

광채

사람이 자신의 본성을 바꿀 때,

그를 향한 세상의 태도도 변한다.

— 마하트마 간디Mahatma Gandhi

함께 일하는 독이 되는 동료를 생각해봐라. 업무는 제법 만족스럽지만, 그들이 회사를 헐뜯거나 일에 대해 불평하고 원하는 것을 얻고자 사람을 마음대로 휘두를 때, 어떤 기분이 드는가? 뒷맛이 개운치 않고, 내내 그런 감정이 남아 있기 십상이다. 어느 연구결과에 따르면 자신도 모르게 저녁식사 자리에서 애인에게 그런 부정적인 감정을 퍼뜨릴 수 있다. 심지어 다음 날 애인의 동료에게도.[51]

조약돌이 호수에 풍덩 빠질 때처럼, 우리 행동은 주변 세상으로 잔물결을 일으키며 퍼져간다. 그 잔물결은 부딪치는 모든 것에 영향을 미치고, 차례차례 더 멀리 퍼져간다. 우리가 뒷사람에게 문을 잡아주면, 그들이 다음 사람을 위해 자진해서 같은 행동을 하도록 영감을 준다. 또는 우리 영향이 없었다면 존재하지 않았을 다른 부류의 친절함을 확장시킬 수 있다. 마찬가지로 우리가 누군가에게 화를 내면, 그들의 배우자나 친구, 아이가 우리 행동이 미치는 파급효과에 영향을 받을 가능성이 크다. 우리가 주변 세상에 영향을 미치는 능력을 광채라 부르고 싶다. 말 그대로, 우리는 빛을 발산한다.

우리가 내뿜는 광채의 본질은 종종 내면에서 일어나는 것을 반영한다. 그래서 자기인식을 기르는 것이 반드시 필요하다. 자기인식은 이기적인 것과 전혀 다르다. 부정적인 감정이나 분노처럼 좋지 않은 감정에 대해 책임감을 인식하지 못한다면(혹은 인식하고 싶지 않다면), 우리는 가까운 사람들에게 그 감정을 전달시킬 수밖에 없다. 우리가 하는 말이나 행동은 내면과 평행을 유지하기 위해 우리 주변의 세상을 형성하기 시작한다. 프로젝트에 대해 열정이 부족하면, 팀 전체의 열정을 고갈시키는 식이다. 저녁식사에서 내비치는 좋지 않은 기분은, 결국 애인의 침묵으로 자신에게 되돌아온다.

쾌활한 디즈니 캐릭터처럼, 모든 면에서 끊임없이 긍정적 사고로 무장해야 한다고 강요하는 건 아니다. 그보다는 약점을 해결하고 강점을 발전시켜야 한다는 얘기다. 우리는 혼자가 아니니까. 잠재력을 키우면 우리는 자기 자신과 타인, 특히 가장 가까운 이들에게 더욱 가치 있는 존재가 된다.

우리는 사람을 통제할 수 없지만, 접촉하는 사람들에게 여러 방식으로 영향을 미친다. 그들 역시 차례차례 그 영향을 퍼트린다. 우리의 지식은 타인을 가르칠 수 있다. 우리가 열심히 한 일은, 다른 사람들에게 영감을 줄 수 있다. 우리의 긍정적인 기분은, 다른 사람을 기분 좋게 해줄 수 있다. 세스 고딘Seth Godin은 이렇게 쓴 적이 있다. "우리는 에너지를 창출하거나 에너지를 파괴하는 사람이다."[52]

우리 자신을 개선시키면, 다른 사람을 개선시킬 수 있다. 우리가 그 파급효과를 끝없이 확대하고 모든 사람들이 자발적으로 파급효과를 증가시킨다면, 세상 전체가 더 나아질 것이다. 자신을 위해 스스로가 더 나아지기를 원치 않는다면, 타인을 위해 더 나아져라. 인생의 목표가 타인에게 도움이 되는 거라면, 자신에게 유익한 방법을 찾아 시작할 수 있다.

실행

자기연민

인생에서 어려운 시기를 겪고 있는 친구 한 명을 잠시 생각해보자. 일을 망쳤거나 누군가에게 모질게 굴었거나 차였을 수도 있다.

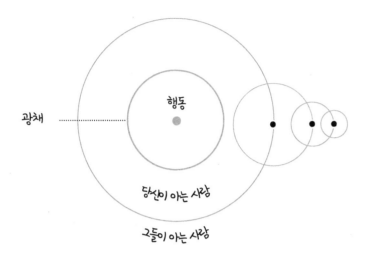

광채 ······

행동

당신이 아는 사람

그들이 아는 사람

그게 뭐가 됐든, 그들은 자신이 아주 형편없는 사람이라고 생각하고 있을 거다. 또 인내심을 갖고 가만히 앉아 그들이 하는 말을 듣다 보면, 다들 자신이 모든 면에서 끔찍하거나 쓸모없는 사람이라는 생각에 사로잡혀 있다.

우리는 그들의 왜곡된 자기인식을 고쳐주려 노력할 거다. 그들이 잘하는 일과 제대로 한 일을 알려주면서. 그들에게 얼마나 마음을 쓰고 있는지, 누구나 수없이 실수를 한다는 사실도 상기시켜줄 것이다. 그리고 앞으로 나아가는 방법을 제시하려 할 거다. 이미 알고 있는 실패나 단점에 집착하는 것이 전혀 도움이 되지 않는다는 사실을 알고 있기 때문이다. 적어도 그들에게 귀를 기울인다. 우리는 아끼는 사람들에게 지지와 위로를 보낼 때 행복해한다. 이런 친절함을 자신에게 베푼다면 어떨까?

사실 말은 쉬운데, 막상 그러기가 어렵다. 그렇지 않은가? 우리는 수많은 이유를 들이대며 자신에게 엄격하게 군다. 특히 우리가 불안정하고, 예민하며, 지쳤을 때 더더욱. 우리는 자신에게 호통치지 말고, 타인에게 던지듯 명석하고 연민 어린 조언을 해줘야 한다.

자기연민은 스스로에게 간단한 질문을 하면서
시작할 수 있다. 이런 상황에서 친구에게 무슨 말을 할까?

이런 질문을 하면 내면에서 들려오는 비판을 차단하고 문제를 해결하는 데 주력할 수 있다. 고통받고 있는 친구가 도움을 청하러 찾아왔는데, 친구의 고통을 악화시킬 수 있을까? 상상도 못할 일이다. 좋은 친구로서 친구를 아끼는 마음이 큰 우리는, 절대 그럴 수 없다. 그런데 우리는 자기 자신에게는 늘 고통을 악화시키는 일을 서슴없이 한다.

스스로 자책할 때마다 도움이 필요한 친구를 도와준다고 가정해 봐라. 친구가 어려운 상황을 극복하거나 새로운 상황을 열도록 도와주기 위해, 어떤 참을성 있고 연민 어린 조언을 할 것인가? 예를 들어 일을 엉망으로 망쳐버렸다면 친구는 꼼짝없이 자신의 능력, 가치 등을 의심하기 시작할 거다. 그리고 빠른 속도로 올바른 관점을 잃어간다. 친구의 기분을 더 나아지게 하는 간단한 방법은, 내면에서 들리는 비판의 소리를 의심하도록 증거를 제시하는 것이다. 마찬가지로 우리가 내면의 비판과 마주했을 때도 같은 기법을 사용할 수 있다.

우리가 어쩌다 실수라도 하면, 내면에 들리는 비판의 목소리가 점점 커지고 가장 설득력 있게 들릴 수 있다. 다행히도 우리에게는 그 말이 틀렸다고 증명할 수 있는 강력한 증거가 많이 있다. 그것도 바로 우리 손안에! 데일리 로그를 이용했다면 우리의 성공, 능력, 친절함, 상냥함 등과 같은 명백한 예를 기록했을 것이다. 특히 감사 로그 (246페이지)를 작성했다면 더더욱. 무엇이 됐든 자신을 나무랄 일이 생기면, 불렛저널 속에서 그 반대의 것을 입증할 확실한 증거를 찾으면 된다.

낙담해 있다면 성찰하는 동안 이러한 예를 살펴보라. 자기 자신에게 증거를 보여주고, 그 증거를 받아들여라. 물론 쉽지 않은 일이고 처음에는 회의적일 수 있다. 그렇지만 한 목소리로 외치는 어두운 내면의 소리를 떨쳐내고, 자애로운 목소리가 들어설 자리를 만들어라. 그 목소리가 오래 남을수록, 더 많은 기회가 들린다. 시간이 지나면서 분명 그 목소리를 신뢰하게 될 것이다.

상호 개선

광채는 서로 주고받는 것이다. 그렇기에 주변 사람들에게 마음을 쓰라. 그들 역시 우리에게 영향을 미칠 존재이기 때문이다. 그들의 강점과 약점은 우리의 궤도에 거대한 영향을 미칠 수 있다. 그래서 누구와 관계를 발전시킬지 신중하게 결정하는 것이, 직업적으로 그리고 개인적으로 아주 중요하다.

불렛저널을 훑어보고 누구와 시간을 보내는지 확인해봐라. 그들에 대해 어떻게 느끼는지 알 수 있을 것이다. 그런데 그들이 우리에게 미치는 영향을 생각해본 적이 있는가? 이런 상호작용에 대해 메모를 작성하기 시작하라. 걱정하지 마라. 친구들에 관한 기분 나쁜 내용을 기록하는 게 아니다. 단순히 그들이 내뿜는 광채가 우리에게 어떤 영향을 미치는지 좀 더 신경 쓰는 거다. 집에 돌아와 저녁식사, 데이트, 회의에 대해 메모를 추가하라. 그들과의 만남이 즐거웠는가? 무엇을 배웠는가? 함께 보낸 시간 대부분, 그저 가만히 앉아서 그들의 문제를 듣기만 했는가? ……이번에도? 그들과 함께 있을 때 어떠한 기분이 드는가? 예를 들어 다음과 같이 메모로 재빨리 담아낼 수 있다.

○ 베카와의 저녁식사 **@** 에블리나스

 ─ 포부에 대해 얘기함

- 포르투갈로 함께 여행을 가고 싶음
- 다음 파티를 함께 열고 싶음
- 함께 시간을 보내면 항상 동기부여가 되는 느낌임

처음에는 어색하게 느껴질 수 있다. 그러나 상호작용을 기록하면 전보다 더 뚜렷하게 표현할 기회가 생긴다. 그 기록이 무엇을 드러낼지는 결코 알 수 없다. 흡혈귀 같은 관계라는 사실을 깨달을 수도 있다. 종종 감정이 고갈되는 느낌에 휩싸이는 것처럼. 또는 일방적인 관계라는 사실을 깨달을 수도 있다. 항상 먼저 연락하고 혼자 애쓰는 관계 말이다. 반대로 어떤 사람들은 만나면 우리는 영감을 받고, 밝은 기운과 에너지를 얻으며, 생각이 깊어지고, 마음의 안정을 찾을 수 있다. 어떤 경우든 우리는 관계를 더욱 잘 인식하게 된다. 그러면 좀 더 의도적으로 관리할 가치가 있는 관계를 파악하고, 관계를 잘 유지할 수 있다.

인생에 부정적이거나 의욕이 없는 사람들은 의도적인 삶을 살려는 노력을 방해할 수 있다. 영감을 주고, 동기를 부여하고, 건설적으로 도전적인 사람과 친해지려고 노력하라. 자신에게 물어보라. '그들에게서 무엇을 배울 수 있는가? 인생에서 그들과 함께라면 세상은 더 나아진 곳이 될까? 그들과 함께일 때, 더 좋은 사람이 되고 싶은 마음이 드는가?'

미니멀리스트인 조슈아 필즈 밀번Joshua Fields Millburn은 언젠가 이런 우스갯소리를 했다. "당신은 주변 사람들을 바꿀 수 없어요. 그러나 주변에 어떤 사람들을 둘지는 바꿀 수 있어요."53 소중한 시간을 누구와 보낼지 선택해야 한다. 우리에게 가장 좋은 것을 해주고 싶어 하는 사람들과 어울려라. 그들과 항상 의견이 일치한다거나, 그들이 무조건 우리에게 지지를 보낸다는 의미는 아니다. 우리의 성공을 바라는 사람들을 찾아라. 그것이 곧 힘든 대화로 이어진다거나, 의견이 불일치하는 것을 의미할지라도. 또는 틀리거나 비합리적일 때 우리에게 서슴없이 얘기를 해줄 때가 있어도 말이다. 우리는 모두 때때로 점검을 받아야 한다. 우리가 상호 존중과 감사함, 배려 속에서 성장하도록 의욕을 북돋아주는 사람들을 찾아라.

배우기

다른 사람들에게 도움을 주기 위해 광채를 내뿜는 최고의 방법은, 스스로 도전하여 성장하는 것이다. 그러기 위해서는 인생에서 의도적인 학습이 지속적으로 이뤄지도록 주력하라. 의도적으로 지식을 추구하면, 세상에 적극적으로 관여하고 이전에는 미처 생각하지 못했을 방식으로 흔쾌히 마음을 열 수 있다.

성찰하는 동안 스스로에게 물어보라.

- 나는 무엇을 배우고 있는가?
- _____[상황 또는 관계]은 내게 어떤 교훈을 줬는가? 또는 내가 배우도록 영감을 준 교훈은 무엇인가?
- 나는 무엇을 더 알고 싶은가? 그것을 배우기 위해 어떻게 시작할까?

독서, 수업, 믿을 수 있는 친구나 멘토와의 대화, 풍부한 경험, 무엇이 됐든 계획에 포함시켜라. 불렛저널을 이용하여 더 깊이 탐구하도록 영감을 주는 것이 무엇인지 파악하라. 자신의 관심을 사로잡는 것을 알았다면, 목표(202페이지)를 설정하라. 불렛저널의 다른 목표와 동일한 방식으로 하면 된다. 나는 이러한 접근을 학습에 직접적으로 적용하는 방법을 271페이지처럼 시각적으로 보여주려고 한다.

하나씩 배울 때마다 더욱 유능하고, 다재다능하며, 존재감 있는 사람으로 거듭난다. 함께하는 누구에게나 더욱 가치를 더해줄 것이다. 다른 사람을 위해 일하는 게 아니라, 스스로 빛나기 위해 한 일 때문이다.

배우기

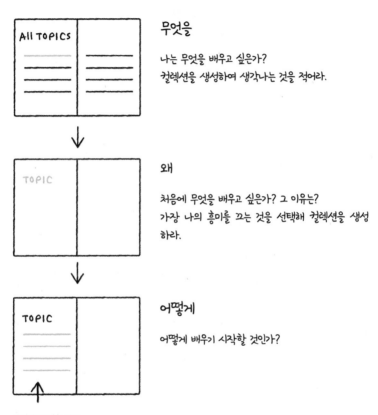

무엇을

나는 무엇을 배우고 싶은가?
컬렉션을 생성하여 생각나는 것을 적어라.

왜

처음에 무엇을 배우고 싶은가? 그 이유는?
가장 나의 흥미를 끄는 것을 선택해 컬렉션을 생성
하라.

어떻게

어떻게 배우기 시작할 것인가?

브레인스토밍을 하라.
할 일을 작성하기 시작하라.
자신에게 물어보라. 이 과정을 시작하기 위해 지금
할 수 있는 가장 작은 일이 무엇인가? 바로 조사를
할 시간을 정하는 것이다. 시작하라!

인내

이유를 알면, 어떻게든 살 수 있다.

— 프리드리히 니체Friedrich Nietzsche

남들은 어떤지 모르겠지만, 나는 설거지를 진짜 싫어한다. 웃기는 일이다. 나도 안다. 나는 그것을 마음챙김 연습으로 생각하려고 노력했다. 머릿속 생각의 플러그를 뽑아버리듯, 설거지를 하는 데 집중하고자 애썼다. 그러나 아무 소용이 없었다. 설거지는 어린 시절 수년간 싫어했던 일이었고, 어른이 된 후로도 설거지를 할 때는 기분이 상했다.

한때 애인이 요리를 배우고 싶어 한 적이 있었다. 그녀가 요리를 배우면서, 나는 매일 밤 마지못해 억지로 조리도구를 치워야 했다. 그리고 이 일은 계속됐다. 그녀가 집에 올 때면, 또 다시 전날 치웠던 조리도구를 다시 정리하곤 했다.

나도 안다. 집에서 요리한 음식을 먹는다는 사실만으로, 그저 감사해야 한다는 것을. 특히 그녀가 힘들게 일하고 온 날이면 더더욱. 그러나 한정된 자유시간을 매번 뒷정리를 하는 데 쓰자니, 부아가 치밀었다.

어느 날 밤 그녀가 노래를 부르는 것을 들었고, 그때부터 모든 것이 바뀌었다.

애인이 요리를 시작한 당시, 그녀는 정말로 힘든 시간을 겪고 있었다. 그녀는 평소에 생기 넘치고 바보처럼 씩 웃어넘기는 매력적인 성격을 갖고 있었다. 나도 처음에 그런 점에 반해 그녀에게 끌렸었고. 그랬던 그녀가 생기를 잃어갔다. 우리가 나눈 대화는 제법 강력한 힘이 있었지만, 그 뿐이었다. 그녀가 무슨 일을 겪든 내가 도울 수 있는 건 아니었다. 물론 그런 사실 때문에 내가 느낀 좌절감은 더 커졌다. 그리고 보면 사랑하는 사람들이 고통스러워할 때 우리가 뭔가를 하기 싫다는 건, 문제도 아니다.

어느 날 저녁식사 전, 나는 일을 하다가 집안을 감도는 부드러운 노랫소리에 자리에서 일어났다. 대체 무슨 일인지 알 수 없었다. 만난 지 몇 년이 지났지만, 그녀가 노래 부르는 것을 단 한 번도 들어본 적이 없었다. 그런 그녀가 조용히 읊조리듯 노래를 부르며, 가스레인지 옆에서 살짝살짝 몸을 흔들며 저녁을 준비하고 있었다.

그때 문득 이런 생각이 들었다. 요리하는 건, 음식과 전혀 상관없다는 사실을. 요리는 그녀 나름대로 악령과 싸우는 방식이었다. 여전히 그녀가 내게 얼마나 마음을 쓰는지 보여주면서 말이다. 요리는 그녀가 통제할 수 있는 것이었다. 그날 저녁 설거지를 하는 내내, 그녀의 평화로웠던 모습이 계속 떠올랐다. 그녀를 도와주기 위해 내가 해야 할 일, 할 수 있는 일이 손에 물을 묻히는 거라는 사실을 깨달았다.

시간이 지나면서 그녀는 점차 나아졌다. 나는 그녀가 해주는 음식을 손꼽아 기다리기 시작했고, 그녀는 서서히 사랑스러운 옛 모습을 되찾았다. 이러한 저녁식사는 우리의 관계를 굳건하게 만드는 데 믿음직한 역할을 해주었다. 일이 휘청거리며 불안정하고 우리에게 대화가 필요할 때, 한 명은 상대방을 위해 요리를 하곤 했다. 대화를 나누는 게 아무리 힘들어도, 항상 애정 어린 노력이 동반되었다. 깊은 존경과 배려의 표시였다. 이러한 노력은 설거지를 포함하고 있었다. 보아하니 설거지는 그녀도 가장 싫어하는 일이었다. 관계를 굳건하게 하는데, 둘 다 하기 싫어하는 일을 해주는 것보다 더 좋은 건 없다.

그렇다면 나는 설거지를 하는 게 즐거워졌을까? 전혀 아니다. 다만 설거지가 얼마나 중요한지는 깨달을 수 있었다. 그저 단순하게 견뎌왔던 하찮고 싫은 일이, 갑자기 내 삶에 진정한 가치를 더해주었다. 과연 무엇이 변했던 걸까? 설거지라는 재미없는 과정이 바뀐 건 아니었다. 변한 것은 나였다. 설거지가 내게 중요해지기 시작했고, 그래서 더 열심히 했다. 어느 날 최고의 식사를 함께 즐긴 후, 내가 뒷정리를 하고 있었다. 그때 그녀가 다가와 내 뺨에 입을 맞추며 말했다. "고마워요. 오늘 밤에는 정리할 거리도 많은데. 나도 알아요. 당신이 설거지를 싫어한다는 거. 그렇지만 설거지 해주는 게 정말로 나한테 도움이 돼요. 진짜 사랑받고 있다는 느낌이 들거든요."

나는 나한테 진정 중요한 것이 무엇인지 정의하고 찾으려고 고심했다. 그럴 때마다 진정 의미 있는 건 어떤 드라마틱한 제스처가 필수라고 생각했다. 이를테면 짐을 꾸려 지구상의 차갑고 먼 구석에 있는 문명화된 원시인을 찾아 나서는 것 같은. 그런데 이제는 나도 안다. 집에서 아주 가까운 곳에서 의미를 발견할 수 있다는 사실을.

특별할 것 없는 가장 평범한 순간, 예기치 않은 순간, 단조로운 순간에 의미가 찾아올 수 있다. 우리가 주변 세상과 내면에 귀를 기울이지 않는다면, 의미를 놓칠 수 있다. 이건 연구를 통해 얻을 수 있는 기술이다. 그렇다고 학문적인 연구를 뜻하는 건 아니고, 우리 이해를 넘어서는 일도 아니다. 연구할 주제는 바로 우리의 경험이다.

우리는 종종 무의식적으로 행동한다. 자동조종장치에 따라 인생에 길을 만들어 간다. 잠깐 멈춰 우리 감정이나 상황을 이해하는 일이 거의 없다. 각자가 처한 상황, 즉 삶의 맥락을 모르면, 그리고 어떤 것이 삶에 가치를 더할지 이해하지 못하면, 우리가 들인 노력은 결국 무의미하게 느껴질 수밖에 없다. 삶의 맥락을 이해하면, 즐겁지 않고 심지어 고통스러운 책임이 실제로 우리에게 어떤 도움이 되는지 이해할 수 있다. 우리 삶의 맥락을 드러내는 몇 가지 방법을 살펴보자.

실행

명확성 로그

스피커스 트라이브Speakers Tribe의 창립자 샘 코손Sam Cawthorn은 언젠가 이런 말을 했다. "가장 행복한 사람은 최상의 것을 갖고 있는 사람이 아니라, 오히려 갖고 있는 것을 최대한 즐겁게 이용하는 사람이다."[54] 이 과정을 시작하는 가장 강력한 방법은, 우리 마음속에 있는 재미없는 일을 다른 각도로 바라보는 것이다. 빨래하기, 프로젝트 마무리하기, 장보기 등 해야 할 많은 일이 처음부터 큰 즐거움을 주지 않을 수 있다. 힘들고 단조로운 행동 자체에 집중하기보다 그 일이 만들어 낼 수 있는 경험에 집중하라. 빨래를 하면 샤워 후에 보송보송한 수건을, 회사 갈 때 깨끗한 셔츠를, 잠자리에 들 때 빳빳한 시트를 얻는다. 프로젝트를 완료하면 일을 잘해냈다는 만족감을 얻고, 급여를 받으며 그 돈으로 하와이로 휴가를 떠날 수도 있다(340 페이지). 장을 보면 맛있는 음식을 테이블에 차려놓을 수 있고, 사랑하는 사람들과 소중한 시간을 보낼 수 있다.

단순히 긍정적인 생각을 하자는 게 아니라, 노력을 체계적으로 분석하여 일의 목적을 정의하자는 거다. 우리는 맡은 의무가 지닌 의미를 알아보지 않는 경향이 있다. 우리가 하고 있는 일을 왜 하는지 잘 의식하기 위해, 불렛저널에 '명확성 로그Clarity Log'를 만들 수 있다. 데일리 로그를 훑어보고 가장 힘든 의무나 하기 싫은 일을 파악하라. 그중 하나를 선택해서 명확성 로그의 왼쪽 페이지에 적어라. 월세 내는 일을 예로 들어보자.

월세를 내는 것은 돈을 낭비하는 기분이 들어 짜증이 난다.

그렇다. 월세를 내는 것은, 매월 의식을 치르듯 어렵게 벌어들인 생활비를 집주인의 영혼이 머무는 차가운 허공에 돈을 뿌려대는 것 같다. 그러나 그 공간을 빌린 확실한 이유가 있을 거다. 잠시 시간을 내서 그 집에 살면서 즐기고 있는 것에 집중하여, 월세에 대한 부정적인 인식을 상쇄시키자.

눈을 감고 거기에 머무는 이유, 그 공간을 집으로 삼은 이유를 한두 가지 자세히 떠올려보라. 그 이유가 무엇이든 오른쪽 페이지에 적어보라.

- 아침에 침대 옆 바닥으로 스며드는 한 줄기 따듯한 빛
- 창문 너머로 풍겨오는 카페의 향기
- 통근시간

완벽한 곳은 어디에도 없다. 그렇지만 대체로 집에 만족하고 있다면, 월세를 매달 즐거움으로 보상되는 행위로 바라볼 수 있다. 이것은 표면상 하기 싫은 일이 의미 있는 이유를 명확히 설명한다.

개인적인 의미를 발견하는 또 다른 방법은 우리가 사랑하는 사람들을 깊이 생각해보는 거다. 막상 해보면 실제로 집 자체를 좋아하는 게 아니라는 사실을 깨달을 수 있다(그렇다면 미안하다. 사실 나도 이미 경험했다). 그렇다고 모든 것을 잃는 건 아니다. 관계라는 렌즈를 통해 당초에 왜 여기로 이사를 왔는지 생각해보라. 이사 오면서 아이들이 더 나은 학교로 갔을지도 모른다. 직장과 거리가 더 가까워 통근시간이 줄어들고, 그 덕분에 친구들과 더 많은 시간을 보낼 수 있게 됐을 수도 있다. 무엇이 됐든 일단 적어라.

사랑하는 사람들과 맡은 의무를 연관시키면, 각 의무에 꼭 필요한 의미를 투영할 수 있다. 그렇다고 일이 더 즐거워지진 않겠지만, 결국 그 의무에 목적을 부여한다. 그 목적 때문에 우리는 힘든 일을 더

명확성 로그

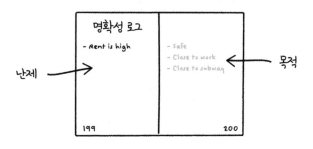

욱 잘 견딜 수 있다.

진척상황 추적하기

연습을 해봐도 의무에 숨겨진 이익이나 의미를 찾지 못했다면, 어떻게 해야 할까? 우리가 하는 많은 일은 즉시 자신의 가치를 드러내지 않는다. 끔찍한 손님이 그렇듯, 의미는 종종 늦게 도착한다. 훌륭한 와인 한 병을 손에 든 채. 그러니 인내심을 갖고 주의 깊게 관찰하며 기다리는 게 중요하다.

추구하는 일의 목적을 찾는 데 실패한다면, 계속 주시하라. 진척상황을 모니터하기 위해, 월간 이동을 이용할 수 있다. 월간 이동을 하나의 이정표로 이용하여, 그동안 변한 것이 있는지 자신의 마음을 들여다보라.

어떤 하나의 책임이 삶에 아무런 가치를 더하지 않는다는 결론에 이르거나 기울인 노력에 비해 가치가 크지 않다면, 집중을 방해하는 요소를 파악한 것이다. 그 책임에서 벗어나라. 무슨 이유로든 그 책임에서 벗어날 수 없다면, 의무를 해체하고(281페이지) 대안을 파악하라.

해체

길을 가로막는 게 있다면, 그것이 길이 되게 하라.

– 마르쿠스 아우렐리우스^{Marcus Aurelius}

우리에게 알려진 가장 오래된 글 중 하나가 바빌로니아 창조신화인 〈에누마 엘리시^{Enûma Eliš}〉다. 그 신화에서 신들의 왕인 마르두크^{Marduk}는 신들을 파괴하려는 용처럼 생긴 짐승이자 괴물들의 어머니인 티아마트^{Tiamat}에 대항한다. 신화는 선과 악, 질서와 혼돈 사이에서 죽을 때까지 싸우는 장대한 전투를 그린다. 마르두크는 티아마트를 죽인 후 시신을 절단하고, 그 조각들을 이용해 창조를 위한 모든 토대를 만든다. 티아마트의 갈비뼈는 하늘이 되고 입은 바다가 된다. 약간 섬뜩한 신화지만 도전적인 일을 해체하여 유리하게 이용할 수 있는 방법을 보여주는 강력한 비유법이다.

대학을 졸업하고 운이 좋게도 나는 꿈에 그리던 인턴을 하게 됐다. 그래픽 디자인과 창작학과를 복수전공했던 나는, 타이틀 시퀀스를 작업하는 데 이러한 기술을 결합하고 싶었다. 알다시피, 그런 초단편 영상들이 실제 영화를 떠받치고 있는 것이 아닌가? 인턴십은 이런 유형의 예술이 부활하도록 개척하고, 큰 영감을 주는 작품을 제작하는 사람을 위해 일하는 것이었다.

나는 가방 2개를 들고 뉴욕으로 거주지를 옮겼다. 여유가 많지 않았던 터라 온통 곰팡이가 슬어 있는 아파트 지하층을 살 곳으로 정했다. 좋은 방을 차지한 룸메이트 두 명과 폴짝 잘 뛰어오르는 고양이 한 마리와 눈도 제대로 맞추지 못하며 살았다. 그것은 새롭게 시작하는 일을 위해 지불한 작은 대가였다.

일을 시작하기로 한 날짜가 다가오자, 나는 마지막으로 인턴십에 관해 몇몇 세부사항을 확인하고자 사무실로 전화를 걸었다. 그런데 전화로 하는 말이 전년도에 발생한 세계무역센터 공격으로 회사가 규모를 축소했단다. 한마디로 입사 하루를 앞두고 해고당했다. 누구 하나 먼저 연락해줄 생각도 안 한 모양이다. 그렇게 나는 갑자기 미술을 전공한 백수가 돼버렸다. 그것도 근래 들어 역사상 취업시장이 아주 암울했던 시기에, 그리고 수십 년 만에 찾아온 아주 혹독하게 추웠던 겨울에.

몇 달 동안 일자리를 찾아다녔지만 별다른 결실이 없었다. 얼마

되지 않는 저축도 바닥이 난 상태였다. 나는 눈밭을 터벅터벅 걸어 바쁜 출퇴근 시간에 사람들로 미어터지는 지하철로 포트폴리오 가방을 구겨 넣고, 따져 묻는 인사담당자의 질문을 받는 동안 얼어붙은 몸을 녹이곤 했다. 분명 자격요건이 되지 않지만 인사담당자가 지겨운 듯 인터뷰를 진행할 때는 그나마 운이 좋은 날에 속했다. 운이 좋지 않은 날에는 그냥 컴퓨터 앞에 앉아서 찾을 수 있는 아무 일자리든 이력서를 넣었다.

어느 날 아침, 이상한 소리가 들려 잠에서 깼다. 눈을 뜨자 바닥이 출렁출렁 움직이는 듯했다. 세상에, 바닥이 물에 잠겨버렸다! 간밤에 눈이 녹아 침실에 물이 고였던 것이다. 그때 침대 옆으로 뭔가가 둥둥 떠다니고 있었다. 내 포트폴리오 가방이었다. 그동안 만든 디자인 작품들이 담긴 가방으로, 이력서를 제출할 때 사용하고 있었다. '적어도 모두 백업은 해두었으니까.' 그때 처음 든 생각이었다. 그런데 그 생각을 하자마자 백업 드라이브가 물에 잠겨 있는 것을 보았고, 그 옆에 깜빡거리는 컴퓨터가 눈에 들어왔다. 그렇게 내가 가진 것을 하루아침에 몽땅 잃어버렸다.

그 후 얼마 지나지 않아 제안 받은 첫 번째 일자리를 덥석 받아들였다. 순전히 살아남기 위해서. 그 일은 내가 보유한 기술과 전혀 상관이 없었지만, 당시 파산 상태인데다 살 집도 없어서 어쩔 도리가 없었다.

회사에 출근한 첫 번째 주에 전임자들이 비명을 지르며 도망친 사실을 알았다. 바로 이런 생각이 들었다. 왜지? 내가 맡은 주된 업무는 출간도서목록 주문서를 모아 정리하는 것이었다. 이 회사가 출간한 모든 책이 담긴 목록…… 그러니까 수십만 권에 달하는 책을. 맞다. 나는 목록을 좋아한다. 하지만 그런 나에게도 이건 특별한 종류의 지옥이었다.

업무를 용이하게 해줄 탄탄한 기술이나 시스템이 전혀 없었다. 그러니 어디에서든 당연히 문제가 발생할 수밖에 없고, 그럴 때마다 모든 책임은 나한테 돌아왔다. 무엇보다 상사가 아주 입이 거칠었다. 상사는 자신감이나 자존감을 체계적으로 해체시켰다. 한 번은 내게 아주 크게 소리 지르는 바람에, 인근 사무실에 있는 사람들이 다 뛰쳐나온 일도 있었다. 그들은 그야말로 '큰일'이 벌어진 줄 알았던 거다. 그러니 회사만 가려면 두려운 생각이 들었다. 어떻게 해야 할지 방법은 몰랐지만 그대로 가만히 있을 수만은 없었다.

다시 한 번 무슨 일자리든 찾아서 인터뷰를 하기 시작했다. 잘 되진 않았다. 사실, 나를 보여줄 만한 것이 하나도 없었다. 포트폴리오는 다 사라졌고, 고작 별 볼 일 없는 여름 인턴십 경험이 몇 번 있을 뿐이었다. 게다가 내가 공부한 것과는 거의 상관없는 일을 하고 있었으니. 나라도 안 뽑겠다. 나 같은 사람! 나는 자존심을 굽히고, 좀 더 가치 있는 사람이 돼야 한다는 사실을 받아들였다.

그 당시 초기 버전이었던 불렛저널에 나는 내가 자유시간을 어떻게 보내는지 적기 시작했다. 제법 많은 자유시간을 인터넷을 하며 보냈다. 인터넷을 하는 동안 무엇을 보는지 추적하기 시작했고, 상호작용 온라인 경험에 대한 글을 읽으며 배우고 있다는 사실을 깨달았다. 당시에 실험적인 웹사이트가 여러 개 등장하는 초기 움직임이 있었는데, 그러한 웹사이트는 아트와 사진, 영상, 디자인을 혼합하여 쌍방향으로 이뤄진 매력적인 이야기로 변모하였다. 또한 개인 웹사이트가 속속 등장하기 시작하던 시기였다. 특히 예술가, 디자이너, 소규모 사업체가 쓰는 웹사이트가 많았다.

여전히 홍수 피해에서 회복 중이던 나는, 온라인상에서 일을 해보면 어떤 장점이 있을까 깊이 고민하였다. 태만한 집주인 손아귀에서 벗어나고, 불가항력으로 발생하는 홍수 걱정도 할 필요가 없을 터였다. 또한 몇몇 친구들이 개인용 또는 사업용으로 웹사이트를 만들어 줄 수 있는지 물어보기도 했다. 그 일을 하면 돈도 어느 정도 벌지 않을까 싶었다.

나는 터무니없는 수준의 급여에서 간신히 끌어모은 돈으로, 그 당시 새로운 분야였던 '웹디자인' 야간 수업을 들었다. 일주일에 2~3일씩 창문도 하나 없는 교실로 간신히 몸을 이끌었다. 회사 업무로 진이 다 빠졌지만 동기부여가 있었다. 아주 오랜만에 나한테 맞는 일을 하고 있었던 것이다. 나는 가장 기본적인 웹사이트를 디자인하고 코딩을 배웠다. 그리고 눈앞에 기회가 나타나면 바로 뛰어들었다. 처음에는 지역에 있는 한 레스토랑 웹사이트로 시작했고, 이어서 레스토랑에서 근무하는 바텐더가 만든 밴드를 위한 웹사이트를 만들었다. 결국 프리랜서로 일할 수 있을 정도로 겨우 돈을 긁어모은 뒤, 회사를 그만뒀다. 그렇게 새롭게 시작한 일에 완전히 집중할 수 있었다.

사실 일을 하다가 어쩌다 보니 들어선 길이었지만, 그 경험은 내게 중요한 사실을 가르쳐주었다. 우리가 주어진 상황에 너무 쉽게 좌절한다는 것을. 세금신고, 월세, 아픈 가족을 돌보는 일, 학자금 대출상환, 이 모든 것은 삶에서 불을 내뿜는 용이나 마찬가지다. 우리는 두려움에 몸을 웅크리고, 주어진 운명에 분노하며, 희생자가 된 것 마냥 자기연민에 빠져서, 마법처럼 하늘이 쩍 갈라져 구출되기를 기다릴 수 있다. 아니면 스스로 무기를 들고 싸울 수도 있다.

실행

실제로 우리는 문제를 지나치게 확대해석하는 경향이 있다. 아무리 심각한 문제라도, 마음속에서 문제를 훨씬 더 최악으로 만들 가능성이 높다. 그 문제에 온통 마음을 빼앗기고, 스스로 아무런 힘도 없고 어쩔 수 없다고 믿어버린다. 하지만 그건 결코 사실이 아니다. 상황이 아무리 암울하고 절박한 듯 보여도, 우리를 완전히 지배하지 못한다. 문제에 대응할 자유, 행동할 힘까지 빼앗아 갈 수는 없다.

아무리 작은 행동이라도 우리는 상황을 바꾸기 시작할 수 있다. 첫 번째 행동은 단순히 주어진 문제를 살펴보기 위해 멈추는 거다. 그러면 문제를 해체하기 시작할 수 있다. 문제를 해체하기 위해 우리는 왜라고 다섯 번 물어보기, 즉 5WHYS 기법Five WHYS을 이용할 것이다.

5WHYS 기법

도요타의 창립자인 도요타 사키치Toyoda Sakichi는 일본 산업혁명의 아버지로, 5WHYS 기법을 개발하여 자신의 회사 제조과정에서 발생하는 기술 문제의 원인을 밝혀냈다. 5WHYS는 믿을 수 없을 정도로 간단하게 근본적인 이슈를 밝혀내고 예기치 않은 기회를 드러낸다. 이 기법은 외견상 큰 문제를 독립적인 요소로 나누는 방식으로 이뤄진다.

우리는 불렛저널을 이용해 동일한 접근법으로 어려운 문제를 해결할 수 있다. 새로운 컬렉션을 시작하고 그 컬렉션에 문제를 나타내는 주제를 정해줘라. '월세를 낼 수 없다'처럼. 그럼 이제 자신에게 *왜*냐고 묻고, 대답을 적어라. 여기에 다시 왜냐고 물어 질문에 이의를 제기하라. 다음 대답에 대해서도 같은 방식을 적용하라. 다섯 번이 될 때까지.

나는 월세를 낼 수 없다.

1. 왜? 돈이 없기 때문이다.

2. 왜? 월세가 비싸기 때문이다.

3. 왜? 좋은 지역에 살고 있기 때문이다.

4. 왜? 거기에 사는 것이 좋기 때문이다.

5. 왜? 동네 사람들이 좋고, 좋은 가게와 음식점이 많으며, 안전한 느낌이 들기 때문이다.

우리는 이제 커다랗던 어려운 문제 하나를 좀 더 작은 요소로 해체시켰다. 각 요소를 개별적인 목표로 삼을 수 있다. 앞의 예시에서 무엇보다 중요한 것은, 우리가 이 상황에서 위협받고 있는 근본적인 가치를 표면으로 드러냈다는 사실이다. 어려운 문제를 해체하다 보면, 위험한 상태에 놓여 있는 것이 실제로 무엇인지 발견한다. 앞의 예시만 봐도 핵심은 월세가 아니라 즐거움과 안전함을 잃느냐의 문제다. 이 두 가지 중요한 정보는 공격 계획을 알리는 데 이용될 수 있다.

공격 계획

분명하게 이유를 작성했다면, 다음 단계에서는 대안이 무엇인지 파악해야 한다. 이번 단계 역시 목록을 작성하는 방식으로 이뤄진다. '월세를 낼 수 없다'는 컬렉션의 맞은편 페이지에 작성하면 된다.

돈이 없어서 문제라면, 먼저 구체적인 이슈를 해결할 수 있는 방법부터 작성해볼 수 있다. 마음속에 떠오르는 것이 몇 개 있다.

1. 급여 인상을 요청하기

2. 좀 더 보수가 좋은 일자리 찾아보기

3. 룸메이트 구하기

4. 생활비가 좀 더 적게 드는 동네로 이사하기

5. 자신의 가치를 높이기 위해 꾸준히 교육 받기

어느 정도 진척이 이뤄졌다! 하나하나가 모두 앞으로 나아갈 길을 제시한다. 이제 눈앞에 뚜렷하게 펼쳐진 대안을 보고 가장 흥미로운, 즉 빛나는 것을 선택하라.

'자신의 가치를 높이기 위해 꾸준히 교육 받기'를 선택했다고 가정하자. 그럼 그것이 목표가 된다. 다음의 빈 양면으로 넘어가, 이 목적에 전용되는 하위컬렉션을 생성하라. 목표가 설정되면 관심 있는 분야 조사하기, 수업을 제공하는 여러 학교를 찾아보기, 수업 등록하기처럼 실행 가능한 단계로 나눠라. 이것이 공격 계획이다. 할 일을 하나씩 완료할 때마다, 용과의 싸움에서 멋지게 한 방 날리는 데 성공한 셈이다.

인생은 용으로 가득 차 있다. 용은 오래 살수록 우리의 불운과 분노, 무력감을 먹고 점점 거대해진다. 용을 가만히 노려보라. 크고 무시무시한 눈을 똑바로 쳐다보라. 그 눈에서 우리 자신의 모습을 볼 것이다. 어려운 문제들은 거울과 마찬가지다. 그 속에서 우리의 취약함, 불안정, 약함, 두려움이 비친다. 아무리 힘들어도 고개를 돌리지 마라. 그것을 바라보고 자세히 살펴보며, 호기심을 갖고 두려움을 마주하면, 앞으로 나아갈 길을 발견할 것이다. 용기를 내면 숨겨져 있을 개인적 그리고 직업적인 성장을 위한 기회로 분명 보상받을 수 있다.

내 경우 용은 직업이었다. 직업은 나를 벌벌 떨게 만들었다. 내가 절대 하지 않기로 맹세했던 모든 것을 포함하고 있었다. 즉 아무런 의미도 없고, 창의적이지 않은, 장래성 없는 직업이었다. 그러나 내게는 납부해야 할 청구서가 있었기에 그 직업을 잡았다. 나는 비참한 상황에 너무 사로잡힌 탓에 간단한 진리조차 망각하였다. 심장이 뛰고 있는 한 항상 기회가 있다는 사실을.

마침내, 특히 아주 매섭고 모욕적인 말을 상사에게서 들은 후, 나는 할 만큼 했다는 생각이 들었다. 희생양이 되는 데 지쳤다. 그녀뿐만 아니라 나의 부족한 자질에도 지쳤다. 나는 동정표나 받는 파티에서 귀빈이자 (유일한) 손님이 되고, 무력함을 느끼는 것이 지긋지긋했다. 이 비참함은 전적으로 내가 자처한 일이었고, 고귀한 순교자라도 되는 것 마냥 끔찍한 상황을 견뎌내고 있었다. 어리석고 미숙하게 대처했다. 이 일을 해결할 수 있는 사람은 누구도 아닌 바로 나라는 사실을 애써 무시했다.

목표를 설정하는 것부터 시작하였다. 새로운 일자리 구하기. 그런데 나를 보여줄 것이 아무것도 없어서 일자리를 구할 수 없다는 사실을 깨닫고, 간단히 새로운 목표를 설정했다. 웹사이트 만드는 법 배우기.

그때부터 나는 용을 이용하기 시작했다. 용에 맞서는 데 내 직업을 썼던 것이다. 보잘것없는 급여는 수업료로 썼다. 모욕을 받으며 무의미한 일을 하던 내 자리는, 힘든 몸을 이끌고 야간학교로 다니는 동기를 부여하였다. 수업이 힘든 만큼, 내가 벌이는 전투에서 작은 승리를 얻은 것 같았다. 그리고 드디어, 나는 치명적인 한 방을 날렸다. 검이 아니라, 홍수 때문에 뒤틀려버린 종이에 출력한 간결하게 쓴 사직서로.

때때로 일이 내 뜻대로 되지 않을 때가 있다. 또는 어떤 영감도 얻을 수 없는 일을 해야 할 때도 있다. 그럴 때마다 나는 나만의 티아마트를 다시 떠올려본다. 나는 주어진 상황에서 만들어 낼 수 있는 모든 것을 살펴본다. 그런 식으로 나는 코딩을 배워 디지털 제품 디자이너로서 만족스러운 경력을 이끌었고, 불렛저널 웹사이트를 개시하는 데 필요한 실질적인 교육을 받았다. 그리고 최종적으로 이 책을 써서 불렛저널을 공유할 수 있게 되었다.

무기력함

나는 길을 찾거나 길을 만들어야 한다.

— 한니발 바르카Hannibal Barca

목표를 설명한 장에서(202페이지) 우리는 주요 난제를 더 작은, 감당하기 쉬운 단기 목표로 나누는 것에 대해 얘기했다. 그러나 목표를 향해서 가다가 꼼짝달싹 못하는 상황이 일어난다면 어떻게 해야 할까? 아마 문제 때문에 전전긍긍하거나, 동기를 잃어버리고 프로젝트나 목표, 인간관계에서 앞으로 나아갈 길을 찾는 데 힘든 시간을 보낼 것이다. 이유가 무엇이든 무기력함을 느끼며 좌절할 수 있다. 무엇을 해야 할까? 그렇다면 추진력을 되살리는 데 아주 유용한 두 가지 기법이 있다.

실행

고무 오리

성공한 소규모 사업가인 한 친구가 지점을 하나 열려고 생각하고 있었다. 그녀는 지점 설립에 필요한 자금을 조달하기 위해 대출을 신청했다. 이미 이익이 나는 지점 세 곳을 운영하고 있었지만, 은행은 대출을 거절했다. 당황한 그녀는 회계사에게 전화하여 문제를 차근차근 알려주기 시작했다. 그녀는 자신이 바라는 성취를 하나씩 분명하게 설명하기 시작했다. 설명하다 보니, 자신의 목표가 특정 위치에 지점을 내는 것이 아니라 사업을 성장시키는 것이라는 사실을 깨달았다. 그래서 작은 팝업 스토어 다섯 곳을 열어, 어느 위치가 가장 많은 수익을 창출하는지 시험해보기로 했다. 이건 외부에서 자금을 지원받지 않고도 할 수 있는 일이었다. 그녀는 문제를 설명하면서 해결책을 찾아냈던 것이다.

고무 오리Rubber Ducking로 알려진 이 과정은, 앤드류 헌트Andrew Hunt와 데이비드 토마스David Thomas가 집필한 《실용주의 프로그래머 The Pragmatic Programmer》에서 시작되었다. 저자들은 개발자가 고무 오리를 앞에 놓고 코드에서 발생한 문제를 한 줄씩 설명하면서 문제를 해결하는 이야기를 들려준다. 맞다. 작은 노란색 목욕 장난감.

우리가 헛바퀴만 돌리며 제자리에 머물 때, 객관성을 잃어버리기 쉽다. 그러다가 누군가(또는 무엇인가)에게 문제를 상세히 설명하면, 우리 스스로 가둬놓은 마음의 심연이 아니라, 위에서 한눈에 내려다보면서 관점을 변화시킬 수밖에 없다.

듣는 사람이 아무도 없다면, 불렛저널을 펼쳐놓고 앉아 '오리에게'라는 편지를 써도 된다. 또는 상냥한, 믿을 수 있는, 흔쾌히 받아들이는 대상이 있다면 무엇이든 좋다. 그들에게 다음과 같은 얘기를 하라.

- 갖고 있는 문제
- 안 되고 있는 것
- 안 되고 있는 이유
- 시도한 것
- 아직 시도하지 않은 것
- 일어나길 바라는 것

핵심은 머릿속에서 생각을 꺼내는 것이다. 신중하고 끈기 있게, 설명을 다듬어라. 듣고 있는 대상은 주어진 모든 정보를 알지 못할 수 있다는 점을 이해하고 설명하라. 좋은 대화는 정보와 이해 사이에 다리를 놓는다. 주의 깊게 문제를 놓고 대화하는 과정에서, 우리는 스스로 해결책을 찾아내는 데 도움을 얻을 수 있다. 고무 오리나

푹신한 판다 인형, 바보 같은 스테이플러, 하다못해 채드에게게라도 편지를 써라. 그 편지가 아무런 효과가 없다면, 우리는 다른 방법을 시도할 수 있다……

휴식을 위한 단기 목표

지금까지 차례차례 따라왔다면 이 지점에서 '목표' 컬렉션이 만들어져 있을 거다. 이 컬렉션은 벽에 부딪친 느낌이 들거나 동기부여가 되지 않는 상황일 때, 강력한 영감을 주는 자원이 될 수 있다. 그래, 나도 안다. 내가 전에, 지금 작업하고 있는 일을 마칠 때까지 '목표' 컬렉션을 다시 찾아보지 말라고 했던 거. 그러나 지금은 긴급 상황이니까! 정말로 곤경에 처해 답답한 상황이거나 아이디어가 바닥났을 때, 그건 관점을 잃어버렸다는 의미다. 대상과 너무 가까운 탓에, 더 이상 앞으로 나아갈 길을 볼 수 없을지도 모른다. 관점을 다시 회복하기 위해서, 다른 것에 집중하여 우리 마음을 그것에서 잠시 떼어놓는 게 도움이 될 수 있다. 그 목적을 달성하기 위해 '휴식을 위한 단기 목표Break-sprint'를 생성할 것이다.

우리가 책 앞부분에서 다뤘던 단기 목표(211페이지)와 흡사하게, 휴식을 위한 단기 목표는 독립적인 소규모 프로젝트다. 이것은 마음이 난관을 벗어나는 데 도움을 주려는 목적으로 설계되었다. 휴식을 위한 단기 목표 나누기는 기본 단기 목표와 동일한 방식으로 불렛저널에 작성할 수 있다. 그러나 미묘하게 몇 가지 다른 규정을 따른다.

1. **2주 내에 완성해야 한다.** 잠시 휴식이 필요하지만, 주요 프로젝트의 맥락을 놓치고 싶지 않을 테니까.
2. **어려움을 겪고 있는 프로젝트/문제와 관련되어서는 안 된다.** 스스로에게, 그리고 주요 프로젝트에 여유를 주는 게 필요하다. 관계를 끊지는 않지만, 꼭 필요한 '나만의 시간^{me} ^{time}'을 갖는 것이다.
3. 아주 중요한 사항으로, **끝이 뚜렷하게 규정돼야 한다**(그리고 명확한 시작과 중간 역시 필요하다). 교착 상태에 빠졌을 때, 무기력함은 우리에게서 동기를 빼앗아간다. 휴식을 위한 단기 목표는 최종 할 일을 정하여 만족감을 주는 것이다. 즉 성취감과 마무리되었다는 느낌을 주는 거다. 스스로에게 어떻게 느끼는지 상기시키면, 추진력에 재빨리 기름을 부을 수 있다.

온라인 수업을 듣고, 글을 쓰고, 디지털 사진을 정리하고, 옷장을 정리하며, 동료들과 봉사활동을 하라. 그건 전적으로 우리에게 달려 있다. 자신이 확실히 호기심을 느끼는 일이어야 한다.

휴식을 위한 단기 목표가 완료되면, 새로운 것에 노출되었을 것

휴식을 위한 단기 목표 - 옷 줄이기

달력에 시간 할당하기

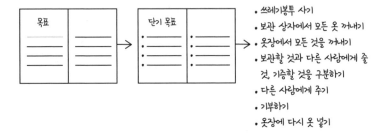

이다. 다른 방식으로 마음을 들여다보면서, 이전과 달리 여러 생각을 갖게 된다. 새로운 경험 덕택에 우리는 성장하고 새로운 시각을 얻는다. 교착 상태에 빠진 어려운 문제를 해결하고자 애쓰던 마지막 모습보다, 약간 다른 모습으로 변해 있을 것이다. 그리고 그것이 모든 차이를 만들어 낼 수 있다.

불완전함

모든 것에는 틈이 있다.

그래서 빛이 들어오는 것이다.

— 레너드 코헨Leonard Cohen

크리스마스 기념행사는 오래전에 지나갔고, 사람들로 북적거리던 뉴욕 거리도 한산해졌다. 앞으로 이어질 우울한 겨울을 대비하여 도시가 대대적인 동면 상태에 들어간 듯했다.

한때 애인과 나는 힘든 시간을 보내고 있었다. 그래서 나는 집에서 로맨틱한 데이트를 보낼 계획을 세웠다. 우리가 가장 좋아했지만 문을 닫아버린 식당이 하나 있었다. 데이트를 위해 그곳에서 즐겨 마셨던 와인 한 병을 찾아냈고, 그녀가 좋아하는 수제 고구마 뇨끼를 만들 준비를 했다. 물론 한 번도 만들어 본 적은 없었지만, 뭐 얼마나 어렵겠나 싶었다.

나중에 알게 된 사실이지만, 만드는 게 진짜 힘들었다. 당연한 일이지만 모든 것이 처음부터 우스꽝스러울 정도로 잘못됐다. 그래서 처음부터 다시 시작해야 했다…… 그것도 몇 번씩이나. 몇 시간 동안 레시피를 이해하지 못해 당혹스러웠고, 내 얼굴은 감자처럼 일그러졌다. 몇 시간이 지나자 차츰 짜증이 일면서 미칠 것 같았다. 그녀가 집에 도착했을 땐, 완벽하게 차려진 식탁 위에 촛불이 은은하게 흔들리고 음악이 잔잔하게 깔려 있으리라 상상했다. 그러나 그 모습은 연기처럼 사라졌다.

아주 아슬아슬하게 요리가 완성됐다. 그녀는 걸어 들어와 차려진 식탁을 보고는, 가방을 가만히 내려놓더니 내 품으로 뛰어들어와 안겼다. 그리고 그녀가 나를 올려다보았을 때, 환하던 그녀의 미소가 차츰 사라졌다. 그녀는 내게 뭔가 잘못된 일이라도 있는지 물었다. "아니에요, 아무것도." 나는 바지에 묻은 밀가루를 툭툭 털어내며 시무룩하게 대답했다.

우리는 함께 앉아 식사를 했고 그녀는 모든 것이 얼마나 근사한지 쉴 새 없이 떠들어댔다. 그러나 그때 나는 음식을 만들면서 했던 온갖 실수를 곰곰이 생각하느라 너무 바빴다. 이 음식은 덜 익었고, 저 음식은 너무 차갑고…… 나는 실제로 완성된 음식과 바랐던 음식, 마음속으로 그렸던 완벽한 모습을 끊임없이 비교하고 있었다. 그때

나는 단 하나를 보지 못했다. 그녀가 얼마나 황홀해했는지, 그리고 더 잘할 수 있었던 점을 지겹도록 곱씹고 있는 사이 즐거운 순간이 서서히 사라지고 있다는 사실을. 나는 저녁식사에서 가장 중요한 순간을 망쳐버렸다. 바로 우리가 함께하는 시간을. 모든 것이 완벽하기를 원했기 때문이었다.

완벽함은 비정상적이고 해로운 개념이다. 물리적인 세상에서는 아주 가까이 살펴보면 완벽한 존재란 없다. 그렇기 때문에 완벽함이라는 우리만의 정의, 즉 결점이 없고 더 이상 개선될 여지가 없는 상태를 전적으로 고수하는 건 비정상적이다. 하물며 우리의 측정 기준도 완벽하지 못하다. 예를 들어 프랑스어로 'Le Grand K'로 알려진 국제킬로그램 원기는 세상에서 가장 광범위하게 이용되는, 무게 측정의 기준을 설정한 물리적 실체였다. 그 기준을 이용하기 위해 복제본이 여러 나라로 배송되었다. 그런데 이러한 '완벽한' 물체가 개별적으로 질량이 변했다는 사실이 밝혀졌다. 무게 측정의 기준에서 그것은 중대한 문제였다. 완벽하게 절대적인 것은 변해서는 안 되니까 말이다. 이는 요즘 그러한 기준이 방정식과 개념의 측면으로 표현되는 이유이기도 하다.

지금은 이렇게 반박할지도 모른다. "수학 시험 문제를 100퍼센트 모두 맞힌 것은 어떤가? 그건 완벽한 점수다!" 확실히 그렇다. 맞는 말일 수도 있지만, 그럼 문제는 어떤가? 시험의 핵심이 무엇이었나? 그것이 능력을 평가하는 완벽한 방법이었나? 아니다. 시험은 기껏해야 근사치다. 시험은 잘 보지만 성과가 나쁜 사람들이 부지기수다. 시험은 잘 못 보지만 성과는 좋은 사람들이 훨씬 많다.

완벽함은 무형의 개념, 이론, 믿음에서만 존재하는 것으로, 이상적이고 영구적이며 신성함을 정의하기 위해 이용된다고 주장하는 사람들도 있다. 내가 이것을 장황하게 말하는 이유가 뭘까? 완벽함이란 개념이, 잠재력이 많은 우리 능력을 파괴하는 일이 빈번하기 때문이다.

우리는 놀라울 정도로 훌륭하지만, 불완전한 생물체다. 그래서 우리는 도달할 수 없는 기준을 개발하는 데 집착한다. 우리의 신체, 마음, 성과, 관계를 위해 종종 잘못 이해한 이상을 붙들고, 거기에 부응할 수 없어 우리의 열망은 꽃이 피기도 전에 시들어버린다.

완벽할 수 없다는 것은 가장 큰 자기혐오의 원천 중 하나다. 잘못된 의도성으로, 자기발전을 망치는 데 시간과 에너지를 써버린다. 우리는 계획을 갈기갈기 찢어버리고, 역효과가 발생하는 행동에 구속되며, 내면에서 들리는 비판의 소리에 힘을 실어준다.

큰 오해는 완벽함에 대한 대안을 실패로 여기는 것이다. 다행히도 삶은 이진법이 아니다. 삶은 스펙트럼 위에 존재한다. 한쪽에는 우리가 도달할 수 없는 완벽함이 있고, 반대쪽에는 우리가 피할 수 없는 혼돈이 있다. 세상에 존재하는 모든 아름다움은 불확실한 상태에 있다.

일본에 *와비사비*^{Wabi-sabi}라는 용어가 있다. 와비사비라는 이 개념은 물체의 아름다움을 불완전함에서 찾을 수 있다고 주장한다. 완벽함과 아름다움을 융합하는 서양의 시각과 직접 대조를 이루는 말로, 와비사비는 일시성, 개별성, 결점 있는 물질의 본질을 환영한다. 불완전함을 유일무이하고, 진짜이며, 아름다운 존재로 만드는 특성이다. 금이 간 항아리, 뒤틀린 나무, 층이 난 바위, 후드득 떨어지는 잉크. 와비사비는 부처의 철학을 투영하는 것으로, 이 철학에 따르면 지혜는 실수할 수 있는 특성을 편안하게 받아들일 수 있는 데서 생겨난다.

불완전함을 포용하는 것은 가야할 곳에 역점을 둔다는 의미다. 즉 지속적인 개선이다. 이러한 사고방식은 실수를 지뢰가 아닌 거리의 표지판으로 바꿔, 우리가 가야 할 곳을 가리킨다.

와비사비는 만물은 변할 수밖에 없다는 특성,

즉 일시성을 찬양하며, 발전할 수 있는

무한한 기회를 담고 있는 관용의 길을 옹호한다.

실행

불완전함을 실행하기

이런 생각을 할 수도 있겠다. '나는 내가 어떤 사람인지 너무 잘 알고 있다. 불완전해지기 위해 따로 더 연습할 필요가 없다.' 일부러 실수를 하자는 얘기가 아니다. 실수에 대응하는 방법을 다시 생각해 보자는 얘기다. 명상의 목표는 현재에 충실하자는 것이다. 우리 자신을 생각과 분리시키면, 생각을 객관적으로 바라볼 수 있다. 뭐, 말은 참 쉽다.

가장 노력한 실천가들조차 때때로 자신의 생각에 사로잡힌다. 핵심은 스스로 생각에 빠져 있다는 것을 깨닫고, 거기서 빠져나오는 것이다. 그렇게 현실로 돌아올 때마다 집중하는 능력이 조금씩 강화된다. 그러면 결점을 판단하기보다 호기심으로 포용하기 시작한다.

스스로 완벽하게 노트를 작성하려고 애쓰는 유형인가? 악필일 수도, 또는 노트를 예쁘게 꾸밀 예술적인 능력이 부족할 수 있다. 그런데 그게 중요한가? 물론 스스로 예쁘게 꾸미고 싶다면 중요할 수 있다. 우리는 노트를 불완전함이나 용기를 보여주는 증거로 삼을 수 있다. 비뚤어진 선과 울퉁불퉁 고르지 않은 글씨가 무언가를 배우고 삶에 긍정적인 변화를 만들려고 애쓰는 누군가를 그려낸다. 완벽하지 못할 수 있지만, 더할 나위 없이 아름답다.

실수를 하거나 시작이 잘못됐을 때, 노트를 버리는가? 그렇다면 '불완전함 컬렉션'을 만들어봐라. 노트 아무데나 공간을 할애하라. 솜씨가 없어도, 일단 자신의 이름을 적으면 시작할 수 있다. 휘갈겨 써도 좋고, 그냥 끼적거려도 좋다. 하고 싶은 마음대로 써라. 노트가 이상해 보일까봐 두려운, 바로 그것을 해보라. 그래서 불렛저널의 가치가 떨어졌는가? 아니다. 누군가는 그 모습을 보고 세상에 하나뿐인 특별한 거라고 말할 수 있다. 사소한 모든 것에 완벽을 기하고자 집착할 때마다, 불렛저널은 단지 도구일 뿐이라고 스스로에게 상기시켜라. 중요한 것은 무엇을 만들고 있느냐다.

완벽할 수 없고 언제든 실패할 수 있다는
사실을 받아들이면, 다시 시작할 수 있다.

좋은 변화

자기계발 또는 개인적 발전은 완벽하고자 고군분투하는 것인가? 그것은 어떤 목표를 세우느냐에 달려 있다. 완벽함을 목표로 하거나 타인보다 더 나아지도록 애쓰기보다, 스스로 점차 개선할 수 있는 기회를 찾아라. W. L. 셸던W. L. Sheldon은 이렇게 썼다고 한다. "남보다 우수하다고 해서 고귀한 것은 아니다. 과거의 자신보다 우수한

것이야말로 진정으로 고귀한 것이다."

　개인 성장의 모델로서 와비사비를 완전히 이해하기 위해서는 그 것이 탄생한 문화를 자세히 들여다보는 게 도움이 된다. 일본은 손 재주를 놀라운 수준으로 향상시키는 오랜 역사를 자랑한다. 목수, 금속세공사는 물론이고 상품 포장을 하는 경우도 마찬가지다. 완벽 함이 아니라 숙달에 크게 강조를 두었다. 완벽함과 달리, 숙달은 일 시성과 불완전함을 포용한다. 그것은 최종 목표가 아니라 하나의 과 정, 상태이기 때문이다. 숙달은 지속적인 개선과 학습의 결과다. 작 가 말콤 글래드웰Malcom Gladwell은 대니얼 레비틴Daniel Levitin의 말을 인용해서 1만 시간 법칙을 주장했다. 무엇이든 1만 시간동안 의도적 으로 연습하면, 세계적인 수준에 도달한다는 것이다.[55] 일본의 도제 제도는 평생에 걸쳐 일어날 수 있다.

　숙달은, 완벽함이란 개념을 헌신과 연습을 통해 스스로 더 나아지 고자 하는 열망으로 대체한다. 기술에 관해서라면 고정된 기준점이 있을 수 없다. 가장 훌륭한 대가들도 열심히 공부하는 학생이다. 우 리의 기술과 마찬가지로 대가의 기술도 시간이 흐르면서 발전하였 다. 대가라는 사람들도 모두 처음이 있기 마련이고, 그 첫 노력은 우 리가 그랬듯 서툴렀을 가능성이 크다.

　매일 자신에게 작은 질문을 하라. 스스로 개선할 수 있는 몇 가지 방법을 찾아보라. 질문에 대한 대답으로, 할 일이나 목표를 설정하여 불렛저널에 기록하라. 할 일이 완료될 때마다 새로운 경험을 획득하게 된다. 진척 상황을 기록하라. 이런 방식으로 하면 실제로 행동으로 옮길 가능성이 더 커진다.

모든 행동은 지금 있는 곳에서 한걸음 나아가는 것이다. 내딛는 발걸음이 얼마나 작든, 길을 가는 도중에 발을 헛딛든, 그런 건 모두 중요하지 않다. 중요한 것은 꾸준히 앞으로 나아가는 것이다.

제4부

기법

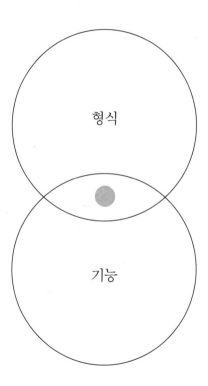

기법

나는 최근에 카포에이라^{Capoeira} 수업을 들었다. 수업은 끔찍했다. 용어가 낯선 사람을 위해 설명하자면, *카포에이라*는 브라질 노예들이 만든 무술로, 무술이라는 의도를 춤과 같은 동작으로 숨긴 것이다. 곡예, 연체곡예, 노래, 팽팽하게 휘감듯 강렬한 탱고가 섞여 있다. '무술을 할 때', 카포에이라 선수 두 명이 서로의 몸을 매끄럽게 빙그르르 휘감고, 종종 중력을 넘어서는 물구나무서기와 공중제비를 하기도 한다. 유튜브에서 브레이크 댄스를 추는 현대 무용가들과 도심을 뛰어다니는 러너들의 영상에서 카포에이라에서 따온 자유로운 동작을 볼 수 있다. 간단히 말해 보기에는 인상적이고 현란하지만, 직접 따라 하기에는 몸과 마음이 혼미해지는 것, 그 이상이다.

나는 열대성 폭우를 뚫고 철퍽거리며 걸어가, 구멍이 나 물이 새는 격납고 같은 곳으로 갔다. 그곳에서 수업이 열렸다. 다들 쫄딱 비를 맞아 상태가 엉망이었다. 나를 포함해 네 명밖에 없었다. 그것도 또 다른 한 명은 학생이고, 나머지 두 명은 술에 취한 카포에이라 강사였다. 그들은 중얼거리듯 자기소개를 하더니, 우리에게 카포에이라를 해본 적이 있는지 물었다. 나와 같이 간 학교 친구는 그날 아침까지만 해도 카포에이라에 대해 들어본 적도 없다고 말했다. 그다지 의욕이 많아 보이지 않던 강사 두 명은 머뭇거리며 서로를 바라보더니, 몇 가지 동작을 느릿느릿 보여주었다. 보아하니 아무 동작이나 하는 것 같았다. 친구와 나는 무엇을 해야 할지 잘 몰라, 어정쩡하게 서 있었다.

마침내 가르치는 강사들도 뭔가를 깨달았는지, 우리에게 자신들의 동작을 그대로 따라하라고 말했다. 그들이 우리에게 전후 상황을 설명해주지 않았기 때문에, 동작들이 살짝 우스꽝스러워 보였다. 비전문가의 눈으로 보면 수많은 기본적인 동작들이, 술이 거하게 취한 사람이 떨어드린 열쇠를 찾으려고 움직이고 있는 것 같았다. 음, 적어도 내 모습은 그랬다는 거다. 수업이 끝나고 나서야 강사 두 명은 서로 같이 무술을 했다. 모든 동작들이 결합되어 아름다운 동작으로 이어지더니, 마침내 동작 하나하나가 말 그대로 합쳐졌다. 우리는 거기 있는 두 시간 동안 많이 배웠지만 모든 동작을 하나의 경기로 결합하기 전까지, 즉 하나의 맥락으로 이어지기 전까지는 아무 것도 깨닫지 못했다.

우리는 지금까지 이 책에서 많은 영역을 살펴봤다. 이리저리 빙빙 돌고 있는 많은 조각들이 있다. 이 책을 읽고 난 누군가는, 내가 카포에이라 수업에서 느꼈던 감정을 느꼈을 수 있다. 대체 어떻게 해석해야 할지 도통 모르겠다며, 멍하니 바라볼 수 있다. 그래서 강사들과는 달리 나는 시스템과 실행이 어떻게 결합되는지 맥락을 확실하게 설명하고 싶다.

이런 속담을 들어봤을지도 모르겠다. "사람에게 물고기를 주면 하루를 먹일 수 있지만, 물고기를 잡는 법을 가르치면 평생 먹일 수 있다." 불렛저널방식에서 시스템은 낚싯대고, 실행은 낚싯줄과 미끼를 제공한다. 서로 다른 두 가지가 결합하는 모습을 보면, 시스템과 실행을 전적으로 이해할 수 있다. 이 결합을 경험하고 좀 더 깊이 이해하는 강력한 방식은, 자신에게 맞는 컬렉션을 디자인하는 법을 배우는 것이다.

자신만의 컬렉션을 디자인한다는 건, 불렛저널을 자신의 것으로 만드는 법을 보여주는 것이다. 이 책에서 여태껏 우리가 다뤘던 모든 요소를 자신만의 컬렉션을 만드는 단계에서 직접 실행해본다. 이는 체계적으로 정리하는 것이고, 자신을 탐구하는 것이며, 또 꿈을 엮는 것이다. 이러한 요소들이 신중하게 결합하면, 불렛저널은 단지 혼란스러운 상태를 정리하는 것 이상으로 우리가 하는 일을 도와주는 도구로 계속 변한다. 우리는 불렛저널방식의 융통성을 이용하여, 진정한 의도를 갖고 빛나는 쪽으로 길을 만들어 갈 수 있다.

불렛저널하면 계속 떠오르는, 그동안 많은 시간이 흘렀지만 여전히 의미를 잃지 않는 것이 하나 있다. 바로 우리의 요구가 변해도 불렛저널은 계속 적응한다는 점이다. 불렛저널은 우리가 필요로 하는 무엇이든 될 수 있다. 필요한 불렛저널의 형태, 즉 불렛저널을 최고로 이용할 수 있는 방법을 파악하는 게, 이러한 실행의 일부이고 이것은 시간이 흐르면서 계속 변한다.

이번 파트에서는 이것을 어떻게 하는지 살펴보기 위해, 다양한 내용을 검토해야 하는 프로젝트 하나를 진행해볼 생각이다. 우리는 불렛저널을 이용해서 어려운 문제를 다루고, 문제를 해체하며, 맞춤형 구성이나 양식을 디자인하는 다양한 방법을 살펴볼 것이다. 그러면 행동 계획을 세우는 데 도움을 얻을 수 있다.

이번 장부터는 지시하기보다 자신만의 불렛저널을 만들 준비를 할 때 유용한 고려사항을 중점적으로 설명하고자 한다.

잊지 말아야 할 점

맞춤형으로 뛰어드는 것이 흥미롭겠지만, 불렛저널을 처음 작성하는 경우라면 좀 더 복잡한 컬렉션을 실행하는 것은 잠시 미루기를 권한다. 2부와 3부에서 배웠던 것을 편하게 이용할 수 있을 때까지는. 적어도 기본적인 불렛저널링을 2~3개월 정도 해본 후에 컬렉션을 시도해보기를 추천한다. 불렛저널 수준을 높이기 전에, 일상적인 기능에 좀 더 편안해지는 것이 중요하다. 일단 준비가 됐을 때 시작하면, 이 섹션은 불렛저널의 기능성을 크게 확장할 수 있는 방법을 살짝 보여준다.

지금까지 소개한 모든 도구와 기법은 그 자체로, 그리고 전체를 구성하는 일부로 아주 유용하다. 불렛저널방식은 다양한 기법과 철학으로 생산성의 인프라를 형성하는 생태계와 같다. 생태계를 이루는 하나하나는 그 밖의 다른 요소들을 번영하도록 돕는다. 생태계에 새로운 종을 도입하기 전에 기존의 토착종을 잘 이해했으면 한다. 그렇게 하면 자신이 원하는 대로 불렛저널 실행을 조정할 기회를 개선시켜, 좋은 결실을 맺을 것이다.

맞춤형 컬렉션으로 불렛저널을 확장하라

불렛저널은 필요로 하는 어떤 형태든 될 수 있다. 어떤 형태가 필요한지 파악하는 것이 실행의 일부다. 간단한 가이드라인으로······.

맞춤형 컬렉션은 목적이 있어야 한다

관리하는 컬렉션이 삶에 가치를 더해야 한다. 생산성은 시간을 신중하게 투자하는 것이 중요하다. 현재 어려운 일이 있다면······.

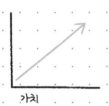

시간

가치

동기를 규명하라

일을 하는 최고의 방법을 찾기 전에, 먼저 그 일을 하는 이유를 분명히 확인하라.

노력을 자세히 살펴보라

각 컬렉션은 배우려는 시도이다. 컬렉션을 공부하는 것이 중요하다. 제대로 된 일과 그렇지 않은 일 모두 공부하라. 그래야 다음번에 무엇을 사용할지 알 수 있다.

316

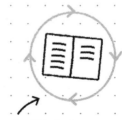

무엇을 하고 있는지 뿐만 아니라,
어떻게 하고 있는지를 반복하라

더 적게, 하지만 더 좋게

형식보다 기능성을 우선하라

가치 있는 노트를 위해 아름답게 꾸밀 필요는 없다. 디자인은 언제나 목적을 담고 있어야 한다. 물론 아름답다면 훌륭하다! 그것이 방해가 되지 않는 한.

VS ∿∿∿∿∿∿∿∿∿∿

미래에도 사용할 수 있게 디자인하라

노트는 삶에 관한 이야기를 한다. 오늘, 그리고 앞으로도 그 이야기를 쉽게 따라갈 수 있도록 디자인을 만들어라.

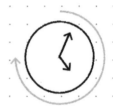

커뮤니티

불렛저널의 가장 가치 있는 자원 중 하나가 커뮤니티다. 수많은 사례와 응용방법을 보여준다. 막막하거나 영감이 필요하면 가장 좋아하는 소셜 네트워크에서 찾아보라.

배워서 공유하고,
공유해서 배우기

불렛저널(#bulletjournal) 또는 부조 (#bujo), 배워서 공유하고 공유해서 배운다.

317

맞춤형 컬렉션

내용이 디자인보다 앞서야 한다. 내용이 없는 디자인은,

디자인이 아니라 장식에 불과하다.

— 제프리 젤드먼Jeffrey Zeldman

불렛저널의 네 가지 핵심 컬렉션(색인, 퓨처 로그, 먼슬리 로그, 데일리 로그)은 대체로 어디에든 잘 적용된다. 그래도 불렛저널은 하나의 방식이 모든 경우에 적용될 수 없다는 사실을 포용한다. 이 책에 없는 방식으로 뭔가를 기록해야 한다면 어떨까? 그래서 맞춤형 컬렉션이 필요한 것이다.

특정 요구를 충족하기 위해 맞춤형 컬렉션을 만든다.

컬렉션은 장보기 목록처럼 간단한 일이거나, 장기 프로젝트처럼 복잡한 일이 될 수 있다. 불렛저널링의 창의적이고 재미있으며 가치 있는 측면이, 바로 맞춤형 컬렉션이다. 자신만이 갖고 있는 어려운 문제를 해결하는 데 힘을 실어주기 때문이다!

데일리 로그는 모든 것을 담아내는 잡동사니 주머니로 만들어진 반면, 맞춤형 컬렉션은 특정 목적을 충족한다. 정보 축적가가 되는 것을 피하라! 사실 나도 이런 면에서 잘못이 없진 않다. 컬렉션을 만들어 놓고 시청한 TV 프로그램, 단골 식당, 다양한 세부내용을 기록하기 때문이다. 나는 이것을 '잡동사니 서랍Junk drawer' 컬렉션이라 부른다. 컬렉션에 자신이 하는 일을 기록한다고 문제될 건 없다. 정보를 이용해서 건설적인 일을 할 계획이라면. 영화감독 지망생은 공부의 일환으로 자신이 본 영화를 기록하고 싶어 한다. '너무 스릴러 장르에만 치우치다 보니, 코미디 장르 쪽 공부를 안 하는 게 아닐까?' 운동량이 줄어든 사람이라면, 지속적인 진척상황을 감시하고 격려하기 위해 운동 데이터와 피트니스 이정표를 기록할 수 있다. 또는 운동 결심이 흔들리는 지점을 포착하기 위해서(휴가? 매달 열리는 포커의 밤? 또 다른 소개팅 실패 후?). 한편 잡동사니 서랍 컬렉션은 생각보다 지속성이 길지 않다. 그 컬렉션이 통찰력을 제공하지 않기 때문이다.

컬렉션에 담긴 정보에서 배울 것이 아무것도 없다면,

그 컬렉션은 가치를 거의 제공하지 못한다.

그러면 그 컬렉션을 유지하는 데 필요한 동기가 부족해질

가능성이 크다. 삶에 가치를 더하지 않을

컬렉션을 관리하는 데 시간을 낭비하지 마라.

맞춤형 컬렉션을 위한 세 가지 핵심 원천

1. 목표

목표는 추구하고자 하는 삶의 의미를 담고 있고, 방향과 목적을 제공하기 때문에 중요하다. 또한 변동 가능한 하위요소가 많아 복잡한 경향이 있다. 맞춤형 컬렉션은 하나의 목표를 여러 요소로 해체하여, 한 번에 하나씩 다룰 수 있도록 도와줄 수 있다.

2. 난제

인생에서 계속 화가 나거나 불안하고, 압박감을 느끼거나 자책하게 만드는 일이 있는가? 난제가 무엇인지 파악했으면, 그 난제를 다

루기 적합한 맞춤형 컬렉션을 만드는 게 아주 유용할 수 있다. 맞춤형 컬렉션을 이용하면 주어진 전용 공간에 생각을 취합하여 명확하게 정리할 수 있다. 그러면 해결책을 도출하는 데 집중할 수 있다.

3. 할 일

많은 컬렉션은 '• 휴가 계획하기!'처럼 간단하게 할 일을 작성하는 형태로 시작한다. 일일 성찰을 하는 동안(180페이지), 하나의 할 일 밑에 또 다른 할 일이 여러 개 있다는 것을 확인할 수 있다. 예를 들어 '휴가 계획하기'는 변동 가능한 하위요소가 많다. 단순히 하나의 실행 항목으로만 존재하면 버겁게 느껴질 것이다. 그래서 미루고 미루다 결국 불안을 유발하는 원천이 될 위험이 있다. 휴가 계획은 불안해하는 것이 아니라 신나야 되는 일이다. 그래서 휴가 계획을 선택하여 맞춤형 컬렉션 프로젝트를 시작해보자.

휴가 계획에 대해 빠르게 부연설명을 해보겠다. 연구결과에 따르면, 여행처럼 즐거운 행사를 고대하는 것은 기분과 행복감을 고조시키는 효과적인 방법이 될 수 있다.[56] 동기부여가 되고 기분을 좋게 하는 건, 여행 자체가 아니라 여행에 차츰 다가가면서 느끼는 들뜬 기대감이다. 이것은 특히 우리가 힘든 시기를 지나고 있을 때 도움이 될 수 있다. 계획을 통해 우리는 빛나는 쪽으로 방향을 결정하고, 그곳에 다다랐을 때 기쁨을 만끽한다.

첫 번째 단계

프로젝트를 시작하기 위해, 첫 번째 컬렉션을 만들어 보자. 다음 빈 양면으로 넘어가 프로젝트 주제를 추가한다. '하와이 휴가', 브루클린의 근사한 대안처럼 들린다. 이 책을 쓰는 지금, 브루클린은 눈으로 하얗게 덮여 있다. 잇따른 강풍을 동반하며…… 그것도, 봄을 알리는 첫날.

브레인스토밍하기

나는 어떤 프로젝트든 컬렉션 첫 양면에 브레인스토밍을 하면서 시작하는 게 좋다. 이 페이지들은 맨 처음 떠오르는 생각을 포착하기 위한 공간으로, 어떤 형태든 상관없다. 단어가 될 수 있고, 그림이나 마인드맵으로 작성하기도 한다. 이 두 페이지를 통해 우리는 아이디어를 쏟아내고, 흥미를 느끼며, 자유 연상법을 통해 어떤 생각을 풀어헤칠 수 있는지 살펴본다.

그러나 때때로 우리는 일상에(즉 우리 일과 생각에) 지나치게 밀착되어 있어, 이렇게 구체적이지 않고 비현실적인 형태를 보면 벅찬 느낌에 실제로는 주눅이 들 수 있다. 막상 어디서부터 시작해야 할지도 잘 모르겠고 말이다. 지금 그런 기분이 든다면, 계속 읽어봐라.

동기가 무엇인지 살펴보라

책을 쓰거나 지하실을 개조하거나 휴가를 계획하거나, 무엇이 됐든 프로젝트를 위한 컬렉션을 만들 때 맨 먼저 동기가 무엇인지 살펴봐야 한다. 이 프로젝트를 왜 진행하는 것인가? 프로젝트가 다루고자 하는 필요는 무엇인가? 가족과 오붓한 시간을 더 많이 갖기 위해서? 서핑과 산림욕을 즐기면서 휴식을 취하고 재충전을 하려고? 무엇이든 좋다. 단지 질문을 던지면서 시작하면 된다. 그래야 동기가 된 근본 원인을 찾아낼 수 있다.

그렇다면 근본 원인을 아는 것이 중요한 이유는 무엇일까? 동기는 외부와 단절된 채 홀로 존재하지 않는다. 즉 동기는 우리가 겪는 고통이나 좌절, 욕구에서 생긴다. 동기가 무엇이든, 일단 표면으로 드러내야 우리 노력이 잘못된 방향으로 가지 않는다고 안심할 수 있다. 우리는 진정한 동기를 파악하여 행동의 잠재적인 영향을 증가시킨다.

뭔가를 해야 한다고 느끼는 이유를 이해하면,

어떻게 할지 더 명확하게 바라볼 수 있다.

앞서 언급한대로 의도를 분명히 파악하는 첫 번째 기회는, 잠시 멈추고 프로젝트의 핵심을 담아내는 주제명을 생각하는 데 있다. 그렇지만 때로는 그것보다 좀 더 자세하게 해야 한다. 이럴 때는 우리가 왜 하는지, 경험에서 무엇을 얻고자 하는지, 어떻게 할 생각인지 명확하게 알기 위해, 간단하게 사명선언문을 쓰는 게 도움이 될 수 있다. 도움이 된다면 다음 대본을 이용해도 좋다.

나는 _____ 위해[왜] _____ [어떻게] _____
[무엇을] 하고 싶다.

이런 경우 사명선언문은 이렇게 작성할 수 있다.

나는 **휴식을 취하기 위해** 사무실을 떠나 휴가를 가고 싶다.

앞의 사명선언문에서 잘못된 것은 전혀 없다. 다만 좀 더 깊이 파고들면, 여행이 자신에게 의미 있는 것과 어떻게 연결될 수 있는지 파악하는 데 도움을 얻을 수 있다. 무조건 사무실을 떠나 여행할 필요는 없다. 이 여행에서 정말로 흥미진진한 것은 무엇인가? 5WHYS 기법(287페이지)을 이용하면 도움을 얻을 수 있다.

1. 왜 휴가를 가고 싶어 하는가? 휴식을 취하기 위해서.
2. 왜? 일 때문에 스트레스를 받아 우울하기 때문이다.

3. 왜? 매일 똑같은 일을 반복하고, 그것 때문에 외로움을 느끼기 때문이다.

4. 왜? 내가 있는 좁은 칸막이와 의자에 삶이 한정되어 있고, 좋아하는 사람들을 보지 못하기 때문이다.

5. 왜? 다른 일을 할 시간이 없기 때문이다.

우리는 고통을 받고 있는 여러 지점, 즉 페인포인트Pain point를 파악했기 때문에 문제해결을 시작할 수 있다. 우선 드러난 몇 가지 핵심 테마를 짚어보자. 답답함, 지루함, 우울함, 외로움, 죄책감. 이것이 동기가 되는 가장 큰 원천이다. 그래서 휴가의 목표는 이와 정반대되는 것을 경험하여 고통을 완화시키는 것이다. 즉 자유, 흥미진진함, 즐거움, 연결, 자부심. 우리의 사명선언문을 바꿔, 이러한 욕구를 반영해보자.

나는 휴가를 떠나, 좋아하는 사람들과(연결) 열대지역을 재밌게(즐거움) 탐험하며(자유와 흥미진진함) 좋은 시간을 보내고, 스스로 일하는 이유를 상기하고 싶다(자부심).

이 간단한 연습으로 여행을 위한 우선사항을 파악할 수 있을 뿐 아니라, 나중에 여유가 있을 때 깊이 다룰 생각할 거리를 얻었다. 또한 이 기법은 어떤 프로젝트에도 적용될 수 있다는 것을 명심하라. 예를 들면 이렇다.

나는 **책을 써서 의도적인 삶을 사는 데 필요한 가치 있는 지식을 공유하** 여, 사람들이 **자신의 삶에 더 많은 영향력을 갖는 방법을 알려주고** 싶다.

또는 이렇다.

나는 **간호학교에 가서 질병과 고통으로 앓는 사람들을 치료하는 방법을** 배워, **사람들을 도와주고** 싶다.

자유롭게 자신에게 맞는 스크립트를 작성하라. 동기를 더 자세히 파고들고, 모험적인 시도를 할 때 자신에게 가장 중요한 것이 무엇인지 밝혀내라. 나중에 한창 일을 진행하고 있을 때 작성한 사명선언문은 우선사항이 무엇인지 상기하는 데 도움을 줄 수 있다. 다시 말해 꼭 필요한 순간, 나침반 역할을 할 수 있다.

또한 사명선언문을 작성하는 것은 '페이지를 깨우는' 훌륭한 방법이다. '페이지를 깨운다'는 말은, 페이지에 처음으로 표시하는 행동을 설명하는 용어이다. 페이지를 깨우는 것은 내면과 바깥세상 사이에 놓여 있는 거리를 초월하고, 생각에 새로운 기운을 불어넣는 순간이다. 시작이 가장 어려운 부분일 수 있다. 페이지를 깨우기 위해, 자신이 원하는 것을 쓰는 것보다 더 나은 방법이 있을까? 너무 많이 고민하지 마라. 그저 느끼는 대로 적어라. 그것은 계약서가 아니다. 출발선을 넘을 수 있도록 이끄는 자애로운 방법일 뿐이다.

디자인

디자이너는 추가할 것이 없을 때가 아니라,

뺄 것이 없을 때 완벽함을 느낀다.

– 앙투안 드 생텍쥐페리Antoine de Saint-Exupéry

인터넷에서 '불렛저널'이나 '부조'를 검색해봤다면, 사람들이 그림까지 정성들여 그려가며 설명한 것을 많이 보았을 거다. 하나같이 아주 멋지다. 누군가에게는 동기부여가 되지만, 또 누군가에는 위압감을 준다. 예술가도 아닌데 필체가 너무 엉망이라 불렛저널을 작성할 수 없다고 여기는 사람들이 있다. 그런 걱정은 모두 내려놓아라. 불렛저널에서 중요한 것은 표현 방법이 아니라, 바로 내용이다. 물론 둘 다 잘할 수 있다면 더할 나위 없이 좋다. 그러나 불렛저널을 작성하는 데 꼭 필요한 예술적 능력이 있다면, 그건 직선 같은 선을 그리는 능력이다. 선을 잘 그릴 수 있다면 충분하다. 불렛저널 사용자 티모시 콜린슨Timothy Collinson은 이런 말을 했다. "단언컨대, 나는 가장 밋밋하고 가장 미니멀리즘한 스타일로 불렛저널을 작성하는 사람이에요. 나는 예술가가 아니라서 캘리그래피는 닿을 수 없는 수평선 너머에 있는 꿈일 뿐이죠. 그렇지만 솔직하게 말할 수 있어요. 불렛저널은 내 삶을 변화시켰다고 말이죠."

컬렉션을 디자인할 때의 목표는 기능성, 가독성, 지속성을 최대화하는 것이다. 이번 장에서는 세 가지를 자세히 살펴보고자 한다. 자신만의 컬렉션을 디자인할 때, 확실하게 도움이 될 몇 가지 고려 사항을 공유하고 싶다.

기능성

산업 디자이너 디터 람스Dieter Rams는 라디오, 면도기, 수많은 가정용품들 중 가장 상징적인 제품(이것들 중 몇몇은 최초의 아이팟 디자인에 영감을 줬다는 얘기가 있다)을 디자인한 사람이다. 그는 "Weniger, aber besser"라고 말하곤 했는데, 대략 '더 적게, 하지만 더 좋게'라는 의미다. 이것은 불렛저널방식의 기반이 되는 기본원칙 중 하나로, 불렛저널 디자인에 반영되어 있다. 형식이 기능을 덮어서는 절대 안 된다. 디자인이 본질에 이르도록 정제하라. 그래야 오직 의미 있는 것에만 집중할 수 있다. 노트를 아름답게 꾸미는 것이 동기부여와 생산성을 유지하는 데 반드시 필요하다면, 그렇게 해도 좋다. 단, 기억해야 한다. 컬렉션은 목표를 향해 나아가도록 도와주는 도구이지, 길을 방해하는 도구가 아니라는 사실을.

컬렉션은 항상 형식보다 기능을 더 좋아한다.
그래야 컬렉션이 중요한 기본 목표를
잘 수행하도록 도와줄 수 있다.

이는 단지 템플릿의 디자인에만 적용되는 건 아니다. 무게, 시간, 거리, 이름, 행사 등 템플릿이 포함하고 있는 정보에도 적용된다. 예를 들어 습관 트래커는 독서나 명상, 운동, 하루 물 소비량처럼 진척도를 기록하여 새로운 태도를 형성하도록 도와주기 위해 만든 컬렉션이다. 개선의 여지가 있는 사항이 너무 많아서, 처음에는 살짝 과도하게 열중하려는 유혹이 있다. 한 번에 너무 많은 것을 하는 식이다. 동시에 습관을 6개씩이나 추적하는 일은 되도록 피하라. 이렇게 하면 곧 버거워지고 부담이 되어 의욕이 꺾일 수 있다. 유지하는 데 많은 시간이 걸리고, 동시에 새로운 습관 6개를 형성하지 못할 가능성이 높아진다. 현재 가장 강력히 필요하다고 생각하는 습관만 추적

하라. 냉정하라. 신중하게 선택하라. 람스가 말한 것처럼 더 적게 시작하지만, 더 잘하라. 언제든 필요할 때 나중에 추가할 수 있다. 컬렉션의 내용이 우선사항에 집중하도록 유지하라.

컬렉션의 기능성을 평가하는 또 다른 기준은 미래에도 얼마나 유용하느냐다. 디자인이 잘된 컬렉션은 당초의 목적을 수행한 이후에도, 오랫동안 유용한 정보로 남는다. 내가 만든 컬렉션들을 보면 그당시에는 제대로 이해가 갔는데, 나중에 다시 살펴봤을 때 아무리봐도 무슨 내용인지 모르는 경우가 많았다. 자신이 만든 구성이 오랫동안 지속되려면, 타인이 봤을 때도 쉽게 이해할 수 있도록 템플릿을 디자인해야 한다. 분명히 말하지만, 자신의 저널을 다른 사람과 공유하라는 말이 아니다! 언젠가 미래의 자아가 효과적인 컬렉션을 다른 목적에 맞게 고치고 싶을 때, 그것이 제대로 작동한 이유와방법을 쉽게 기억할 수 있도록 만들자는 뜻이다.

컬렉션은 나중에 되돌아봤을 때,

처음처럼 유익해야 한다.

새로운 템플릿은 철저한 검토를 수행해야 한다. 무엇이 효과가 있었는가? 어떤 게 효과가 없었는가? 더 나은 효과를 내기 위해 바꿀수 있는 작은 것은 무엇인가? 템플릿을 간결하게 유지하면, 기능성

을 개선할 기회를 좀 더 쉽게 찾아낼 수 있다. 간단하게 만들라. 초점을 유지하라. 관련성을 유지하라.

가독성

우리 필체는 자신을 표현하는 독특한 형태로, 종종 내면의 상태를 반영한다. 기쁠 때는 필체가 한껏 멋을 부리다가, 스트레스를 받을 때는 필체가 엉망이 되다가, 때로는 도저히 해독할 수 없을 수준까지 떨어진다. 아마 처음에는 필체가 결코 훌륭하지 못할 수 있다. 애초에 좋지 않은 필체를 당연하게 받아들이는 경향이 있는데, 우리 필체처럼 깊이 몸에 밴 것도, 조금만 관심을 기울이면 크게 좋아질 수 있다.

가독성에 어려움을 겪고 있다면, 레터링 도구나 필기도구를 대체하여 사용해보라. 아주 미묘한 변화에도 필체가 얼마나 잘 반응하는지 보고 깜짝 놀랄 것이다. 예를 들어 나는 파인라이너 펜으로 글자를 모두 대문자로 쓰면서, 가독성 문제 두 가지를 해결하였다. 더욱 신중하게 글자를 쓰게 되었고, 더 경제적으로 단어를 선택하게 되었다. 물론 처음에는 어색했다. 그렇지만 이렇게 의도적으로 변화를 준 덕분에, 괜찮은 아이디어가 알아볼 수 없는 내 필체 때문에 더 이상 희생양이 되지 않았다.

이걸 핑계로 펜과 잉크의 세계로 아주 조심스럽게 발을 들여놓아도 좋다. 그 세계는 우아함, 유산, 역사로 풍부하고, 잉크가 종이 위에 어떻게 올려 졌는지 수백 년의 지식으로 안내한다. 만년필부터 펠트펜까지, 시험해볼 펜은 많다. 자신에게 맞는 펜을 찾으면, 필체를 개선시키는 건 물론이고 스스로 필체가 제법 괜찮다는 평가를 내릴 수도 있다. 단, 완벽한 펜이나 종이를 찾고자 하는 노력이 글을 쓰는 데 방해가 되지 않도록 주의하라. 펜은 마술지팡이가 아니라 도구일 뿐이다. 종이에 마술을 부리는 것은 자기 자신이다.

가독성은 우리가 종이 위에 무엇을 쓰느냐의 문제뿐만 아니라, 우리가 무엇을 쓰지 않느냐의 문제이기도 하다. 클로드 드뷔시Claude Debussy는, 음악은 음과 음 사이의 공백이라고 말한 적이 있다.[57] 그래픽 디자인에서는 공간을 상상력을 발휘하는 '하얀 공간'으로 나타낸다. 공간은 나중에 생각나면 덧붙이는 부분이 아니다. 초점, 구조, 명료함을 증가시키기 위해 처음부터 매우 신중하게 계획한 요소다. 디자인에 숨 쉴 틈을 주도록 하라. 템플릿이 가독성을 유지하기 위해서는, 빽빽하게 작성하지 말아야 한다. 적정 수준을 유지하고 글자, 도표의 칸, 리스트 항목에 더 많은 공간이나 간격을 추가하라. 때때로 한 페이지에 꽉 들어차지 않을 수 있다. 그래도 괜찮다. 정보를 어떻게 구성하는지가 가독성과 이해, 분별력을 향상시키는 데 크게 도움이 될 것이다. 우리는 진정 중요한 것을 위한 공간을 만들어 두면 된다.

지속성

컬렉션을 유지하는 데는 시간과 에너지가 소요된다. 그래서 과연 시간과 에너지를 투입할 가치가 있는지 확인하는 것이 중요하다. 지금까지 배운 모든 컬렉션은 특정 난제를 해결하기 위한 것이었다. 색인(139페이지)은 노트에 적힌 내용의 위치를 찾을 수 없었던 좌절감에서 비롯된 것이었다. 먼슬리 로그(130페이지)는 책임과 시간에 대해 개괄적인 내용을 수립하고자 만들어진 것이다. 이러한 모든 컬렉션은 수없이 가치를 입증하여, 그것을 유지하는 데 필요한 관심을 쉽게 얻었다.

컬렉션을 유지하는 게, 하기 싫은 일이 돼서는 안 된다. 불렛저널을 그만두는 대다수 사람들을 보면, 그들은 페이지를 장식하는 데 지나치게 많은 시간을 썼다. 꾸미는 것 자체가 잘못된 게 아니다. 방해물이 되지 않는 한. 하지만 균형이 깨지면, 노력 대비 보상이 크지 않다고 느낀다. 그러니 간소화하라.

좋은 소식이 있다. 월간 이동 또는 연간 이동을 하는 동안, 지속할 수 없는 컬렉션을 자연스럽게 제거할 수 있다. 특정 컬렉션을 업데이트 하지 못했다면, 우리 삶에 많은 가치를 더하지 못하고 있다는 뜻이다. 그러니 그만둬도 괜찮다. 그렇다고 실패한 것이 아니다. 미래에 템플릿을 디자인할 때 적용할 수 있는 귀중한 교훈을 얻은 셈이다. 제대로 되고 있지 않는 컬렉션이 있다면, 그 이유를 알아야 한다. 그래야 미래에는 제대로 작동할 컬렉션을 디자인할 수 있지 않겠는가. 좌절하거나 실망한다고 해서, 그런 좋은 기회를 날려서는 안 된다.

불렛저널링의 핵심은 호기심을 느끼고 자연스럽게 마음이 끌리는 대상을 깨닫는 것이다. 마이그레이션, 즉 이동이 일어나는 동안 컬렉션을 평가하면 실제로 자신의 집중을 사로잡고 있는 대상이 무엇인지, 그리고 어려움을 겪고 있는 문제가 무엇인지 재빨리 포착한다. 컬렉션을 업데이트 하는 빈도에 대해 많이 배울 수 있다. 이것은 행동에도 적용되지만, 생각을 정리하는 방식에도 적용된다. 시간이 흐르면서 좀 더 명확하고 집중적으로 생각할 수 있도록 도와주고, 의미 있는 진척을 만드는 구성이 무엇인지 이해할 것이다. 무엇을 하고 있는지 그리고 *어떻게* 하고 있는지, 더욱 의도적으로 생각하게 된다. 이렇게 하면 지속적인 개선을 위해 자신만의 도구를 디자인하는 방법을 배울 수 있다.

계획

계획하는 데 실패한다면, 실패할 계획을 세우는 것과 같다!
　　　　　　　　－ 벤저민 프랭클린^{Benjamin Franklin}

　실패에서 벗어나는 방법을 계획할 수 없지만, 성공 가능성을 크게 증가시킬 수는 있다. 프로젝트에 뛰어들기 전에 약간 발품을 팔면 된다. 하와이 여행 계획이나 웹사이트 재오픈, 프레젠테이션, 무엇이든 상관없다. 실행 계획을 어떻게 세울지 생각하기 전에, 잠깐 멈춰서 매개변수와 변수가 무엇인지 명확하게 규정한다면, 주어진 시간과 자원을 최대한 이용할 수 있다.

　전문 요리사는 요리를 시작하기 전에, 모든 재료를 준비해서 잘 펼쳐놓는다. 채소는 잘게 썰어놓고, 고명은 잘 저며놓고, 조리대는 깨끗하게 치워둔다. 이것은 '미장플라스^{Mise en place}'나 '미즈^{Mise}('치즈'와 운이 맞는)'로 알려진 프랑스어로, '영업장 준비'란 뜻이다. 이 습관 덕분에 요리사는 중요한 일, 즉 음식을 만드는 일에 집중할 수 있다. 불렛저널을 작성할 때는 우리 자신이 요리사다.

음식처럼 컬렉션은 구성 요소를 모두 합한 형태다. 의미 있는 컬렉션을 디자인하기 위해, 우리는 작업해야 할 '재료'를 정의해야 한다. 어떤 일을 하는지에 따라 재료는 세션, 무게, 거리 등과 같은 가치로 나타난다. 컬렉션은 이러한 가치를 뚜렷하게 담아내고 정리하도록 설계된다.

이것을 '하와이 휴가' 컬렉션에 적용해보자. 브레인스토밍을 하는 동안 우리는 제대로 분류하고 준비해야 할 다양한 정보, 즉 재료를 식별한다. 이를 위해 스스로 작은 질문을 해본다. '어디로 가고 싶은가? 무엇을 하고 싶은가? 언제 가고 싶은가? 예산은 얼마인가?' 우리는 이런 질문을 용도에 맞게 고쳐 목적지와 활동, 시간, 예산과 같은 범주를 정의한다. 브레인스토밍이 끝나자마자, 이러한 범주를 고려사항과 함께 나열하라. 그러면 프로젝트를 위한 뼈대 구성을 시작할 수 있다(340페이지).

이제 우리는 고려해야 할 모든 목록을 갖고 있다. 각 목록을 개별적으로 다루기 위해 불렛저널에 하위컬렉션을 만들 수 있다. 우선, 조사를 많이 해야 하는 목적지부터 시작해보자.

조사

모든 일은 미지의 것으로 가득 차 있다. 그러나 무엇을 시도하든지, 사전준비를 하면 가장 어려운 단계 중 하나를 극복하는 데 도움을 얻을 수 있다. 그 어려운 단계란 바로 시작하는 것이다. 사전준비를 하면 단순히 전체적인 상황에 더 친숙하게 되어, 프로젝트에 편안해진다. 우리가 기대하는 것을 잘 알수록, 서투른 실수를 줄일 수 있다. 얼핏 당연한 말처럼 들리지만, 실제로는 많은 사람들이 자신이 직면한 문제를 명확히 알지 못한 채, 드라마틱한 제스처나 선언으로 큰 프로젝트를 시작한다. 그런 노력 역시 칭찬받을 만하지만, 얼마 지나지 않아 전적으로 회피할 수 있는 문제에 부딪쳐 주저앉을 수 있다.

스스로 채식주의자가 되고 싶다고 가정하자. 약간 조사를 하고 계획을 세우면, 냉장고를 채우는 방법과 일주일치 분량의 맛있는 음식을 준비하는 방법을 알고 시작할 수 있을 것이다. 채식주의자로서의 새로운 삶을 빈 냉장고, 빈 위장, 빈 접시로 시작하지는 않을 것이다. 준비가 없다면 난처함은 물론이고 좌절, 낙담, 부담감에 시달릴 수 있다. 앞서 얘기한대로 부담감 때문에 동기와 흥미를 빠르게 잃을 수 있다. 하지만 미리 준비하면 부담을 줄일 수 있다.

다른 한편으로는 조사라는 개미지옥에 빠지지 않도록 주의하라.

미리 공부하는 것이 재밌고 생산적이라고 느낄 수 있지만, 과정을 시작하는 게 힘들어질 수 있다. 조사를 오래하면 할수록 더 많은 대안을 발견하고, 그 또한 부담이 될 수 있다. 악명 높은 '정보 과다로 인한 분석 불능Analysis paralysis'은 피해야 한다. 조사는 하되, 일은 진행해야 한다. 적당한 비율로 두 가지를 하려면 어떻게 해야 할까? 그래서 이쯤에서 타임박싱Time boxing(240페이지)을 실행한다.

타임박싱은 조사를 위해 필요한 공간을 제공하면서, 조사시간의 시작점과 종결점을 지정한다. 조사를 진행하는 동안 타이머를 설정하는 것을 좋아하는 사람들이 있다. 그래야 집중하고 인터넷이라는 블랙홀에 빨려 들어가지 않을 수 있기 때문이다.

조사시간을 파악할 때, 이용할 수 있는 전체 조사 횟수를 제한하라. 예를 들어 하와이 여행을 계획을 때, 첫 번째 할 일은 여행가고 싶은 섬을 결정하기 위해 몇 개의 섬을 조사하는 것이다. 섬마다 탐험할 수 있는 서로 다른 흥밋거리를 많이 제공한다. 조사가 집중을 방해하는 요소로 바뀌지 않도록, 시간을 할당하라. 이를 테면 섬 하나당 30분씩 2회 조사하고, 그것을 달력에 표시하라. 더 많은 시간이 필요할 수도 있다. 그럴 때는 조사가 생산적이고 제한된 시간에 이뤄질 수 있도록, 해당 조사를 따로 분리하라.

최초 조사에서 하고 싶은 첫 번째는 '목적지' 하위컬렉션을 만드는 것이다. 첫 페이지에 참고하기 위해 대상이 되는 모든 섬을 나열한

하와이 휴가

사명선언문

"나는 휴가를 떠나, 좋아하는 사람들과 열대지역을 재밌게 탐험하며 좋은 시간을 보내고, 스스로 일하는 이유를 상기하고 싶다."

목적지

- 하와이에서 어디를 가고 싶은가?

활동

- 무엇을 하고 싶은가?
- 함께 여행을 간 사람들은 무엇을 하고 싶은가?

시간

- 가능한 휴가일수
- 비행시간
- 현지 통근시간
- 활동기간

예산

- 항공료
- 자동차 렌탈비
- 숙박비
- 유류비
- 식비
- 각종 활동비

다. 다음 페이지는 각 특정 섬 하나하나에 초점을 맞춰, 그 섬을 여행해야 할 이유인 활동을 열거한다. 놀라운 화산 하이킹? 훌륭한 서핑? 이리저리 거닐 수 있는 마을? 지금 당장은 방법(그 활동을 할 여력이 있는가? 거기에 어떻게 갈까? 어디에 머무를까?)은 생각하지 마라. 방법은 조금 있다가 살펴볼 테니까. 우선 이 여행을 가는 이유, 작성한 사명선언문을 가장 잘 뒷받침할 수 있는 활동이 무엇인지 찾는 데 집중하라.

앞서 언급한 카포에이라의 경우, 맥락을 전혀 모르는 상태라 강사가 하는 동작을 거의 이해할 수 없었다. 계획 없이 실행하는 것도 마찬가지다. 계획이 없다면 행동은 활동과 에너지, 시간을 낭비하고, 종종 실패라는 실망스러운 결과로 이어질 것이다. 맞다. 프로젝트 예시가 '단지' 휴가라는 사실을 나도 안다. 그러나 휴가는 시간과 에너지, 어렵게 모은 돈을 귀중하게 투자하는 것이다. 그렇다면 최대한 뽑아내야 하지 않겠는가?

목록

휴가 프로젝트에서 다양한 유형의 정보(날짜, 시간, 돈 등)를 다뤘다. 그 정보의 기능을 가장 잘 뒷받침할 수 있도록 구성을 조정하면, 유형별 정보를 최대한 활용할 수 있다. 예를 들어 예산과 일정은 서로 다른 두 가지 목적을 갖고 있다. 그렇다면 그 둘의 디자인 역시 달라야 하지 않을까?

기본적인 양식은 대체로 목록 형태다. 목록을 이용하면 효과적이고 편리하게 내용을 정리할 수 있고, 간단하게 만들 수 있다. 목록은 내용을 짧고 간단명료하게 유지하여 빠르게 정보를 포착한다. 아주 적은 것으로 많은 것을 할 수 있는 디자인 형식은 거의 없다. 그래서 불렛저널에서도 핵심 디자인 형식으로 '목록'을 이용한다.

하와이 섬들 중 하나인 마우나케아^{Mauna Kea}에서 조사한 모든 재미있는 활동을 살펴보자. 이상적인 세계라면 목록에 있는 것을 모두

마우나케아 산

*   에메랄드 풀장

     용암층

*   화산 휴양림

     와일드 스팅레이 비치

*   야시장

     무노아 요가 학교

     ~~블랙 샌드 비치~~

     그린 샌드 비치

     터틀 비치

     볼케이노 비치

즐길 시간이 있을 테지만, 실제로는 그렇지 않다. 목록은 빠르게 비대해져 버거워질 수 있다. 그래서 이번 장에서 우리는 목록이 초점을 잃지 않고 감당하기 쉽도록, 목록을 관리하는 빠른 방법 몇 가지를 알아보겠다.

우선순위 결정

휴가를 위한 목록처럼, 목록 초안을 작성할 때는 단순히 정보를 취합한다. 정보를 취합하는 일이 재밌게 들리거나 중요한 일처럼 보이기도 한다. 그래서 정보를 포착하는 일에 열중하는 경향이 있는데, 목록이 하나의 목적을 수행하는 한 괜찮다. 목록이 어느 정도 완성이 되면, 한 발 물러서서 검토해봐야 한다. 흥미로운 항목이 무엇인가? 그렇지 않은 항목은 무엇인가? 마음의 척도로 각 항목을 저울질하여 따져보고 첫 번째로 통과한 항목을 선택하라. '*' 기호를 이용하여 강하게 끌리거나 시간상 가장 긴박한 항목을 우선사항으로 결정하라. '영 별로'라고 생각하는 항목은 줄을 그어 지워버려라. 미적지근한 삶을 디자인하고 싶지 않으니까.

마지막으로 우선순위를 정하는 동안 고려해야 할 인적 요소가 종종 있다. 휴가를 예로 들었을 때 다른 사람과 여행한다면, 목록을 선택하는 출발점은 동행자의 알레르기, 좋아하는 것, 싫어하는 것 등을 검토하는 것이다. 자신이 하고 싶은 것을 반드시 희생할 필요는 없지만, 원하는 대안을 검토할 때 빠르게 영향을 미칠 수 있다. 블랙 샌드 비치로 갈까? 아니면 그린 샌드 비치? 다른 사람들은 블랙 샌드 비치를 본 적이 있을까? 그렇다면 그린 샌드 비치로 하자!

맥락

앞에서 가상으로 설정한 하와이 휴가에서, 재미있어 보이는 온갖 흥미진진한 활동으로 이뤄진 목록을 보았을 것이다. 물론 시작은 좋지만, 사실 이 목록은 많은 맥락을 제공하지 않는다. 마치 레스토랑에 있는 메뉴가 모두 훌륭해 보이는 것과 같다. 가격, 재료, 칼로리를 보고 나서야 우리는 빠르게 대안을 좁힌다. 맥락은 우선순위를 정하도록 도와줄 정보를 제공한다. 목적을 달성하기 위해 목록에 몇몇 조건을 추가하자. 그러면 몇 가지 맥락, 즉 위치, 시간, 비용을 추가하여 결정과정을 촉진할 수 있다.

나는 시간 'T'열을 추가하였다. 무작정 찾아갔다가 굳게 닫힌 문을 보고 발길을 돌릴 수도 있으니까. 주인이 수요일에는 일하지 않기로 결정할 수도 있지 않겠나. 실제로 그런 일이 있기도 했고. 또한 개점

시간과 폐점시간을 적으면, 여행일정을 세울 때 좀 더 자세한 상황을 파악할 수 있다.

위치('L'열)의 경우 북쪽은 'N', 남쪽은 'S', 동쪽은 'E', 서쪽은 'W', 중앙은 'C'로 표시하였다. 이것은 관심장소가 대략 어디에 있는지 이해하는 데 도움을 준다. 그래서 시간과 숙박에 대해 효율적으로 더 잘 결정할 수 있다(여행지에 머무는 시간보다 길바닥에서 버리는 시간이 더 많지 않기를 바라니까). 또한 위치를 적어 두면 특정 활동이 제대로 진행되지 않는 만일의 사태에 대비해, 근처에 좋은 대안을 미리 알아둘 수 있다.

비용 '$'열은 특별히 따로 설명이 필요 없다. 가격을 포함시키면 일단 예산이 결정되고 난 후 목록을 줄이는 데 기준점 역할을 한다. 분명히 말하지만, 단지 비싸다는 이유로 목록에서 제거되어야 한다는 뜻은 아니다. 나중에 선택이 용이하도록 도와줄 수 있다.

목록에 있는 많은 대안이, 재미있어 보인다는 이유로 지금껏 남아있는 경우가 있다. 그래도 괜찮다. 어차피 계획을 진행할 때, 나중에 다른 컬렉션을 설정하면서 새로운 고려사항을 반영할 것이다. 그때 목록을 다시 확인하여 항목을 걸러내면 된다. 모든 핵심 컬렉션이 그렇듯, 맞춤형 컬렉션은 서로서로 영향을 미칠 수 있다. 이것을 더 잘 이해하기 위해, 우리는 여행일정과 예산을 위한 컬렉션을 만들어볼 것이다.

마우나케아 산

	T	L	$
✳ 에메랄드 풀장	수 / 9-4	N	124
용암층	수 / 11-6	S	65
✳ 화산 휴양림	다수	W	32
와일드 스팅레이 비치		NE	10/시간
터틀 비치	월-목 / 8-4	W	
✳ 야시장		SW	
마누아 요가 학교		W	
~~블랙 샌드 비치~~		E	
그린 샌드 비치		NW	
서핑보드 렌탈		W	
서핑보드 렌탈2		W	

일정

어떤 프로젝트든 시간은 중요한 고려사항이다. 심지어(특히!) 여행의 경우에는 더더욱 그렇다. 활동 목록이 준비되면, 다음 단계로 시간이란 측면에서 맥락을 설정해야 한다. 그러기 위해서는 여행일정과 같이 목적에 맞게 설계된 컬렉션이 필요하다. 이전에 작성해봤던 여행일정을 다시 들춰보고 기억을 떠올려봐라. 일정표를 자세히 살펴보고, 그 디자인과 담아낸 경험이 자신에게 잘 맞았는지 검토해봐라.

과거에 작성한 일정을 보고 무엇을 배웠는가? 지나치게 낙천적이고 여행기간 동안 너무 많은 활동을 집어넣는 경향이 있지 않은가? 그 때문에 스트레스를 받거나 완전히 지쳐버리지 않았는가? 또는 즉흥적으로 여행을 하는 바람에 놓친 박물관 전시가 있다거나, 몇주 전에 레스토랑 예약이 이미 꽉 찼다거나, 소박하지만 매력적인 당일 관광을 미처 알지 못한 적은 없는가? 과거에 연연하자는 게 아니라, 더 나은 경험을 할 수 있도록 과거에 배웠던 것을 다시 이용하자는 뜻이다. 이번에는 무엇을 다르게 할 것인가?

일단 언제 갈지부터 생각해보자. 무엇이 됐든 어차피 완벽한 시간이란 거의 없다. 그러니 그것을 핑곗거리로 삼지 마라. 실질적으로 생각하라. 가능한 시간을 최대한 활용하고 싶을 것이다. 직장인이라면 여행기간을 확보하는 가장 좋은 방법으로, 일정에 공휴일을 끼워 넣을 수 있다. 그러면 유급휴가를 많이 쓰지 않고 여행기간을 연장할 수 있다.

일단 여행일자를 알면, 그때부터 일자에 맞춰 여행일정 템플릿을 디자인할 수 있다. 이 템플릿은 컬렉션을 디자인하는 데 펜과 연필 둘 다 사용하는 소수의 경우에 해당한다. 여행일정을 세울 때는 결정해야 할 일이 많고, 진행하면서 계속 수정할 가능성이 크다. 디자인을 생각할 때는 항상 사용을 고려하라. 행사나 활동과 같은 연속적인 행동을 정리하기 위해 컬렉션을 만든다면, 반드시 융통성이 허용되는 도구를 이용해야 한다.

1. 템플릿을 준비하기 위해 나는 관련 변수를 검토했다. 즉 어디에서, 언제, 그리고 무엇을(351페이지). 첫 번째 열에는 '어디에'를 적는다. 여러 섬을 옮겨 다니며 여행할 예정이기 때문에 언제 어디에 있을지 아는 것이 상당히 중요하다. 이번 사례에서 첫 번째 열은 해

당 공항이 있는 장소와 그 장소의 하위컬렉션이 있는 페이지 번호를 표시한다. 만일의 경우에 대비해 목록에서 빨리 대안을 선택할 수 있도록, 페이지 번호를 기재하여 하위컬렉션에 있는 목적지와 연결하였다(145페이지). 텍스트는 수직방향이고, 날짜를 추가할 때 보기 수월하도록 시각적 효과를 추가하였다. 또한 장소를 기재한 열이 날짜 사이에 있는 경계를 깨뜨리는 것을 주목하라. 이렇게 하면 장소 간 변화를 강조하여, 여행일수를 쉽게 인식할 수 있다. 게다가 장소를 기재한 열은 다음 날까지 이어져, 세로 막대의 길이가 달라진다. 막대가 끝나는 지점은 대략의 비행시간대를 가리킨다.

2. 다음 열은 '언제'를 기재하는 것으로, 시간 순서대로 여행일자를 죽 적어 내려간다. 가독성을 높이기 위해 날짜와 요일에 더 많은 여백을 남겨서 한눈에 쉽게 알아볼 수 있다.

3. 날짜와 장소가 모두 파악되면, 이제 남은 일은 해야 할 활동을 연결하는 것이다. 각각 칸마다 맨 위에 있는 항목은 아침에 할 예정이고, 이어진 항목은 시간 순서대로 발생한다. 어떤 항목은 사전에 예약을 했기 때문에, 그 활동 앞에 시간을 표시한다. 그것은 '목적지' 하위컬렉션에 남아 있는 활동을 사이사이 적절히 끼워 넣는 데 도움을 준다.

이 모든 것이 아주 정교하다고 생각할지도 모른다. '지도에 다트를 던지는' 식으로 닥치는 대로 다양하게 여행 계획을 세울 수도 있

하와이 여행일정

25 화	9:00	체크인 @ 리프 호텔
		시내와 해변
	3:00	쿤달리니 강좌
	7:30	저녁식사 @ 더 럼 배럴

26 수	11:30	체크아웃
	4:00	마우나케아로 항공 이동
	5:30	카포에이라 강좌
	8-10	만타 다이빙

27 목		에메랄드 비치!
	3:00	서핑 강좌
	7:30	저녁식사 @ 더 시크릿 가든

28 금	9:00	요가 강좌
		용암층
	3:00	저녁식사 @ 서프 하우스
	7:30	야시장

29 토	9:00	체크아웃
	11:00	호놀룰루로 항공 이동
	7:30	저녁식사 @ 스시 코나

30 일	9:00	체크아웃
	11:00	집으로 항공 이동
	3:00	저녁식사 @ 지미즈

1.   2.   3.

다. 다시 한 번 말하지만 이것은 자신만의 컬렉션을 작성할 때, 고려해야 할 요소를 설명하기 위해 만들어 본 사례에 불과하다. 어떤 식으로 응용하든 상관없다. 이 과정은 자신만의 여행이다. 그러나 때로는 스스로 지도를 그려보기 전에, 지도를 그리는 방법을 보는 게 유익하다.

트래커

측정할 수 없는 것은 관리할 수 없다.
— 피터 드러커Peter Drucker

불렛저널에서 가장 흔한 유형의 맞춤형 컬렉션은, 바로 트래커다. 트래커는 상상할 수 있는 어떤 형태든 될 수 있다. 나는 어떤 불렛저널 사용자가 읽은 책을 책장에 줄지어 늘어선 그림으로 표현한 것을 보았다. 혹은 팝콘 조각을 그려서 자신이 본 모든 영화를 기록하는 것을 본 적도 있다. 이 참신한 트래커는 컬렉션에 개성과 기발한 생각을 불어넣었지만, 가장 성공적인 트래커의 기본 핵심은 계획한 목표의 진척상황을 추적 관찰하는 것이다.

트래커는 큰 목표를 선택하여 좀 더 작은 실행가능한 단계로 해체하는 방법을 보여주는 훌륭한 사례다. 트래커를 이용하면 잠재적으로 위협적인 시도가 더욱 감당하기 쉬워지고, 자신하게 솔직하게 된다. 우리의 기억과 현실은 가장 좋은 친구가 아닌 경우가 더러 있다. 기록하고 객관적으로 진척 상황을 관찰하는 공간이 있으면, 일을 제대로 진행하는 데 큰 도움이 될 수 있다.

우리는 두 가지 목적을 수행할 간단한 예산 트래커를 만들어 볼 것이다. 첫 번째로 한 페이지에 우선사항을 분류하여 여행비용이 얼마나 들지 볼 수 있다. 두 번째로 활동별 여행비용을 마련하기 위해 진척 상황을 시각적으로 관찰할 수 있다.

나는 예산 트래커를 위해 여기에 기본적인 사례를 실었다. 그것은 핵심이 되는 3개의 열로 나눠져 있다. 첫 번째 열은 활동을 열거한다. 두 번째 열은 비용에 초점을 맞춰 활동에 소요되는 총 비용과 매달 저축해야 할 금액을 산출한다. 세 번째 열은 실제 트래커 열이다. 여기서 비용은 여행 가기 전까지 남은 전체 기간으로 분산된다. 이런 식으로 매달 얼마를 저축해야 하는지 빠르게 확인할 수 있고, 목표에 대한 진척 상황을 추적 관찰할 수 있다. 한 달을 빼먹은 경우, 상응하는 칸에 부족한 금액을 표기한다. 그러면 필요할 때 총 잔액을 빠르게 산출할 수 있다.

트래커 맨 밑에 합계가 있는 것을 주목하라. 그 옆에 다시 월을 추가하였다. 이렇게 하면 해당 열을 좀 더 쉽게 추적할 수 있다. 여기에 최저 필요금액을 초과한 경우는 '+'를, 부족한 금액에 대해서는

하와이 예산

비용	Total / M	4	5	6	7	8	9	10	11
하와이 비행기 티켓	1200/150	x	x	x	x	x	x	50	x
마우나케아 비행기 티켓	120/15	15	x	x	x	x	x	x	x
호놀룰루 비행기 티켓	140/17	x	18	x	x	x	x	x	x
호놀룰루 호텔	360/45	x	x	x	x	x	x	x	x
마우나케아 호텔	235/29	30	x	x	x	x	x	x	x
서핑 레슨	100/13	x	x	x	x	x	x	x	x
용암층	25/3	x	x	x	x	x	x	x	x
만타 다이빙	100/13	x	x	45	x	x	x	x	x
식비 예산	350/44	x	44	x	x	x	x	x	x
유류비	100/13	x	x	x	x	x	x	x	x
기타	500/62	x	x	x	x	65	x	x	x

	TOTAL	3,230/404	4	5	6	7	8	9	10	11
		+							217	50
		−	45	62	45	0	65	0	50	0

'−'로 표시한다.

이 구성을 통해 여행의 재정 상태를 잘 감독할 수 있다. 오류가 발생할 것을 대비해서 여지를 만들어 주기 때문이다. 예기치 않은 일이 발생하면, 그달에는 현금이 없을 수 있다. 이러한 사실을 아는 것이 정말 중요하다. 모든 것을 머릿속에만 간직하면 전체적인 진척 상황을 놓치거나, 그 때문에 필요금액이 부족한 경우가 쉽게 일어난다. 트래커를 작성하면 목표를 향해 가는 도중, 실제로 어디쯤에 있는지 뚜렷하게 볼 수 있을 것이다.

컬렉션을 이용하여 맥락 형성하기

전용 트래커가 데일리 로그와 결합되면, 훨씬 더 많은 맥락을 드러내는 데 이용될 수 있다. 전용 트래커를 이용해서 측정할 수 있고, 꼭 필요한 통찰력을 얻을 수 있다. 게으르거나 아파서, 또는 슬픈 일이 있어서 체육관에 가지 않았나? 진척이 이뤄지는 데 영향을 미치는 상황은 무엇이었나?

진척이 이뤄지는 것이 분명 바람직하지만, 그것에만 집중해서는 안 된다. 결과에만 집중하면 종종 과정 자체에서 드러나는 가치 있는 정보를 보지 못하는 경우가 있다. 관찰 추적의 핵심은 전진하는 것뿐만 아니라 자기인식을 향상시키는 것에 있다.

　진정한 전진을 이루기 위해 기울인 노력의 효과를 이해해야 한다. 무엇이 제대로 효과가 있는지 여부뿐만 아니라, 그 이유도 이해해야 한다. 5킬로그램을 뺀 건 정말 잘한 일이다. 그러나 체중 감량이 운동이나 다이어트와 실제로는 아무런 상관이 없었다는 사실을 아는 게 훨씬 더 가치 있다. 상관관계가 항상 그렇게 직접적이지 않을 수 있지만, 관찰 추적을 하는 한 틀림없이 패턴을 발견할 것이다. 바로 원인과 결과를 인식하는 것이 중요하다. 우리는 많이 알수록 더욱 유능해지고, 더 많은 진척을 이뤄낼 것이다.

맞춤화

맞춤형 컬렉션에는 중요한 목적이 있다. 바로 불렛저널이 무한한 다양성을 반영하도록 도와주는 것이다. 그렇지만 모든 새로운 도전을 할 때마다 컬렉션을 다시 만드느라 쓸데없이 시간을 낭비할 필요는 없다. 이 사실을 기억하는 게 중요하다. 종종 핵심 컬렉션은 우리 현재 상황에 맞게 조정될 수 있다.

예를 들어 집에 있을 때 데일리 로그는 업무 모드로 전환될 가능성이 크다. 해야 할 일을 담아내고 책임을 정리하는 데 주력한다. 그러나 여행할 때는 휴가 모드로 전환되어, 데일리 로그를 업무 중심으로 이용하지는 않을 것이다. 적어도 그렇게 돼서는 안 된다. 휴가 중이니까! 여행을 하면서, 우리는 반복적인 일상을 깨뜨리고 갖가지 새로운 것에 노출된다. 이런저런 갖가지 생각이 속속 떠올라, 머릿속이나 마음을 정리하는 게 어려울 수 있다. 그렇다면 흥분을 가라앉히고 생각을 차분하게 정리하는 방법이 하나 있다. 생각을 적어 내려가면서 머릿속에서 지워가는 것이다.

장문 형태 저널링

장문 형태 저널링의 장점은 이미 잘 알려져 있다. 특히 스트레스를 줄이거나 불안감을 떨치는 데 좋다. 이 책을 읽고 있다면, 표현적인 글쓰기나 아침 글쓰기Morning pages 형태처럼, 좀 더 전통적인 방식의 저널링을 재미삼아 하고 있을 가능성이 크다. 아마 지금도 적극적으로 글쓰기를 하고 있을 수 있다. 불렛저널방식과 그 글쓰기가 어떻게 어울리는지 종종 질문을 받는다. 그래서 생각을 빨리 담아내고 장문 형태 저널링을 용이하게 할 수 있도록, 데일리 로그를 자신에게 맞게 조정하는 방법을 살펴보겠다.

호텔에서 혹은 해변에 누워 불렛저널로 일일 성찰을 하는 동안 중요하거나 흥미로운, 또는 진지한 생각을 적어라. 메모가 어떤 형태든 상관없다. 그런데 이건 단순한 메모가 아니다. 그렇지 않은가? 집중을 방해하고 우리를 놓아주지 않는다. 그 메모 때문에, 우리는 더 많은 시간과 집중을 쓰게 되고, 자세히 메모를 검토해야 하는 지경에 이른다. 그렇다면 그때 해야 할 일은 메모 기호인 마이너스 기

12.20.월

- o 그린 샌드 비치에 감
- — 하늘에서 전투기를 봄
- o 요가 수업
    - — 요가 자세가 완전 엉망임
    - — 크게 스트레스 받음
- + 린다는 자신을 좀 더 믿어야 함
- • 라즐로 예약하기
- • 선탠로션 더 구매하기

린다

최근 들어서 린다가 평소보다 자신에게 더 엄격하게 군다는 사실을 깨달았다. 승진을 하고, 애인도 새로 생기는 등 모든 것이 자신이 바라던 대로 점차 이뤄지고 있는데도 말이다. 그녀는 이전보다 의욕이 더 넘치는 것 같다. 성공하기 위해 노력하는 것일까? 일종의 가면증후군이 나타나는 징후인가? 이유가 무엇이든, 나는 린다가 기력을 완전히 소진할까 걱정이다. 사실 그녀가 말한 대로 모든 게 다 좋은 것은 아니라서, 그저 걱정이 된다. 그녀는 한때 '순간'을 즐기기 위해 많은 노력을 했지만, 지금은 앞만 보고 계속 달리고 있다. 그녀가 1년 전보다 얼마나 많이 나아졌는지 제대로 보지도 않고……

12.21.화

- o 돌고래를 목격함
- — 햇볕에 새까맣게 그을림
- • 린다와 대화할 시간 찾기 ←
- • 야시장에 가는 버스 문의전화하기

장문 형태로 기재한 항목을 토대로, 자유롭게 할 일을 작성하라.

360

호 '−'를 플러스 기호 '+'로 바꾸는 것이다. 이제 쭈그리고 앉아 메모를 쓸 준비가 됐을 때, 메모를 재빨리 훑어보고 특정 생각을 찾을 수 있다. 메모를 쓸 때는 필요한 만큼 많은 공간을 할애하라. 결국 불렛저널은 그 때문에 존재하는 거니까. 이것이 규칙적인 습관이 되도록 스스로 압박할 필요는 없다. 단지 필요할 때 이 도구를 유용하게 이용할 수 있다는 사실만 기억하라.

습관 추적하기

기존 컬렉션을 맞춤화하는 또 다른 사례로, 습관 트래커를 먼슬리 로그에 통합하는 방법이 있다. 이렇게 간단히 추가하면, 새로 들이거나 버리고 싶은 습관을 관찰 추적하는 게 쉬워진다. 매월 요리하고, 책을 읽으며, 운동하러 가는 횟수를 추적하고 싶다고 치자. 날짜 밑에 작은 기호(362페이지)를 추가한다. 이를테면 'C=요리, R=독서, G=운동(덕분에 미래의 자아는 책을 다시 펼쳐볼 때 무엇을 기록했는지 알 것이다.)'처럼. 이 열은 해당 월의 일자에 맞춰 조정되어야 한다는 점을 명심하라. 그래야 기존 템플릿을 그대로 이용할 수 있다. 칸에 할 일 불렛을 추가한다. 성공적으로 수행해냈을 때는 'X'를 표시할 수 있다. 그러면 자신이 얼마나 부지런하게 살았는지 아주 쉽게 파악할

1월

			C	R	G
1	월	마코와의 저녁식사	X	X	X
2	화		X	X	X
3	수	샘과의 술 약ㅋ속	X	X	X
4	목	마이트 기업 프레젠테이션 제출	X	X	•
5	금		•	X	•
6	토		•	X	•
7	일	소쿠라 컨벤션	X	X	X
8	월		X	•	X
9	화	리사의 생일	X	X	X
10	수		X	X	X
11	목	크라브 마가 수업	•	X	•
12	금		•	X	•
13	토	팀 회식	X	X	X
14	일		X	X	X
15	월		•	X	X
16	화	A.I. 강의	X	X	X
17	수	스피닝 수업	X	X	X
18	목		X	X	•
19	금	다비와 라면 먹기 @ 이치란	X	X	•
20	토	니콜라스와 영화 보기	X	•	X
21	일		X	X	X
22	월		•	X	•
23	화	팀의 생일	•	X	X
24	수		X	X	X
25	목	빅토르와 거래체결 성공!!	X	•	•
26	금		X	X	•

C
R
G

요리
독서
운동

기호를 반드시 추가하라. 그렇지
않으면 나중에 무엇을 추적 관찰
하는지 잊어버릴 수 있다.

수 있다. 이는 사소하게 덧붙인 거지만, 기능성은 훨씬 증가한다.

데일리 로그에 날씨를 추가하는 사람들도 있다. 또 어떤 사람들은 긍정적인 자기암시문을 추가한다. 내가 보여준 모든 것을 자유롭게 조정하라. 항상 그렇듯이 자신에게 효과 있는 것을 하라.

분명히 밝히지만, 자신이 *원하는 것*을 *아무거나* 하라는 의미는 절대 아니다! 추가나 맞춤화는 반드시 유익한 것으로 입증돼야 한다. 더 적지만, 더 좋게.

커뮤니티

불렛저널방식을 적용 가능한 사례를 보려면, 커뮤니티에 주목하는 것이 가장 좋다. 커뮤니티는 거의 모든 인종, 교리, 대륙, 산업을 아우른다. 이 다양성은 커뮤니티가 만들어 낸 수많은 해결책에 고스란히 반영되어 있다. 커뮤니티는 우리가 공통으로 직면한 난제뿐만 아니라 흔하지 않은 난제까지, 한정된 시간에 해결하고자 부단히 애를 썼다.

앞의 2부에서 일부 제목 밑에 해시태그인 '#'이 포함된 것을 보았을 것이다. 이 해시태그는 커뮤니티 사례와 영감, 다양한 지원을 얻기 위해, 인스타그램과 핀터레스트와 같은 소셜 네트워크를 검색할 때 도움이 된다. 여기 몇 가지 예시가 있다. 불렛저널키#bulletjournalkey, 불렛저널감사로그#bulletjournalgratitudelog, 불렛저널음식로그#bulletjournalfoodlog, 불렛저널기분로그#bulletjournalmoodlog,

커뮤니티가 약간 버겁게 느껴지면 불렛저널 홈페이지부터 방문해보자. 거기에서 사용설명서, 사례, 부가 자원 목록을 발견할 것이다. 주로 커뮤니티에서 기여한 것이다. 또한 나는 책 뒤에 참신하고 독창적인 사례를 몇 개 실어 놓았다.

페이지를 넘기기 전에 명심하라. 앞으로 보게 될 사례들은 수년간 이뤄진 탐구와 실행을 거쳤다는 사실을. 불렛저널은 자신을 찾아가는 여행이다. 이 책에서 소개하는 불렛저널 사용자들은 직접 저널을 작성하면서 느꼈던 경험을 말해주었다. 그들은 자신만의 독특한 방식으로 여행을 계속하도록 영감을 주고 싶은 마음에, 불렛저널이 자신의 삶에 가져다 준 영향을 함께 나눴다.

킴 알바레즈Kim Alvarez(@tinyrayofsunshine)

2013년 8월, 나는 인터넷에서 삶을 체계적으로 정리하는 데 도움을 줄 기법과 아이디어를 찾고 있었다. 그러다 우연히 라이프해커에 올라온 불렛저널에 대한 기사를 읽었다. 그 후 라이더가 사용법을 설명하는 영상을 보고 매료되었다. "세상에, 이렇게 뛰어난 시스템이 있다니!" 이렇게 외치며, 나는 반쯤 사용한 노트를 집어 들고 거기에 새로운 생명을 불어넣었다.

약 20분이 지난 후 남자친구가 도착했고, 나는 그에게 열정적으로 영상을 보여주었다. 우리는 그 단순함에 넋이 나가, 바로 그 자리에서 불렛저널링을 시작했다.

나는 늘 노트가 좋았다. 노트에 기록하고, 그림을 그리며, 계획을 세우고, 추억할 만한 일을 적는 것이 좋았다. 그래서 불렛저널은 내가 가진 이런 잡다한 관심사를 모두 포함시키는 훌륭한 해결책이다.

내가 불렛저널에 통합하고 정말로 기뻤던 아이디어 중 하나가, 감사함을 적는 습관이었다. 내가 감사했던 것을 생각하고 적는 것이 늘 좋았다. 그 습관 덕분에 일상에서 빛나는 짧은 순간을 알아차릴 수 있었고, 감사함을 적는 순간 기분이 훨씬 좋아졌기 때문이다. 필요할 때 의미 있는 순간들을 담아낼 수 있다는 사실에 감사한다.

시스템의 융통성은 정말 놀랍다. 언제나 따뜻하게 나를 맞아주고, 참신하며, 자신감을 실어준다. 날마다 지금 있는 곳에서 시작하여 내가 필요한 것을 정확히 만들어 낼 수 있다.

삶을 변화시키는 이 시스템을 세상 사람들과 진심으로 공유하고, 독특한 아날로그 방식으로 단순함, 마음챙김, 의도성을 향해 나아갈 수 있도록 만들어 준 라이더에게 나는 깊이 고마움을 느낀다.

Gratitude Log

I'M GRATEFUL THAT RYDER SHARED THE BULLET JOURNAL WITH THE WORLD!

I'M GRATEFUL TO LIVE IN A SAFE, PEACEFUL, & LOVING HOME

I'M GRATEFUL TO HAVE A COZY READING CHAIR TO ENJOY READING ON

I'M GRATEFUL FOR RAINBOWS THAT VISIT ME

I'M GRATEFUL FOR MY MIND & HEART

I'M GRATEFUL FOR THE KINDNESS OF OTHERS

I'M GRATEFUL FOR REFRESHING SHOWERS

I'M GRATEFUL FOR SUNNY DAYS

I'M GRATEFUL FOR THE LOVELY FRIENDS I'VE MADE IN MY LIFE

I'M GRATEFUL FOR ALL THE EXPERIENCES THAT LED TO THIS MOMENT

I'M GRATEFUL FOR RANDOM FRIENDLY INTERACTIONS WITH OTHERS

I'M GRATEFUL FOR SPECIAL SNAILMAIL

I'M GRATEFUL THAT MY THOUGHTS & IDEAS RESONATE WITH OTHERS

카라 벤즈 Kara Benz(@boho.berry)

나의 불렛저널 여행은 2015년 8월에 시작되었다.

요식업계에 15년간 몸을 담은 이후, 나는 전자상거래 사이트 '엣시'에 수공예 액세서리 쇼핑몰을 열었다. 체계적으로 정리하고자 나는 여러 플래너를 바꿔가며 써보았고, 시중에 돌아다니는 온갖 양식을 모두 시도해보았다. 하지만 나한테 효과 있는 것은 아무것도 없는 듯했다. 심지어 디지털 앱도 여러 개 시도해봤지만, 분주한 삶과 성장하는 사업에 필요한 융통성을 주지는 못했다.

문득 나만의 플래너를 만들어야 한다는 생각이 들었지만, 어디서부터 시작해야 할지 몰랐다. 그러다 핀터레스트에 'DIY 플래너'를 검색해보았고, 우연히 불렛저널링이라는 개념을 알게 되었다.

당시에는 불렛저널에 관해 영감을 주는 원천이 많지 않았다. 그러나 불렛저널 웹사이트를 쭉 훑어보고 내가 본 몇 가지 아이디어를 적용시키고 나서, 나만의 첫 번째 불렛저널을 시작했다.

이제 2년 반이 지났다. 불렛저널을 시작할 때만 해도, 이 단순한 시스템이 내 삶을 이렇게 많이 바꿔놓을지 상상하지 못했다.

나는 마음을 '사로잡는' 사람들로 이뤄진 커뮤니티의 일원이 되었고, 그 과정에서 나 자신에 대해 많은 사실을 발견하였다. 삶은 체계적으로 정리되었고, 나는 훨씬 많이 성장하였다. 그리고 다른 사람

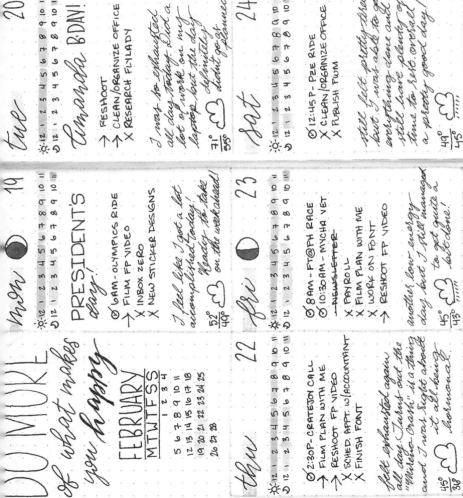

DO MORE

of what makes you *happy*

FEBRUARY

M	T	W	T	F	S	S
			1	2	3	4
5	6	7	8	9	10	11
12	13	14	15	16	17	18
19	20	21	22	23	24	25
26	27	28				

---

mon ● 19

12 1 2 3 4 5 6 7 8 9 10 11
12 1 2 3 4 5 6 7 8 9 10 11

PRESIDENT'S day!

- ⊙ 6AM - OLYMPICS RIDE
- → FILM FP VIDEO
- X INBOX ZERO
- X NEW STICKER DESIGNS

I feel like I got a lot accomplished today! Ready to take on the weekend!

52° / 40°

---

thu 22

12 1 2 3 4 5 6 7 8 9 10 11
12 1 2 3 4 5 6 7 8 9 10 11

- ⊙ 2:30P - CREATEJOY CALL
- → FILM PLAN WITH ME
- → RESHOOT FP VIDEO
- X SCHED. APPT. w/ACCOUNTANT
- X FINISH FONT

felt exhausted again all day. Turns out the "Marlena Crash" is a thing and I was right about it all being hormonal.

45° / 38°

---

tue 20

12 1 2 3 4 5 6 7 8 9 10 11
12 1 2 3 4 5 6 7 8 9 10 11

Amanda BDAY!

- → RESHOOT
- → CLEAN/ORGANIZE OFFICE
- X RESEARCH FYI LADY

I was so exhausted all day today. Did a lot of work on my laptop but the day definitely didn't go as planned.

71° / 55°

---

fri ◑ 23

12 1 2 3 4 5 6 7 8 9 10 11
12 1 2 3 4 5 6 7 8 9 10 11

- ⊙ 8AM - FT@PH RACE
- ⊙ 10:30AM - MYCHA VET
- ~~NEWSLETTER~~
- X PAYROLL
- X FILM PLAN WITH ME
- X WORK ON FONT
- → RESHOOT FP VIDEO

another low energy day but I still managed to get quite a bit done!

45° / 43°

---

wed 21

12 1 2 3 4 5 6 7 8 9 10 11
12 1 2 3 4 5 6 7 8 9 10 11

- X PREP FILES FOR MANUF.
- → SCHEDULE APPT w/ACCT.
- X REPLY TO EMAILS
- X GO OVER PLANNERCON WORKSHOP STUFF

still felt super tired all day. Good call on postponing the videos! Made some great progress on my 4th on my list though.

77° / 45°

---

sat 24

12 1 2 3 4 5 6 7 8 9 10 11
12 1 2 3 4 5 6 7 8 9 10 11

- ⊙ 12:45 P - PZE RIDE
- X CLEAN/ORGANIZE OFFICE
- X PUBLISH PLUM

still felt pretty tired but I was able to get everything done and still have plenty of time to edit. overall a pretty good day!

49° / 45°

---

sun 25

12 1 2 3 4 5 6 7 8 9 10 11
12 1 2 3 4 5 6 7 8 9 10 11

- → MEAL PLAN
- → COMMISSARY

had a pretty great day today. Caught up on some shows and also wrote a bunch of letters for incomitimes.

54° / 41°

들도 그 길을 따라가도록 격려할 기회를 갖게 되었다.

내가 가장 좋아하는 컬렉션은 위클리와 데일리 혼합형 양식이다. 일요일만 되면, 나는 앉아서 중요한 행사와 약속을 포함하여 일주일을 계획한다. 일주일 동안 남은 공간에 매일 해야 할 일을 추가하고, 메모를 하며, 일기를 쓴다. 그렇게 하면 월요일에 일주일을 전체적으로 살펴보고, 매일 세부사항을 계획할 수 있다.

디 마르티네즈 Dee Martinez(@decadethirty)

2012년 8월 말, 나는 여러 신경해부학 교과서와 되는 대로 단조롭게 작성된 강의 슬라이드로 둘러싸여 있었다. 교과서 페이지는 알림(가장 눈에 띄는 것은 '잠자기')을 휘갈겨 쓴 종잇조각들과 임상 기록으로 얼룩졌다. 나는 구성과 계획 체계에 변화가 필요하다는 사실을 깨달았다. 거의 10년 동안 전통적인 플래너에 '적응한' 내게 라이더의 직관적인 시스템은 꼭 필요한 시기에 찾아왔고, 나는 해야 할 일을 계획하고 달성하는 방법을 개선할 수 있었다.

그 이후 불렛저널은 내가 수많은 삶의 이정표를 통과하는 데 도움을 주었다. 대학원 공부를 마쳤고, 새로운 경력을 위해 다른 도시로 거처를 옮겼으며, 결혼을 했다. 부업으로 소규모 온라인 비즈니스

July

를 창업했고, 새로운 집을 사서 이사하고, 임신과 육아계획, 맞벌이 부모로서 새로운 삶을 시작했다. 뭐가 됐든 불렛저널 덕분에 나는 의도를 가지고 삶을 계획하고, 시간을 더 효과적으로 관리하였다. 인생 목표를 달성해갔고, 불안감을 줄이며 매일 해야 할 일을 처리할 수 있었다. 또한 급증하는 온라인 플래너 커뮤니티의 일원이 되어 조금이나마 기여할 수 있었다.

나는 미니멀리즘 스타일로 계획한다. 근사한 날짜 머리글이나, 미사여구, 화려한 색깔, 스티커를 전혀 쓰지 않는다. 놀랍게도 가장 큰 영향을 미쳤던 컬렉션은 직접 손으로 써 내려간 기억이었다. 구성방식은 수년 동안 변화를 거듭했지만, 목적은 변하지 않았다. 바로 창의적으로 하루의 기억을 글로 담아내는 것. 그 과정 덕택에, 나는 기억을 간직하고 싶은 마음과 평생 지속된 손글씨에 대한 집착을 융합하여, 하루 중 잠시 멈춰 마음을 챙기는 시간을 갖게 되었다.

에디 호프 Eddy Hope(@itseddyhope)

반갑다. 내 이름은 에디다. 한 가정의 가장인 나는 소셜 미디어 산업에서 개인 사업을 한다. 다수의 고객계정과 전략을 관리하는 것은 힘들 때가 있다. 그래서 나는 체계적으로 정리하는 데 도움을 줄 방법을 강구했다. 디지털 도구에 대해 말들이 많았지만, 완벽한 디지털 생산성 기구를 찾는 건 정말 어려운 일이었다. 2013년에 불렛저널을 우연히 알게 될 때까지는 말이다. 불렛저널은 빠른 기록, 즉 오로지 노트와 펜을 이용해서 해야 할 일과 프로젝트를 완성하고 기록하는 방식을 장점으로 내세웠다. 나는 중요한 것은 무엇이든 불렛저널에 의존하기 시작했다. 게다가…… 노트 한 권만 들고 다니며 된다니, 끝내주지 않는가?

수개월간 불렛저널을 성공적으로 이용하고 나자, 미래 행사 일정을 관리하는 방법을 찾고 싶었다. 나는 이 문제를 해결할 기존 방식이나 새로운 방법을 찾아보았다. 결국 아무것도 소용이 없다는 것을 알았다. 이렇게 느끼는 사람이 나뿐만이 아니었다. 그래서 나만의 시스템을 만들어 보기로 결심했다. 그렇게 '캘린덱스Calendex'가 탄생했다. 달력과 색인을 혼합한 형태로, 달력의 시각적인 표시와 색인의 기능을 접목시켰다. 깔끔한 표 형태로 이뤄진 구성은 예정된 행사와 회의, 마감 등을 한눈에 훤히 보여준다. 그래서 해야 할 일이 있는지 여부를 즉시 확인할 수 있다.

나는 이제는 자랑스럽게 말할 수 있다. 캘린덱스(더캘린덱스닷컴 thecalendex.com)는 계획이나 미래 행사 일정을 관리하는 독립적인 아날로그 방식으로, 인기 있고 제구실을 하고 있으며, 전 세계의 열정적인 팬으로 구성된 커뮤니티는 성장세를 뽐내고 있다고.

THE CALENDEX

Day	JAN	FEB	MAR	APR	MAY	JUN
1		3 84	↓	101	23 109	131
2			HOL	43 63	120 69	↓
3	HOL			43 43	↓	
4		17	↑	43 43		
5		12 12	29	43 43	↓ 99	
6	↑		56			HOL
7			13 27 5	16	117 6	
8	18	22	10 10	49	12	
9		50		8		↓
10	24 36	52	14 20	8	91	
11				13	91	
12	9	2	111 80	14	100	
13		12		30	88	
14	24	30 71	17 17	52	76 2	HOL
15		26			2	
16	27 27	26	80	120 56	113 120	↑
17	11				98 150	
18	41		66 66 3	19 87	120	
19	32 32	↓	1			141 98 14 84
20			26			71
21					10 200	
22	1	HOL	19 16	60	34	151
23	39				56	
24		↓		8	99	120
25	22 23		19	87 116	↓	
26	35		87	99		132
27		HOL	12	130 82	84 84	
28			101 90	140	103	155
29	40 40	/////	24		85 103	
30		/////	31	98 98 78	115 125	
31	41			/////	118	/////

제5부

끝맺기

• • •

불렛저널을 하는 올바른 방법

불렛저널방식이 발전하는 모습을 지켜보는 게 좋다. 그중에서도 가장 좋아하는 건 불렛저널에 대한 해석이 아주 다양하고 독창적이라는 사실이다. 나는 불렛저널을 아주 단순하게 유지하기로 결정했다. 반면에 자신의 저널을 훨씬 더 흥미롭게 꾸미기로 결정한 사람들도 있다. 두 가지 불렛저널은 전혀 다르게 보인다. 이 때문에 불렛저널을 하는 올바른 방법이 있는지 종종 질문을 받는다. 그래서 질문을 살짝 바꿔서 보다 근본적인 질문을 던져보겠다. 불렛저널을 하는 잘못된 방법이 있을까? 한마디로 대답하면, 그렇다.

나는 불렛저널이 사람들에게 다양한 도구가 되는 능력 때문에 성공했다고 생각한다. 나는 단순하게 시작하라고 강력하게 조언하지만, 불렛저널을 꾸미는 데 시간을 쓰는 것이 자신에게 동기를 부여하고, 더 생산적인 사람이 되도록 만들며, 즐거움을 준다면, 그렇게 하는 것이 좋다고 생각한다. 불렛저널 작성을 즐거운 마음으로 기다리고 저널을 협력자라고 느낀다면, 제대로 된 방법으로 하고 있는 것이다.

저널이 어떻게 보이는지는 중요하지 않다.
불렛저널을 어떻게 생각하고,
그것이 얼마나 효과적인지가 중요하다.

보이는 것에 겁먹을 필요는 없다. 결국 우리가 좇아야 할 유일한 기준은 자기 자신이니까. 이것은 자신만의 여행이다. 나는 그 용어를 가볍게 사용하지 않는다. 불렛저널링은 자기탐구를 위한 수단이다. *자신이 좋아하는 것과 자신이 살고 싶은 인생을 발견하도록 도와준다.* 불렛저널이 자신의 필요에 적합하게 진화하는 데 집중하라. 불렛저널을 오래 이용할수록, 더 많은 도움이 된다. 그렇지 못할 경우 스스로에게 *이유*를 물어야 한다. 불렛저널에 너무 많은 시간을 쓰고 있는가? 남한테 깊은 인상을 심어주기 위해 정작 자신의 필요를 무시하고 있는가? 향상되고 있지 않은가? 문제점을 파악하고 스스로에게 물어보라. '*불렛저널이 더욱 유익해지기 위해 내가 할 수 있는 일은 무엇인가?*'

무엇을 해야 할지 몰라도 괜찮다. 세상에서 가장 큰 힘이 되는 창의적인 커뮤니티 중 하나를 자원으로 가질 테니까. 그곳에는 유사한 어려움을 고심하고 통찰력을 공유하면서 더없이 행복해하는 불렛 저널 사용자가 많다. 어떤 어려움에 처해 있든, 혼자가 아니라는 사실을 잊지 마라.

맺는 글

《오즈의 마법사The Wizard of Oz》에서 내가 가장 좋아하는 부분이 있다. 커튼 뒤에 숨어 기계장치의 손잡이를 잡아당기는 강력한 마법사가, 그저 노인이었다는 사실을 원정대가 발견했을 때다. 그의 정체가 드러나자 도로시는 이렇게 외친다. "아, 당신은 정말 나쁜 사람이군요." 그 말에 마법사는 이렇게 대답한다. "오, 이런, 아니야, 애야, 나는…… 난 정말 좋은 사람이란다. 단지 아주 나쁜 마법사인거지."

원정대는 그에게 자신이 소유하지 못했다고 느낀 것을 요청했다. 바로 용기와 심장과 두뇌였다. 그들은 강력한 마법사의 마법만이 자신들이 전혀 닿을 수 없는 것을 줄 수 있으리라 생각했다. 그는 정말로 '아주 나쁜 마법사'였다. 초인적인 힘이 전혀 없었기 때문이다. 그러나 오즈의 그 남자에게는 하나의 능력이 있었다. 그는 도움을 필요로 하는 이들에게 거울처럼 행동했다. 그들에게서 의심과 고통을 걷어내고 그들의 내면을 비춰주었다. 간단한 관찰을 통해, 오즈의 그 남자는 원정대가 바라는 것이 그들 안에 줄곧 있었다는 사실을 깨닫게 도와주었다.

마법사는 우리의 잘못된 생각을 상징한다. 우리를 괴롭히는 대상이 무엇이든 그것을 '치료할 수 있는', 즉 잃어버린 조각이 우리 밖에 존재한다는 생각 말이다. 우리는 상품화된 문화 속에 살고 있다. 그 문화는 해결책을 구입해야 한다고 우리를 설득한다. 무엇인가 또는 누군가가 마침내 우리를 완전하게 하리라 설득한다. 그것을 찾아 헤매는 동안, 우리는 자신과 훨씬 더 멀어진다. 우리는 마음과 가슴을 여는 것만으로 큰 도움을 얻을 수 있지만, 결국 자기 자신의 책임은 남아 있다.

오즈의 남자는 겉으로 보이는 것보다 더 많은 것을 볼 수 있었다. 주의 깊은 관찰, 자기성찰, 적절한 공감을 통해 여러 상황을 연결하여 종합적으로 바라볼 수 있었다. 불렛저널방식이 내면의 성장을 돕는 것도 바로 이와 같다. 마법을 부리는 게 아니다. 강력한 거울이 되어주고, 우리는 하루하루를 보내면서 자신을 더 뚜렷하게 보기 시작할 수 있다. 그것은 이미 갖고 있는 힘이 얼마나 많은지 볼 수 있는 통찰력을 주는 셈이다.

불렛저널방식은 자아를 발견하는 여정을 떠나도록 도와준다. 우리는 그 여정을 통해 내면에 이미 갖고 있는 힘을 깨달을 수 있다.

한계를 넘어서고 잠재력을 보는 것은, 전적으로 자신의 의지에 달려 있다. 그것은 책임감 있게 경험을 수행하여 내면을 바라볼 용기를 찾는 과정이다. 그 과정에서 만나는 모든 혼란 속에서도, 우리는 수많은 별들 사이에서 가장 환하게 빛나는 것을 발견할 것이다. 내일이라는 미지의 영역을 통과하는 길을 만들어 갈 때, 성공하든 실패하든 용기 있게 도전했다는 그 확신만으로, 우리는 위안을 얻을 수 있다.

자주 묻는 질문

Q: 미적 감각이 전혀 없다. 그런데 불렛저널을 작성할 수 있을까?

A: 그렇다. 불렛저널에서 유일하게 중요한 것은 내용이지, 보여주는 방식이 아니다.

Q: 언제 시작해야 하는가?

A: 시작하기에 가장 좋은 때는, 언제나 바로 지금이다. 그렇지만 이상적인 시작점은 먼슬리 로그를 준비하는 그달의 첫 번째 날이다(130페이지).

Q: 불렛저널을 얼마 동안 해봐야 하는가?

A: 불렛저널을 처음 시작하는 경우라면, 첫 번째 먼슬리 로그 이동(150페이지)이 진정으로 무언가를 깨닫게 되는 순간이 될 수 있다.

이것은 불현듯 모든 것이 딱 분명해지기 시작하는 순간이다. 그래서 처음 불렛저널을 시험 삼아 해보려는 사람들에게 적어도 2~3개월은 꾸준히 해보라고 강하게 권한다.

Q: 어떤 노트를 사용해야 하는가?

A: 오래 사용할 수 있는, 품질이 좋은 노트를 사용하면 좋다. 염두에 둬야 할 두 가지는 크기와 품질이다. 노트가 너무 크면 가지고 다니기 어렵다. 또한 너무 작으면 실용적이지 못하다. 자신의 삶을 좇아가며 오랜 세월이 지나도 건재할 수 있는 튼튼한 노트로 구하면 좋다. 원한다면 불렛저널 웹사이트에서 내가 디자인한 맞춤형 불렛저널 노트를 구매할 수 있다. 그 노트는 페이지 번호가 매겨져 있고 색인, 불렛 기호, 3개의 책갈피 등으로 구성되어 있다.

Q: 펜 vs. 연필?

A: 사용했을 때 필체가 가독성이 가장 좋고 바래지지 않는 것을 사용하라. 불렛저널링의 가장 큰 장점 중 하나가, 시간이 흐르면서 노트로 구성된 하나의 도서관을 구축하는 것이다. 이 도서관은 몇 년 뒤 다시 들르기에 훌륭한 곳이다.

Q: 노트를 잃어버리면 어떻게 하는가?

A: 불렛저널은 지극히 개인적인 것이 될 수 있다. 잃어버릴 경우를 대비해, 사람들이 연락할 수 있도록 노트 앞에 눈에 잘 띄는 메모를 추가하기를 강력하게 추천한다. 현금 보상은 훌륭한 동기 요인이 되지만, 개인적인 메시지도 그렇다. 나는 교통이 혼잡한 시간에 뉴욕으로 가는 도중, 기차 안에서 가방에 있던 불렛저널을 떨어뜨렸지만 나중에 되찾은 경험이 있다.

Q: 반복되는 할 일은 어떻게 처리하는가?

A: 맞춤형 기호를 만들어(118페이지) 먼슬리 로그 달력 페이지(132페이지)에 추가할 수도 있다. 맞춤형 기호를 사용하면 해당 월을 빠르게 훑어보고, 할 일이나 이벤트가 언제 일어나는지 확인할 수 있다.

Q: 저널 작성하는 것을 잊어버린다면 무엇을 해야 할까?

A: 우리는 그 문제를 해결하고자 앱을 개발했다. '불렛저널 동반자 The Bullet Journal Companion'라 불리는 앱은 불렛저널을 작성하는 것이 아니라, 당신의 노트를 위해 동반자 역할을 하는 앱이다. 당신이 저널과 떨어져 있는 동안 생각을 저장하고, 저널을 기록하도록 알림을 설정하며, 저널 페이지를 사진으로 담아두는 일

등을 할 수 있다. 앱은 iOS와 안드로이드에서 이용할 수 있다.

Q: 불렛저널을 위한 앱이 있는가?

A: 직전 질문에 대한 답변과 불렛저널 홈페이지(bulletjournal.com/app)를 확인하라.

Q: 데일리 로그는 얼마나 많은 분량을 차지하는가?

A: 필요한 만큼 얼마든지, 많거나 혹은 적거나. 삶은 예측할 수 없고, 그래서 불렛저널은 유기적으로 진화하도록 만들어졌다. 어떤 페이지에서 끝이 나든 거기서부터 시작하라. 페이지를 남겨두는 것을 피하라.

Q: 노트를 어떻게 이동시키는가?

A: 자신이 발전하는 데 도움을 주었던 것들이 무엇인지 노트를 다시 살펴보라. 자신의 삶에 가치를 더한 것만 옮겨라. 또한 재작성하고 싶지 않은 내용은 연결시킬 수 있다(145페이지).

Q: 예정된 일과 이동된 일의 차이는 무엇인가?

A: 예정된 일은 당월 이후로 발생하는 미래의 할 일로, 퓨처 로그로 옮겨진 일이다. 이동된 일은 먼슬리 로그(130페이지)나 맞춤형 컬

렉션(318페이지)으로 옮겨진 현재의 일이다.

Q: 퓨처 로그에 있는 항목들을 언제 옮겨야 하는가?

A: 새로운 먼슬리 로그(130페이지)를 준비할 때.

Q: 1년에 몇 권의 노트를 사용해야 하는가?

A: 필요한 만큼. 내 경우 1년에 3~4권을 사용한다.

Q: 불렛저널과 디지털 달력을 함께 이용하는 방법은 무엇인가?

A: 디지털 달력을 사용하여 퓨처 로그를 대체할 수 있다. 하루 동안 데일리 로그를 이용해 어떤 일정이든 담아두고, 일일 성찰처럼 시간이 날 때 달력에 그것들을 추가하라.

Q: 일일 성찰에 시간을 어느 정도 써야 하는가?

A: 필요한 시간만큼. 지속적으로 하는 게 중요하다. 어느 순간 일일 성찰을 하고 있지 않다면, 일일 성찰에 쓰는 시간을 줄여보라.

Q: 다수의 프로젝트를 어떻게 계획하고 관리하는가?

A: 다수의 프로젝트를 맡고 있을 때, 나는 여러 개의 다른 컬렉션으로 분류한다. 그러면 색인을 이용하여 나중에 각 프로젝트에 빠

르게 접근할 수 있다. 또한 각 프로젝트마다 '전용 색인'을 만들수 있다. 특히 프로젝트 규모가 크고 복잡할 때 더 유용하다. 예를 들어 학생이라면 수업마다 하나의 색인 페이지를 이용할 수 있다(143페이지).

Q: 특정 날짜에 완료해야 할 일이 있는데 아직 못한 경우, 어떻게 해야 할까?
A: 아직 해당 월이 지나지 않은 경우라면, 일일 성찰을 하는 동안 할 일을 인식하게 될 것이다. 해당 월이 지난 경우라면, 퓨처 로그(135페이지)에 그 일을 추가할 수 있다.

Q: 먼슬리 로그에 매일 하나의 항목만 작성하는 이유가 무엇인가? 이것은 의도적인가?
A: 불렛저널 사용법을 만들 때, 나는 매일 하나의 항목만 보여주었다. 그래야 사용자들이 더 쉽게 알아볼 수 있기 때문이다. 내가 작성하는 불렛저널에서는 매일 2~3개의 항목을 빠르게 기록한다. 나는 이미 한 일을 한눈에 훤히 볼 수 있도록 먼슬리 로그를 작성한다. 그래서 일이 일어난 이후에 항목들을 적는 경우가 더러 있다.

Q: 먼슬리 로그의 할 일 페이지와 데일리 로그는 일반적으로 어떤 차이가 있는가?

A: 데일리 로그(125페이지)의 목적은 복잡한 생각을 정리하는 것이다. 그래서 적고 있는 항목에 대해 실제로 그다지 많은 생각을 하지 않는다. 단지 종이 위에 적고 싶을 뿐이다. 먼슬리 로그에 들어가는 할 일은, 시간을 들여 검토한 항목들이다. 우리는 그 항목들이 중요하고 우선사항이라는 사실을 안다.

Q: 불렛저널 내에 있는 자료들을 어떻게 참고하는가?

A: 색인을 작성하고(139페이지), 그 색인을 연결하기(145페이지)라 불리는 기법과 결합한다.

Q: 이전 노트, 불렛저널이나 기타 다른 곳에 있는 자료를 어떻게 참고하는가?

A: 노트 연결하기(145페이지)나 불렛저널 동반자 앱을 이용할 수 있다. 노트의 기능성을 확장하기 위해 앱을 만들었다. 앱에 이전 노트를 추가할 수 있다. '도서관Library' 기능을 사용하여 색인 페이지 사진을 업로드하고 이전 노트에 태그를 붙일 수 있다.

감사의 글

먼저 스털링 로드 출판 에이전시Sterling Lord Literistic의 존 마스John Maas와 셀레스트 파인Celeste Fine에게 깊이 감사한다. 그들은 한결같은 지도와 다양한 지원, 훌륭한 인내심을 보여주었다.

또한 초인적인 노력과 지혜, 새로운 시각을 보여준 편집자 리아 트루보스트Leah Trouwborst와 토니 시아라 포인터Toni Sciarra Pointer에게 감사한다.

이 프로젝트를 신뢰하고 완성하는 데 도움을 준 펭귄 랜덤 하우스의 포트폴리오 팀, 그리고 많은 어려움을 해결해준 헬렌 힐리Helen Healey에게 감사한다.

나의 독자인 키스 굴드Keith Gould, 린다 헥커Linda Hoecker, 킴 알바레즈Kim Alvarez, 니클라스 반Niclas Bahn, 리쎄 그룰레스만Lisse Grullesman, 레이첼 베이더Rachel Beider, 리 올맨Leigh Ollman, 그리고 나

의 가족에게도 감사한다. 그들은 내가 숲을 볼 있도록 자신들의 통찰력을 나누어 주었다.

　많은 불렛저널 사용자들이 이 책 곳곳에 그들의 작품, 이야기, 아이디어를 아낌없이 실어주었다. 디 마르티네즈Dee Martinez, 에디 호프Eddie Hope, 킴 알바레즈Kim Alvarez, 카라 벤즈Kara Benz, 헤더 칼리리 Heather Caliri, 에이미 헤인즈Amy Haines, 앤서니 고리티Anthony Gorrity, 레이첼 M.Rachael M., 티모시 콜린슨Timothy Collinson, 셰릴 브리지스 Cheryl Bridges, 허버트 웹Hubert Webb, 브리짓 브래들리Bridget Bradley, 올로브 위마크Olov Wimark, 샌드라 올리비아 만델Sandra-Olivia Mendel, 캐리 바넷Carey Barnett, 마이클 S.Michael S.에게 감사의 마음을 전한다.

　불렛저널이 전 세계로 확대될 수 있도록 도움을 아끼지 않은 부조 커뮤니티에 감사한다. 커뮤니티 회원들이 없었다면 이 자리에 있지 못했을 것이다.

참고문헌

1 Neil Irwin, "Why Is Productivity So Weak? Three Theories," *New York Times*, April 28, 2016, https:// www.nytimes.com/ 2016/ 04/ 29/ upshot/ why-is-productivity-so- weak- three- theories.html.

2 Bureau of Labor Statistics, https:// www.bls.gov/opub/btn/volume-6/below-trend-the-us-productivity-slowdown-since-the-great-recession.htm.

3 Daniel J. Levitin, "Why the Modern World Is Bad for Your Brain," *The Guardian*, January 15, 2018, https:// www.theguardian.com/ science/ 2015/ jan/ 18/ modern- world- bad- for- brain- daniel-j- levitin- organized- mind- information-overload.

4 Maria Konnikova, "What's Lost as Handwriting Fades," *New York Times*, June 2, 2014, https:// www.nytimes.com/ 2014/ 06/ 03/ science/ whats- lost-as-handwriting- fades.html.

5 Joan Didion, "On Keeping Notebook," in *Slouching Towards Bethlehem*(New York: Farrar, Giroux, 1968), 139. 40.

6 Susie Steiner, "Top Regrets of the Dying," *The Guardian*, February 1, 2012, https:// www.theguardian.com/ lifeandstyle/ 2012/ feb/ 01/ top- five- regrets-of- the- dying.

7 David Bentley Hart, *The Experience of God: Being, Consciousness, Bliss*(New Haven, University Press, 2013), 191. 92.

8 Cyndi Dale, *Energetic Boundaries: How to Stay Protected and Connected in Work*, Love, and Life (Boulder, CO: Sounds True, Inc., 2011).

9 Jory MacKay, "This Brilliant Strategy Used by Warren Buffett Will Help You Prioritize Your Time," Inc., November 15, 2017, https:// www.inc.com/ jory-mackay/warren- buffetts- personal- pilot- reveals- billionaires- brilliant- method-for-prioritizing.html.

10 Michael Lewis, "Obama's Way," *Vanity Fair*, October 2012, https:// www.vanityfair.com/ news/ 2012/ 10/ michael- lewis- profile- barack- obama.

11 Roy F. Baumeister and John Tierney, *Willpower: Rediscovering the Greatest Human Strength* (New York: Penguin, 2011).

12 "Americans check their phones 80 times a day: study," *New York Post*, November

8, 2017, https:// nypost.com/ 2017/ 11/ 08/ americans- check- their- phones-80-
times-a- day- study.

13 Thuy Ong, "UK Government Will Use Church Spires to Improve Internet Con
nectivity in Rural Areas," *The Verge*, February 19, 2018, https:// www.theverge.
com/ 2018/ 2/ 19/ 17027446/uk- government- churches- wifi- internet-
connectivity- rural.

14 Adrian F. Ward, Kristen Duke, Ayelet Gneezy, and Maarten W. Bos, "Brain Drain:
The Mere Presence of One's Own Smartphone Reduces Available Cognitive
Capacity," *Journal of the Association for Consumer Research* 2, no. 2(April 2017):
140. 54, http:// www.journals.uchicago.edu/ doi/ abs/ 10.1086/691462.

15 "The Total Audience Report: Q1 2016," Nielsen, June 27, 2016, http://
www.nielsen.com/ us/ en/ insights/ reports/ 2016/ the- total- audience-
report-q1-2016.html.

16 Olga Khazan, "How Smartphones Hurt Sleep," *The Atlantic*, February 24, 2015,
https:// www.theatlantic.com/ health/ archive/ 2015/ 02/ how- smartphones-
are- ruining- our- sleep/ 385792.

17 Perri Klass, "Why Handwriting Is Still Essential in the Keyboard Age," June 20,
2016, *New York Times*, https:// well.blogs.nytimes.com/ 2016/ 06/ 20/ why-
handwriting-is- still- essential-in- the- keyboard- age.

18 Pam A. Mueller and Daniel M. Oppenheimer, "The Pen Is Mightier Than the
Keyboard," *Psychological Science* 25, no. 6 (April 2014): 1159. 68, http:// journals.
sagepub.com/doi/ abs/ 10.1177/ 0956797614524581.

19 Robinson Meyer, "To Remember a Lecture Better, Take Notes by Hand," *The
Atlantic*, May 1, 2014, https:// www.theatlantic.com/ technology/ archive/ 2014/
05/ to-remember-a- lecture- better- take- notes-by-hand/ 361478.

20 Daniel Gilbert, *Stumbling on Happiness* (New York: Vintage, 2007).

21 Robert Bresson, *Notes on the Cinematographer*, translated by Jonathan
Griffin(København: Green Integer Books, 1997).

22 David Foster Wallace, *This Is Water: Some Thoughts, Delivered on a Significant
Occasion, About Living a Compassionate Life* (New York: Little, Brown, and
Company, 2009).

23 앞의 책

24 Leo Babauta, "How I'm Overcoming My Obsession with Constant Self-
Improvement," *Fast Company*, March 19, 2015, https:// www.fastcompany.
com/ 3043543/ how-im-overcoming-my- obsession- with- constant- self-
improvement.

25 Caroline Beaton, "Never Good Enough: Why Millennials Are Obsessed with Self- Improvement," *Forbes*, February 25, 2016, https:// www.forbes.com/sites/ carolinebeaton/ 2016/ 02/ 25/ never- good- enough- why- millennials- are- obsessed- with- self- improvement/#cf00d917efa9.

26 Theresa Nguyen et al., "The State of Mental Health in America 2018," *Mental Health America*, 2017, http:// www.mentalhealthamerica.issues/ state- mental- health- america.

27 "Facts & Statistics," *Anxiety and Depression Association of America*, 2016, https:// adaa.org/ about- adaa/ press- room/ facts- statistics#.

28 "Impact bias," *Wikipedia*, May 2016, https:// en.wikipedia.org/ wiki/ Impact_ bias.

29 Tim Minchin, "Occasional Address," commencement address at University of Western Australia, TimMinchin.com, September 25, 2013, http:// www.timminchin.com/ 2013/ 09/ 25/ occasional- address.

30 Olivia Solon, "Ex-Facebook President Sean Parker: Site Made to Exploit Human 'Vulnerability,' " *The Guardian*, November 9, 2017, https:// www.theguardian.com/ technology/ 2017/ nov/ 09/ facebook- sean- parker- vulnerability- brain- psychology.

31 "Eudaimonism," Philosophy Basics, accessed April 6, 2018, https:// www.philosophybasics.com/ branch_ eudaimonism.html.

32 "Okinawa's Centenarians," Okinawa Centenarian Study, accessed April 6, 2018, http:// okicent.org/ cent.html.

33 Héctor García and Francesc Miralles, *Ikigai: The Japanese Secret to a Long and Happy Life* (New York: Penguin, 2017).

34 Viktor E. Frankl, *Man's Search for Meaning: An Introduction to Logotherapy* (New York: Simon & Schuster, 1984).

35 Jordan B. Peterson, "2017 Personality 12: Phenomenology: Heidegger, Binswanger, Boss," February 20, 2017, video, 46:32, https://www.youtube.com/watch?v=11oBFCNeTAs.

36 Angela Duckworth, "Grit: The Power of Passion and Perseverance," *TED Talks Education*, April 2013, https:// www.ted.com/ talks/ angela_ lee_ duckworth_ grit_ power_ of_ passion_ and_ perseverance#t-184861.

37 Maria Konnikova, "Multitask Masters," *New Yorker*, May 7, 2014, https://www.newyorker.com/ science/ maria- konnikova/ multitask- masters.

38 Tanya Basu, "Something Called 'Attention Residue' Is Ruining Your Concentration," *The Cut*, January 21, 2016, https:// www.thecut./ attention-

residue-is- ruining- your- concentration.html.

39 Kent Beck et al., "Manifesto for Agile Software Development," Alliance, http:// agilemanifesto.org, accessed July 2, 2018.

40 Carl Sagan, *The Demon-Haunted World: Science as a Candle Dark* (New York: Ballantine Books, 1996).

41 Madison Malone-Kircher, "James Dyson on 5,126 Didn't Work.and the One That Finally Did," *New York*, 22, 2016, http:///nymag.com/vindicated/2016/11/james-dyson-126-vacuums-thatdidnt-work-and-1-that-did.html.

42 W. Edwards Deming, *The New Economics for Government, and Education*(Boston, MA: MIT Press, 1993).

43 "Albert Einstein," *Wikiquote, accessed* April 6, 2018, https:// en.wikiquote.org/ wiki/ Albert_ Einstein#Disputed.

44 Mihaly Csikszentmihalyi, "Flow, the Secret to Happiness," *TED*, February 2004, https:// www.ted.com/ talks/ mihaly_ csikszentmihalyi_ on_ flow.

45 Marcus Aurelius, *Meditations*, trans. Martin Hammond (New York: Penguin, 2006).

46 Jack Zenger and Joseph Folkman, Ideal Praise-to-Criticism Ratio," *Harvard Business Review*, 2013, https:// hbr.org/ 2013/ 03/ the- ideal- praise-to-criticism.

47 Amy Morin, "7 Scientifically Proven Benefits of Gratitude That Will Motivate You to Give Thanks Year- Round," *Forbes*, November 23, 2014, https:// www. forbes.com/ sites/ amymorin/ 2014/ 11/ 23/ 7- scientifically- proven- benefits-of- gratitude- that- will- you-to- give- thanks- year- round/#1367405183c0.

48 David Steindl-To Be Happy? Be Grateful," TED, June 2013, https:// www.talks/ david_ steindl_ rast_ want_ to_ be_ happy_ be_ grateful.

49 Commonly attributed to Mark Twain.

50 Heinrich Harrer, *Seven Years in Tibet* (New York: TarcherPerigee, 2009).

51 Winnie Yu, " Workplace Rudeness Has a Ripple Effect," *Scientific American*, January 1, 2012, https:// www.scientificamerican.com/ article/ ripples-of-rudeness.

52 Seth Godin, "The First Law of Organizational Thermodynamics," Seth's Blog, February 12, 2018, http:// sethgodin.typepad.com/ seths_ blog/ 2018/ 02/ the -first- law-of- organization- thermodynamics.html.

53 Joshua Fields Millburn, "Goodbye Fake Friends," *The Minimalists*, https:// www. theminimalists.com/ fake.

54 Sam Cawthorn (@samcawthorn), "The happiest people dont necessarily have

the best of everything but they make the most of everything!!!" June 24, 2011, 4:39 PM, tweet.

55 Drake Baer, "Malcolm Gladwell Explains What Everyone About His Famous '10,000 Hour Rule'," *Business Insider*, June http://www.businessinsider.com/ malcolm-gladwell-explains-the-10000-hour-rule-2014-6.

56 "14 Ways to Be a Happier Person," *Time*, September 18, 2014, http:// time.com/ collection/ guide-to-happiness/ 4856925/ be-happy-more-joy.

57 Jonathan G. Koomey, *Turning Numbers into Knowledge: Mastering the Art of Problem Solving* (Oakland, CA: Analytics Press, 2008).

콘텐츠 찾아보기